KB211172

 IDEAL LIBRARY

After Adorno
Rethinking Music Sociology

by Tia DeNora

Copyright©2003, Cambridge University Press
All rights reserved.

Korean Translation Copyright©2012 by Hangilsa Publishing Co. Ltd.
After Adorno: Rethinking Music Sociology, FIRST EDITION was
originally published in 2003.
This translation is published by arrangement with Cambridge University Press.

이 책의 한국어판 저작권은 Cambridge University Press와 독점계약한
(주)도서출판 한길사에 있습니다.
저작권법에 의한 한국 내에서 보호를 받는 저작물이므로
무단전재와 무단복제를 금합니다.

아도르노 그 이후

음악사회학을 다시 생각한다

티아 데노라 지음 · 정우진 옮김

■ıl 이상의 도서관 **42**

한길사

▅▟▌ 이상의 도서관 42

아도르노 그 이후
음악사회학을 다시 생각한다

지은이 · 티아 데노라
옮긴이 · 정우진
펴낸이 · 김언호
펴낸곳 · (주)도서출판 한길사

등록 · 1976년 12월 24일 제74호
주소 · 413-756 경기도 파주시 교하읍 문발리 520-11
　　　www.hangilsa.co.kr
　　　E-mail: hangilsa@hangilsa.co.kr

전화 · 031-955-2000~3　팩스 · 031-955-2005

상무이사 · 박관순 | 영업이사 · 곽명호
편집 · 박희진 이지은 임소정
전산 · 김현정 | 경영기획 · 김관영
마케팅 및 제작 · 이경호 박유진
관리 · 이중환 김호민 문주상 장비연 김선희

CTP 출력 및 인쇄 · 네오프린텍 | 제본 · 광성문화사

제1판 제1쇄 2012년 3월 15일

값 20,000원

ISBN 978-89-356-6536-5 03330

• 잘못 만들어진 책은 구입하신 서점에서 바꿔드립니다.

이 도서의 국립중앙도서관 출판시도서목록(CIP)은 e-CIP 홈페이지(http://www.nl.go.kr/ecip) 와
국가자료공동목록시스템(http://www.nl.go.kr/kolisnet) 에서 이용하실 수 있습니다.
(CIP 제어번호: CIP2012000919)

철학자 테오도르 아도르노는 모더니티에 대한 그의 비판의 한복판에 음악을 두었으며,
현대 사회에서 음악의 역할에 대해 사유했다.

아도르노가 음악과 사회의 매개를 음악재료의 측면에서 파악하는 방식은 사회학자 막스 베버로부터 물려받은 것이다. 베버의 영향은 아도르노의 『계몽의 변증법』과 『신음악의 철학』에 두드러지게 나타난다.

쉰베르크(위)와 스트라빈스키(아래). 아도르노는 20세기 음악에 내재하는 경향을
쉰베르크·스트라빈스키를 비교함으로써 발전시킨다. 쉰베르크에게는 '진보적'이라는
칭호를 수여한 반면, 스트라빈스키의 작곡은 '퇴행적'이라고 꼬집었다. 전자는
비판의식을 증진시키는 데 반해, 후자는 순응주의를 주입시키기 때문이다.

음악은 힘이 있다. 음악의 효능과 힘은 일상에서 음악이 끼친 효과를 매일 경험하는
수많은 사람에게 상식으로 받아들여진다. 아도르노 역시 음악의 인식적 수용태도에
편향되어 있을지언정 음악에 대한 감정적 반응에 관심을 가진 몇 안 되는 음악사회학자다.

1981년 겨울, 빅토리아 팰리스 극장에서 본 뮤지컬,
그 음악적 강령회의 애정 어린 기억을 되살리며
• 티아 데노라

새로운 음악, 새로운 청취. 말하고 있는 것을 이해하려는
시도가 아니다. 만일 어떤 것을 말하고 있다면, 소리는 낱말의 형태를
부여받을 것이므로. 바로 그 소리의 활동에만 주목할 것.
• 존 케이지

감사의 말

이 책의 진전을 위해 여러모로 토론과 논평을 해주신 분들에게 감사드리고 싶다. 웨인 보먼, 대니얼 캐비치, 니컬러스 쿡, 에릭 클라크, 팀 데이, 팀 다우드, 올레 에스트룀, 낸시 와이스 한라한, 앙투안 에니옹, 마크 제이콥스, 패트릭 저슬린, 리처드 레퍼트, 라르스 릴리스탐, 얀 매런테이트, 피터 마르틴, 아르투로 로드리게스 모라토, 수전 오닐, 줄리언 러시턴, 존 셰퍼드, 존 슬로보다, 올라 스톡펠트, 티모시 테일러, 안나 리사 토타, 밥 위킨, 베라 졸베르크, ESA 아트 네트워크 회원들, 영국도서관 국립사운드아카이브에서 개최된 세미나 참석자들, 리즈·사우샘프턴·셰필드·옥스퍼드 대학교의 음악학과, 러프버러 대학교와 맨체스터 대학교의 사회학과, 킬 대학교의 심리학과, 예테보리에서 열린 음악학 및 사회학 학술대회, 그리고 케임브리지 대학교 출판사 앞으로 편지를 보내온 익명의 독자 세 분에게 감사드리고 싶다.

특별히 이 책의 편집자인 케임브리지 대학교 출판사의 새라 카로에게 고마움을 표하고 싶다. 새라는 늘 실무적인 제안을 섬세한 손길로 매만지는 재능을 겸비한 것으로 보인다. 그녀의 지혜에 감사드린다. 두 권의 책을 만드는 프로젝트를 함께하는 기간 내내 그녀와의 작업은 기쁨이자 특권이었다. 마찬가지로 독수리처럼 날카로운 눈으로 교열을 봐준 샐리

매캔과, 프로젝트의 방향을 잡고 제작을 이끈 케임브리지 대학교 출판사의 폴 와트가 생각나지 않을 수 없는데, 그분들에게도 감사드린다. 또한 스무 해도 더 전부터 지금까지 아도르노에 관해 도움을 주시는 하비 그레이스먼과 군터 렘블링, 그리고 나의 부족한 질문에도 매우 친절히 답해주신 W. V. 블롬스터와 마르틴 제이에게 감사드리고 싶다. 마지막으로 23년 동안 아도르노와 그 언저리에 대한 주제를 함께 나눈 대화 파트너이자 남편, 더글라스 튜드호프에게 고마움을 전한다.

제2장의 일부는 클라크와 쿡이 엮은 『경험적 음악학』(*Empirical Musicology*)에서 개발된 자료에 의거하고 있다. 제4장의 일부는 저슬린과 슬로보다가 엮은 『음악과 감정』(*Music and Emotion*)에서 먼저 출판된 자료에 의거하고 있다.

2성 인벤션[1)]

• 책을 펴내며

1980년대 초, 지금은 작고한 저명한 미국 사회학자의 대중강연에 참석한 적이 있었다. 처음 인사를 한 우리는 잠시 대화를 나누었는데, 그분은 정중하게 나의 학문적 열망의 대상에 대해 물어보셨다. 나는 아도르노의 사회음악적인 작업에 대한 관심을 있는 그대로 말씀드렸다(나의 학부 졸업논문은 『신음악의 철학』〔DeNora, 1986a를 볼 것〕에 대한 것이었으며 나는 아도르노의 가장 열렬한 신봉자 가운데 한 사람임을 자처했다). 내가 기억하기로 그분은 이렇게 말했다.

"그래서 아도르노를 끝내고 나면 무엇을 할 건가요? 하긴, 아도르노를 끝내기는 할 건가요?"

그 말에는 가시가 있었다. 그러나 1980년대 중엽, 샌디에이고 소재 캘리포니아 대학교(UCSD) 사회학과 철학박사과정 2년차를 지나면서

---

1) 모방 대위법에 따라 작곡된 즉흥곡풍의 악곡. J. S. 바흐의 「2성과 3성 피아노곡」이 대표적인데, 바흐는 2성 15곡에는 '인벤션', 3성 15곡에는 '신포니아'라는 명칭을 붙였다. 머리말 제목은 아도르노의 시의성을 비판적으로 구제하려는 저자의 의도와 입장을 잘 드러낸다. 옹호와 반대의 양자택일이 아니라, 하나가 주제라면 다른 하나가 대주제가 되어 서로의 목소리(성부)에 응답하여 어우러지는 상호작용이야말로 책 전체를 인벤션으로 만든다.

나는 아도르노를 끝냈다. 아니, 당시에는 그렇게 여겼다. 언어사회학·민속방법론·행위이론을 강조했던 커리큘럼에 보조를 맞추고, 하워드 베커(Howard Becker)의 『예술계』(Art Worlds, 1982)를 읽던 나에게 음악과 의식, 음악과 지배의 연결고리에 대한 물음은 '불가능한' 것으로 보이기 시작했으며 그런 물음들이 별로 흥미롭게 느껴지지 않았다. 나는 형성 중인 명성이라는 프리즘을 통해 바라보는 음악적 정체성과 가치의 물음에 힘쓰기 시작했다. 딱 들어맞는 사례로 18세기 말엽 빈의 베토벤과 그의 음악세계는 그야말로 안성맞춤이었다. 그때 아도르노는 저 멀리 동떨어져 있는 듯했으며 더군다나 경험적으로 의심스러워 보이기까지 했다. 내가 음악제도의 역사에 몰두함에 따라 아도르노의 책과 저술만이 아니라 1970년대 말부터 1980년대 초까지 열심히 읽던, 그의 작업에 대한 다른 사람의 다양한 연구는 점점 더 책꽂이 구석으로 멀찌감치 밀려났다.

음악사회학자로 일하면서 다시 아도르노로 돌아오기까지는 20년도 더 걸렸다. 그리고 이제는 지지자나 반대자의 역할 가운데 하나를 선택할 필요가 없음을 깨닫는다. 사회음악적인 화젯거리를 둘러싼 아도르노의 관점과 다른 사람의 관점 사이에서 '주제'와 '대(對)주제'의 상호유희를 탐구하는 것이 훨씬 더 흥미롭다. 이와 같은 인벤션(invention)을 염두에 둘 때 비로소 독자는 이 책이 음악에 대한 아도르노의 작업을 논구하면서, 그와 더불어 현행 음악사회학 및 같은 계열의 영역에서 아도르노가 받아온 비판에 주목하고 있음을 알 수 있을 것이다.

아도르노의 탄생 100주년(2003년 9월 11일)에 즈음하여 출간된 이 책은 아도르노에 기반을 두고 그를 현실에 입각한 방식으로 더욱 발전시킬 수 있는 몇몇 지점을 조명해줄 것이다. 아도르노의 음악과 관련한

모든 저작과 그에 대한 비판을 두루 섭렵하면서, 나는 아도르노의 사회
음악적인 작업이 그 단초에서부터 의심할 바 없이 얼마나 뛰어난지 제
언할 것이다. 또한 우리가 그것을 완성된 시스템으로 간주할 경우 얻을
것이 얼마나 없는지 제언할 것이다. 뭐니뭐니 해도 아도르노는 일평생
자신의 작업을 객관화 비판에 쏟아부었다. 그런 만큼 아도르노의 작업
일체를 변화시키거나 고치는 것이, 불가능한 정전(正典)으로 만들려고
시도하지 않는 것이 적합해 보인다. 그 대신 우리는 더 나아간 발전에
도움이 되는 통찰을 위해서 그의 저술을 고찰하도록 하자.

아도르노가 『음악사회학 입문』을 출간한 지 40년이 되었으나, 그동안
그의 작업에 대한 관심은 무성했다. 아도르노 특유의 음악사회학을 겨냥
한 비평은 가지각색이었지만, 그럼에도 그것의 진지함을 평가절하하는
사람도 없고 그가 제기했던 물음의 심오함을 의심하는 사람도 없다. 이
런 이유에서 아도르노는 여전히 시금석 같은 인물로 남아 있는 것이다.

이 책의 목표는 아도르노를 행위지향적이고 현실에 입각한 음악사회
학과 연관시키는 것이다. 그러한 노력 가운데 음악사회학을 위한 일종의
프로그램(나의 견해와 이 분야의 접근방식을 반영하는 프로그램)이 마련
될 것이라 기대한다. 특히 아도르노가 내놓은 의제의 핵심을 이룬 논제
들을 경험적 연구의 여지가 있는 것으로 만드는 방식으로 논의하는 데
목표가 있다. 이런 이유로 이 책의 제목을 '아도르노 그 이후'(After
Adorno)라고 지었다. 여기에 담긴 이중의 의미를 음미하기를 바라건대,
그것은 아도르노에 대한 존경의 마음을 표시하는 것은 물론이요(음악의
구조·청취양태·인식·통제[control]에 대한 아도르노의 관심사를 음
악사회학이 새롭게 다시 주목함으로써 쇄신될 수 있다고 믿기 때문에),
그와 동시에 아도르노의 원래 방법과 이론화 수준을 넘어 (그 곁에 나란

히 서서?) 경험적 연구를 일구어낸다는 이중의 의미를 담고 있다.

제1장은 아도르노의 사회음악적인 작업에 대한 전략적으로 간추린 요약이다. 이는 결국 사회학자들에 의해 아도르노가 비판을 받아온 핵심 주제들을 끌어내기 위한 것이다. 제2장은 음악의 사회학과 신(新)음악학을 재검토하면서 그것들 각각이 (사회학에서) 음악과 (음악학에서) 사회에 대해 갖는 개념구상을 비판한다. 거기서부터 음악적 사건(Musical Event)이라는 개념에 초점을 맞춘, 현실에 입각한 행위지향적인 조사연구의 프로그램을 서술한다. 이 프로그램은 아도르노의 관심사를 일반성의 '올바른' 수준에서, 즉 특정화되어 상론될 수 있는 음악실천과 관련된 수준에서 확립한다고 사료된다. 이런 초점은 미시적 수준의 분석을 함께 끌어들일 수밖에 없다 하더라도 논증하건대, 이들 관심사를 행위의 수준에서 조명함으로써 전통적인 거시사회학의 관심사에 도움이 된다.

제2장에서 윤곽을 그린 프로그램을 활용해 제3장부터 제5장까지는 아도르노의 여러 가지 주제를 논구한다. 의식 및 인식과 음악의 관계(제3장), 주관성과 감정(제4장), 그리고 이들 주제를 한데 아우르는 질서 짓기(ordering)와 사회적 통제라는 관념(제5장)이 그것이다. 제6장 막바지에는 경험적으로 고안된 음악사회학이 아도르노의 원래 관심사와 양립할 뿐만 아니라, 더 나아가 실제로 문화이론일 수 있는 정당한 논거가 다 나왔기를 바란다. 인간의 행위수행과의 관계 속에서 문화(음악)가 어떻게 작동하는지, 그 메커니즘을 식별하는 데 기여함으로써 말이다.

함께 읽으면 좋은 책

이 책은 아도르노에 대한 입문서도 아니요, 그의 사회음악적인 저작의 주제와 논제를 모두 일람하고자 의도된 것도 아니다. 이와 같은 노력의 산물은 이미 꽤 많이 나왔으며, 독자가 이용할 수 있는 뛰어난 아도르노 연구는 여러 가지가 있다. 그중에는 아도르노의 서른 편 남짓의 글에 대한 주석서로 출간된 레퍼트의 연구(Leppert, 2002)와 나의 벗이자 엑세터 대학교 동료교수인 위킨의 저서(Witkin, 1998, 2002)가 있다. 그 밖에도 이제는 고전이 된 텍스트인 벅-모스(Buck-Morss, 1979)와 제이(Jay, 1984)의 저서가 있으며 음악학에서는 서보트닉의 이례적인 논문(Subotnik, 1991, 1996)이 있다. 음악학 안에서 아도르노에 대한 의제를 처음 설정한 바 있는 서보트닉의 작업은 어느덧 20년 이상의 세월을 거슬러 올라간다. 또한 『텔로스』(Telos)에 게재된, 아도르노의 음악사회학에 대한 브롬스터의 글(Blomster, 1976)도 매우 유용하다.

아도르노에 대한 한층 더 사회학적인 비판에 대해서라면, 특히 마르틴(Martin, 1995)과 미들턴(Middleton, 1990)이 다룬 확장된 취급방법을 참고하면 된다. 20세기 말엽 음악 테크놀로지와 관계해 아도르노를 살펴본 고찰에 대해서는 휴대용 스테레오를 사용하는 개개인의 실천에 대한 마이클 불의 설명(Bull, 2000)이 있다. 불의 저서는 내가 음악과 일상생활에 대한 저작(DeNora, 2000)에서 발전시킨 관점 가운데 많은 것을 공유하고 있다. 아도르노의 저술과 함께 이들 문헌은 모두 이 책의 본문을 읽기 전에, 아니면 안내서로서 함께 읽으면 좋을 것이다(영어로 된 1차·2차·3차 문헌에 대한 가장 포괄적인 참고문헌은 레퍼트의 저작(Leppert, 2002, 681~708쪽)에서 찾아볼 수 있다).

감사의 말 ▪ 11

2성 인벤션 책을 펴내며 ▪ 13

함께 읽으면 좋은 책 ▪ 17

제1장 ▬▬ 신봉자에 맞서 옹호된 아도르노? ▪ 21

제2장 ▬▬ 새로운 방법과 고전적인 관심사 ▪ 89

제3장 ▬▬ 인식으로서의 음악 ▪ 137

제4장 ▬▬ 음악은 어떻게 감정을 유도하는가 ▪ 183

제5장 ▬▬ 음악과 통제 ▪ 247

제6장 ▬▬ 아도르노 그 이후, 음악사회학을 다시 생각한다 ▪ 311

참고문헌 ▪ 327

음악사회학, 음악의 안과 밖의 변증법 옮긴이의 말 ▪ 343

찾아보기 ▪ 349

일러두기

1. 이 책은 Tia DeNora, *After Adorno: Rethinking Music Sociology* (Cambridge: Cambridge University Press, 2003)를 완역한 것이다.

2. 내용 이해를 돕기 위해 추가한 옮긴이의 보충설명은 ( )로 묶고 '―옮긴이'라 표시하였다.

3. 각주는 모두 옮긴이의 주이다.

4. 인용된 아도르노의 저작은 영역본이 아니라 주어캄프 출판사의 전집을 참고했다.

5. 원문의 강조 부분은 고딕체로 표시하였다.

6. 책과 잡지는 『』, 논문과 예술작품은 「」로 표기했다.

7. ( )와 [ ]는 원문에 있는 그대로 사용했으나 '―'로 표시된 구절은 수식어구가 아닌 한 ( )로 표기하여 매끄럽게 읽히도록 했다.

제1장

신봉자에 맞서 옹호된 아도르노?

아도르노는 20세기 전반부 동안 음악이 지닌 힘을 이론화하기 위해서
여느 학자보다 더 많은 것을 했다. "아도르노를 그저 지독한 엘리트
비관주의자라고 일축하기보다는 활용하려고 한다면" 아도르노가 제기한 문제는
논구될 필요가 있다. 아도르노에 대한 가장 근사한 존경의 표시는
그의 작업을 '활용'하는 데 있다.

서론—문제는 음악이다

음악은 힘이 있다. 또는 많은 사람이 그렇게 믿고 있다. 문화와 시대를 가로질러 음악은 설득·치료·퇴폐, 그 밖의 다른 여러 형태의 변화 상황과 결부되어 있다. 이와 같은 결합의 배후에 놓인 생각은 바로 음악이 의식에, 몸에, 감정에 작용한다는 것이다. 이런 생각과 연합되어 있는 또 다른 생각은, 음악이 할 수 있는 바로 그 무엇 때문에 음악은 규제와 통제를 받아야만 한다는 생각이다.

서구음악의 역사는 음악의 여러 힘을 징집하려는 시도와 질책하려는 시도로 점철되어 있다. 음악의 가장 흥미로운 힘은 가사나 오페라 대본과 뚜렷이 구별되는, 음이 지닌 속성이 그 중심에 있다. 종교음악 영역은 수많은 사례를 내놓는다. 기원후 800년경 샤를마뉴의 성가 개혁, 즉 교회음악을 "개정하고 숙청하고 바로잡아 개혁"(Hoppin, 1978, 50쪽)하라는 교황 그레고리우스 8세의 요구, 16세기 말엽 (정교한 폴리포니와 반대되는) 평이한 찬송가 부르기에 대한 프로테스탄트의 요구, 그리고 얼마 후에 종교음악의 목표가 "회중을 불러모아 조직하는 것"이라는 J. S. 바흐의 공식 견해 등은 잘 알려진 몇 가지 사례이다. 정치영역에서 음악은 그것이 갖는 효과로 인해 동원되거나 금지되어왔다. 러시아혁명 기념일을 기리는 교향곡을 의뢰받은 쇼스타코비치(이후 데카당스 음악을 작곡했다고 그가 받은 질책), 나치 독일의 무조음악 배척, 국가 연주를 둘러싼 대소동(섹스 피스톨스의 「갓 세이브 더 퀸」과 지미 헨드릭스 버전의 미국 국가 「성조기」), 이 모든 것은 음악이 충동질하여 여론 및(또는) 전복을 일으킬 수 있다는 생각의 증거이다.

지구적인 관점에서 음악을 살펴보기 위해 시야를 넓히면 훨씬 더 극적인 사례들이 나타난다. 사례를 하나 들자면, 서방 미디어에서 보도된 대로 아프가니스탄에서는 거의 모든 형태의 음악이 금지되고 있다고 한다. 음악적으로 말하자면, 만일 세계가 공유하는 한 가지 것이 있을진대, 그것은 음악이 감당할 법한 그 무엇에 대한 인정, 때로는 그에 대한 두려움이렷다.

오늘날 음악·도덕성·교육에 대한 논쟁은 아카데미 안팎에서 활발히 계속되고 있다. 이른바 모차르트 이펙트에 관한 논의, 헤비메탈이 젊은이에게 끼치는 효과에 대한 우려, 즉 수많은 음악 스타일의 파괴적인 영향에 대한 우려가 있으며, 심지어 영국 자동차협회가 후원한, 음악이 주행안전에 끼치는 효과에 대한 연구도 있다. 어떤 경우엔 이들 논의에서 등장하는 음악이 음악 외적인 관심사의 희생양, 아니면 만만한 수비수(守備手)로 실려 있는 것이 사실이기는 하지만(음악이 신봉자나 후원자들의 문화를 비판하는 수단으로서 비판을 받을 때처럼), 음악의 음악적 속성이 힘을 가질지도 모른다는 생각을 던져버리는 것은 성급하다. 음악이 효과를 갖는다는 것은 수많은 사람에게 상식이다. 우리가 이를 알고 있는 이유는 이런 효과를 경험했기 때문이며, 우리에게 끼친 음악의 효과 때문에 우리는 음악을 찾기도 하고 피하기도 할 것이다.

여러 말할 것 없이 문제는 음악이라는 것을 우리는 알고 있다.

얼마 전까지도 사회이론 안에서 음악의 힘이라는 관념에 관심을 기울인 전통이 있었다. 그 전통은 적어도 플라톤까지 거슬러 올라갈 수 있는데, 플라톤의 『국가』에서 소크라테스는 다음과 같이 말한다.

그러고 보니 수호자들로서는 여기 어딘가에, 즉 음악에다 위병소를 지어야만 할 것 같네. ……그렇다면 처음에 말했듯 아이들이 놀이를 함에 있어서 음악을 통해 법과 질서를 받아들이게 된다네.(Plato, 1966, 72쪽)

이 유명한 구절에서 분명히 전해지는 것은 사회질서가 미적인 질서, 의례적인 질서, 도덕적인 질서에 의해 조장되며(궁극적으로는 이런 질서들과 뒤엉켜 있으며) 결국엔 이런 질서가 의례와 여러 예술에 의해 보강된다는 생각이다. 이렇게 사회질서의 토대를 개념화하는 방도는 19세기 동안 계속 살아남아 있었다. 그 유산은 비록 음악의 역할이 간과된 저작이기는 하지만 (종교생활의−옮긴이) 원초적 형태에 대한 뒤르켐의 강조에서 발견할 수 있다.(Durkheim, 1915)

20세기에 기계적 재생산, 방송매체, 오락산업이 성장함에 따라 음악의 사회적 기능에 대해 사유할 필요가 더욱더 강화되었으리라 예상해도 좋을 것이다. 그렇다 하더라도 생시몽 이후의 사회철학 안에서 음악의 중요성은 시들해졌다. 20세기에 사회학자와 사회이론가 들이 음악에 관여할 때에는, 음악의 사회적 힘이라는 논제에 손대지 않는 것이 다반사였다. 그 대신 음악은 사회구조를 '반영'하거나 사회구조와 평행관계에 있는 매체로서 훨씬 막연하게 정립되었다. 베버 · 딜타이 · 지멜 · 소로

킨과 같은 여러 다양한 이론가에게 특징적인, 본디 형식주의적인 패러다임은 도덕적 태도와 음악의 연결고리에 대한 좀더 공공연한 관심사를 실로 중성화시켰다(그들의 저작에 대한 논의는 Etzkorn, 1973; Zolberg, 1990 곳곳; Martin, 1995, 75~167쪽을 볼 것).

그리고 이러한 중성화와 더불어 아주 다른 질문 공세가 이루어졌다. 즉 사회음악적인 연구의 관심사는 음악이 무엇을 '야기했는가'에 대한 관심으로부터 무엇이 음악을 야기했는가 하는 관심으로 달라졌다. 이런 추세와 연관해 음악사회학(music sociology)은 음악의 사회학(sociology *of* music)으로 발전하기 시작했다. 이런 언어상의 미묘한 차이 안에서 음악과 사회, 아니 좀더 정확히 말해서 사회 속의 음악(music in society)과 사회로서의 음악(music as society)에 대한 가장 흥미로운 물음 가운데 몇몇이 삭제되기에 이르렀다. 1980년대 말과 1990년대에 그렇지 않았더라면 풍요로웠을 (현실에 입각한) 초점인 '예술계'와 '문화의 생산'이라는 접근방식(Peterson, 1978; Becker, 1982; DeNora, 1995)에서조차 음악의 효과에 대한 물음은 계속 답변되지 않은 채로 남아 있었다.

결과적으로 음악의 사회학 안에서 음악매체는 은근히 강등되었으며, 그 지위는 능동적인 구성요인 혹은 생명을 불어넣는 힘에서 생명이 없는 산물(설명되어야 할 대상)로 자리를 옮겼다. 이와 같이 강등됨에 따라 음악은 20세기 동안 전문적인 학문의 논제가 되었으며, 학문의 사안이 대부분 그러하듯이 주체의 정열은 빠져나가버렸다. 오늘날 음악에 대한 일상적인 반응과 전문적인 설명 사이에 깊이 갈라진 틈은 정상이기도 하고 또 용납되기도 한 듯 보이게 되었을 정도이다. 최근 몇 년 새 (다음에서 서술되는) 변화의 징후가 있었으며 음악에 대한 학제적인 연구는 음악을 시정하는 데 큰 도움이 되어왔다. 이를테면 '행위 중인' 음악 (music in action)을 향해서 말이다. 그럼에도 아직 갈 길은 멀다.

아도르노의 등장

이런 맥락 안에서부터 우리는 아도르노와 그의 사회음악적인 프로젝트 특유의 독특한 성질을 음미할 수 있다. 이유야 어찌됐든 간에 (작곡가로서의 부차적 경력, 지리적이고 문화적인 추방과 이주, 비판적인 동료 이론가들과의 협력관계 등) 정녕 아도르노는 20세기 전반부 동안 음악이 지닌 힘을 이론화하기 위해 여느 학자보다 더 많은 것을 했다. 이런 이유 때문에——뒤늦게 깨달은 것이지만 그의 저작과 방법이 여러 가지 흠잡힐 데가 있을 수 있음에도—— 아도르노를 "음악의 사회학의 아버지"(Shepherd, 2001, 605쪽)로 기꺼이 받아들이는 것은 정당하다.

음악에 정통했던 아도르노에게 음악은 추상적으로 고찰될 논제가 아니었다. 음악은 그것을 성립시킨 사회적 힘들의 견지에서 고찰되든가 아니면 음악의 구조적 속성들의 견지에서 고찰할 논제가 아니었다는 말이다. 오히려 음악은 살아 있는 역동적인 매체였다. 그리고 정녕 아도르노는 음악과 얽혀 있는 자신의 입각점에서부터 철학과 사회학 작업을 시작했음에 틀림없다. 다음 장들에서 서술되겠지만, 아도르노는 음악으로써 사유했다.

그는 또한 자신의 사유를 다 바쳐서, 좋든 나쁘든 간에 음악이 의식을 변형시킬 방도를 궁리했다. 그리하여 다음의 사실을 시작부터 깨닫는 것이 절실하다. 아도르노에게 사회음악적인 탐구는 대단히 폭넓은 질문

범위(철학과 지식사회학, 의식의 문화사, 사회적 응집·지배·복종의 역사)를 아우르고 있던 어떤 관점에 열쇠를 마련해주었다는 사실을 말이다. 그런 까닭에 음악에 대한 아도르노의 작업을 이해하기 위해서는 그의 작업을 이처럼 훨씬 더 폭넓은 관심사 안에 깃들이게 할 필요가 있다.

부정변증법의 이념

아도르노는 더없이 심각할 수밖에 없었을 것이다. 그의 저작은 20세기의 파국적인 사건, 즉 파시즘, 제노사이드(민족 대량학살-옮긴이), 테러, 대량 파괴의 발발로 치닫고 말았던 이성의 실패를 탐구했다. 좀더 자세히 말하자면 그는 의식의 변형이라고 지각됐던 것, 즉 권위주의적인 통치양식을 조장했던 것을 이해하고자 했다. 이런 목적을 위해서 아도르노의 프로젝트는 철학적으로는 이성비판과 더불어 시작하며, 사회학적으로는 의식과 그 조건에 대한 문화심리 연구와 더불어 끝을 맺는다 해도 좋을 것이다. 아도르노의 작업을 이루는 이 두 가지 구성요소는 좀더 폭넓고 학제적인 프로젝트의 일부로 이해될 필요가 있다.

아도르노의 이성비판은 물질적 실재(material reality)[1]가 그것을 서술하는 데 이용가능한 관념·개념보다 훨씬 더 복잡하다는 생각을 중심으로 하고 있다. 실재라는 말로 아도르노가 의미한 것은 자연만이 아니라 살아 있는 경험의 특수성이기도 하다. 실재는 낱말·치수·개념·범

---

1) 'material reality'는 실재에 대한 하나의 시각으로서 유물론의 입장에서 쓴 용어라기보다는, 인공물과 사회관계 사이의 상호관계를 지칭하는 사회과학 용어인 물질문화(material culture), 물질세계, 물질적 환경 등과 연관된 용법이므로 '물질적 실재'라고 옮겼다.

주에 의해서는 충분히 논구될 수 없는 것이다. 이것은 모두 잘해야 실재의 근사치로서, 사회적으로 구성된 관념이나 현상의 이미지로 이해될 수밖에 없기 때문이다. 이런 점에서 아도르노는 유물론자이자 실제적인 것(the actual)의 철학자였으며, 이는 그의 생애를 통틀어 변함이 없었다. 그의 작업은 관념과 물질적 실재 사이의 괴리를 눈에 띄게 강조했다. 이 간극 안에서 관념은 유용할 뿐더러 실은 '효용'까지 있을 수 있지만, 결코 영원히 '참'이거라거나 온전히 '참'이라고는 할 수 없다.

아도르노가 보기에 관념과 실재를 같다고 생각하는 것과 연관된 위험은 심상치 않았다. 첫째, 이와 같은 연관은 이성이 순응적이 되게 했으며 둘째, 이성에게서 비판적이고 날카로운 성찰을 빼앗았다. 셋째, 이성 안에 권위주의의 경향이 똬리를 틀고 앉았는데, 이런 경향은 이성을 실재에 부응하도록 맞추기보다는 오히려 실재를 이성의 미리 디자인된 그릇에 꼭 맞추었다. 아도르노에 따르면 이런 위험은 근대의 상품 교환과 그것의 문화적 상관물, 즉 '재화'로서의 가치라는 생각 때문에 더 심해졌다. 급기야 20세기에 이르러서는 이성의 성격이 변하고 말았다. 이성은 자기 자신에 대한 과대평가로 팽창되었는가 하면 현실에 대한 과소평가로 이어지게 되었다. 과학을 칭송하는 경향과, 아무런 물음 없이 과학의 기치 아래 조달되는 것은 무엇이든 받아들이는 경향은 이러한 팽창의 탁월한 예가 되었다. 그런 까닭에 실재와 이성의 비동일성을 두드러지게 하는 것이 현대철학의 과제였다. 이런 과제는 그 본질에 있어서 비평이었으며, 부정변증법의 이념을 통해서 진척되어야 할 것이었다.

헤겔·마르크스와 달리 아도르노는 실재에 '대한' 긍정적인 지식에 공헌하는 데 관심이 없었다. 아도르노는 어떠한 형태의 종합도 모색하지 않았다. 그 종합이 실재에 대한 이상적인 편성(編成)의 견지에서 정립되든 아니면 결국 유토피아적인, 따라서 긍정적인 상태가 되고 마는 역사철학으로서 정립되든 간에 아도르노는 어떠한 형태의 종합도 모색하지 않았다. 그와 대조적으로 아도르노는 차이와 모순을 조명하고자 했다. 즉 잔여적인 것, 잘 맞아떨어지지 않는 것, 무의미(non-sense), 요컨대 사고의 기존 범주 안에 꼭 '맞아'떨어지지 않는 것을 조명하고자 했다. 이런 과정을 통해서 아도르노는 사고를 정련(精鍊)시키고자 했다. 이런 과제는 이번에는 이성을 유예된 재인(recognition)[2])의 한 형태로 재배치하도록, 다시 말해 이성과 실재 사이의 끊임없는 비(非)재인의 계기로 재배치하도록 방향을 맞추었다. 이 비재인의 계기는 이번에는 한결 더 큰 복잡성을 드러낼 수단을 마련했다. "전체는 비진리다"라는 아도르노의 유명한 아포리즘은 이런 주장을 압축적으로 잘 요약해준다. 부정변증법의 이념은 이성이 자기비판에 종사하는 과제를 수행하라는 명령이었던 것이다. 이런 점에서, 물론 그의 작업에 스며들어 있는 이성에 대한 휴머니즘적인 존중에도 불구하고, 아도르노의 부정변증법 이념은 궁극적으로 지식의 겸손에 대한 것이요, 지식이 지닌 불가분 사회적인——따라서 도덕적인—— 성격에 대한 것이다.

인식에 대한 관심사는 아도르노의 사상 세계에서 중심을 차지한다. 그의 사상 세계와 친숙해지기 위해서는 아도르노가 이야기하는 '이성의 객관화하는 경향'이 무엇을 의미했는지 이해할 필요가 있다. 이와 더불어 다음 두 절에서 서술되듯이 사회적 과정으로서의 객관화, 활동의

---

2) '지각한 것'과 '이미 기억 속에 있는 인상' 사이에 일치점을 찾는다는 뜻이 강조된 용법. 이와 같은 뜻으로 저자가 특별히 재인과 인식(cognition)을 구별해서 쓰는 문맥이 종종 있다.

한 형태로서의 객관화를 이해해야 한다. 거기서부터 아도르노가 현대 세계에서 지식의 형태로서의 과학과 예술, 양자의 강등된 역할을 어떻게 바라보는지 그의 견해를 맥락화할 수 있다. 하나같이 아도르노의 **철학적 단초**를 눈에 띄게 강조하는 이런 논제는 결국엔 **사회학적 관점**이 아도르노의 작업의 고갱이라고 여길 법한 것에 착수하기 위한 포석을 마련해준다. 그의 작업의 고갱이란, ① 객관화와 관계해 초점을 문화기구들이 담당하는 역할에 맞추는 것, ② 그의 철학에 포함된 무의식 이론, ③ 두 번째 특성과 관계된 것으로 미적인 구조와 의식의 양식 사이의 연결고리에 대한 관심사를 말한다.

객관화란 무엇인가?

객관화하는 심성(mentality)은 변증법적 사유에서 떠나 다른 길로 나아갔다. 그 대신 그것은 인간의 관념(개념)과 물질적 실재 사이의 동일성을 실재가 자명하게 보이도록 ——그런 까닭에 교섭될 수 없게끔 보이도록—— 정립했다. 다음을 유의하는 것이 중요하다. 아도르노가 볼 적에 객관화는 **활동**(프락시스)이었으며 개개의 습성[3]을 통해서 이 일을 달성한 것은 바로 주체였다. 따라서 아도르노는 주체가 그 자신의 인식적인 소외에 공모한다고 보았다. 이런 공모관계의 문화적 기초야말로 사회학자 아도르노가 탐구하고자 했던 것이다.

그와 동시에 객관화는 인식적 폭력이었다(이런 의미에서 아도르노의 초점은 담론 및 그것이 지닌 총체적 힘에 대한 포스트구조주의의 관심

---

3) 무의식적 습관이 되어버린 성질, 그리하여 제2의 본성이 되어버린 습관.

사와 부분적으로 겹친다). 왜냐하면 객관화하는 심성이 하나의 습성으로 확립되기에 이르렀을 때, 실재의 본성에 대한 미리 주어진 가정에 꼭 맞아떨어지지 않는 것을 삭제하려는 충동은 또한 틀에 박힌 일상이 되어버렸기 때문이다. 즉 그런 충동은 물질적 실재를 지각하고 반응하는 암묵적인 실천의 일부가 되었기 때문이다. 불일치에 대한 지각에서 멀리 떠나간, 이러한 객관화하는 의식 형태가 어김없이 으레 보수적이었음은 두말할 나위도 없다. 객관화하는 의식 형태는 (물질적 실재에 의해 범주를 끊임없이 따져 묻는 것과 반대되는) 일반 범주의 재인(따라서 재생산)에 방향을 맞추고 있었던 것이다. 그 자체로서 객관화하는 의식 형태는 세계에 대한 총칭적인(generic) 방향제시를 포괄했다. 이를테면 사람들의 계급 및 범주에 대한 암묵적인 가정에 의해서, 그리고 개인을 범주의 일례로 다룸으로써 특징지어졌다. 그것은 또한 일반 유형으로서의 사물(물질적 환경의 측면)의 본성에 대한 가정, 즉 작용할 경우 사물에 대한 가장 가깝고 친밀한 경험을 철폐하는 가정을 수반하기도 했다.

아도르노가 보기에 이는 탈인간화된 의식이었을 뿐만 아니라(그것은 결국엔 사고의 일반 범주를 확장시킬 특정한 차이를 살피지 못했다) 무엇보다도 외면적으로 강요된 통치 관계에 순종하는 고분고분한 의식이었다. 이와 같은 의식이 관념과 물질적 실재 사이에 만든 동일화에서 안정적인(신뢰할 만한) 물질세계와 사회세계에 대한 믿음,『계몽의 변증법』에 나오는 자주 인용되는 구절을 빌리자면 '그저 존재하는 것'에 대한 믿음이 생겨났다. 그저 존재하는 것에 대한 믿음을 이야기하는 것은 아도르노가 이따금씩 '존재론적 이데올로기'(Adorno, 1981, 62쪽)라고 일컫던 것을 이야기하는 것이다. 일종의 습성으로서의 존재론적 이데올로기를 특징짓는 것은 확실성에 대한 취향이다. 이는 아도르노가 보기엔 그 자체가 해이(解弛)한 인식적 기능작용의 한 징후였다. 그리고 이런 습성은 일이 벌어지고 있는 바로 그곳, 현지의 수준에서, 행위자가 일반 개념을 강화하는(일반 개념과 동일시하는) 한에서 '합리적인' 행정감독(administration)에 크게 이바지했다. 이때 행위자는 '지금 여기'를 '그때 거기'의 견지에서, 즉 (행위자가) 하기로 되어 있다고들 하는 바로 그것의 관념에 꼭 '맞추어' 이해하려고 자신의 경험이나 행위의 특수성을 저 일반 개념에 따라 본뜬다. 활동으로서의 객관화(어떻게 행위자가 일반을 특수에다 꼭 '맞추고' 그럼으로써 특수에게 폭행을 가함과 동시에 통치 권력과 나란히 정렬하는지)를 실지로 예시하기 위해서, 아도르노의 관점이 비슷한 관심을 갖는 또 다른 갈래의 사회학——실재가 하나의 객관적 사실로 생산되기에 이르는 방식에 관심을 갖는——과 어떻게 비교될 수 있는지 고찰해볼 만하다. 예컨대 이런 논제를 다룬 민속방법론(ethnomethodology)[4]의 관점을 살펴보자.

사회적 실천으로서의 객관화

이런 과정에 대한 주목하지 않을 수 없는 서술 가운데 하나는 남성과 여성 양쪽의 특성을 모두 가진 간성(間性) 인물 아그네스에 대한 해럴드 가핀켈[5]의 고전적 연구(Garfinkel, 1967)에서 발견할 수 있다. 가핀켈

---

4) 미국의 사회학자 해럴드 가핀켈이 도입한 대안적인 접근방식의 사회학 연구. 사회 질서를 생산하고 공유하도록 만드는 절차와 과정에 관심을 갖는 사회학 이론의 한 갈래다.

의 글 「간성 인물로 통과하기와 성적인 지위의 관리된 성취」는 아그네스가 여성이라는 인간존재의 한 총칭 유형으로서 '통과'하려고 활용했던 실천을 검토한다. 이 작업에서 가핀켈은 문화적 '작업'을 해내게 하는 처해 있는 실천에 초점을 맞춤으로써, 즉 문화적, 흔히 제도적 범주(여기에서는 생물학적 성의 범주와 자연현상의 동일성, 그 범주를 가족과 같은 사회제도와 잇는 연결고리)의 실재가 재생산되게끔 하는 퍼포먼스에 초점을 맞춤으로써 퍼포먼스 이론(예컨대 Butler, 1989)의 관점을 미리 보여주었다.

예를 들면 여성이라는 범주에 자기 자신을 꼭 '맞추기' 위해서 아그네스는 숙련기술과 물질적 소품(1950년대의 진주와 여성용 카디건 스웨터, 요리기술 등)을 동원했으며 몸을 고치는 급진적인 시술(호르몬과 외과수술)을 받았다. 뿐만 아니라 그녀는 덜 여성적인 특징과 속성이 드러날 우려가 있는 상황을 피하는 데 신경을 썼다(수영복을 입지 않으려 했고 위험스러운 친밀한 상황을 피했다). 이런 식으로 절실하게 자신의 물질적 실재의 측면을 억제함으로써 아그네스는 '모든 실제상의 목적을 위해서'(For All Practical Purposes, FAPP)[6] 여성으로서 어떻게든 '통과'해냈다.

---

5) 민속방법론의 창시자. 실제 행위에 초점을 맞춘 민속방법론은 평범한 사람이 다양한 상황과 조직된 환경에서 의미를 생산하기 위해 사용하는 방법을 연구한다. 가핀켈의 대표작 『민속방법론 연구』(*Studies in Ethnomethodology*, 1967)는 구체적인 맥락과 무대장치에 대한 경험 연구의 필요성을 환기했다.

6) 모든 과학이론이 갖고 있는 불완전성 문제의 실용적인 해결책. 가령 엄격한 근거 위에 정당화될 수 없는 근사값을 낼 때, 결과가 '모든 실제상의 목적을 위해서' 유용하고 바람직하다고 말함으로써 정당화하려 할 수 있다. 이는 그 결과가 우리의 경험과 일치하고 근사값의 오차가 실제 측정기구로 검출될 수 없다는 뜻이다.

가핀켈의 연구로부터 이끌어낼 수 있는 가르침은 모든 의미의 퍼포먼스, 마치 자연적으로 일어나고 있는 것처럼 보이는 모든 문화적 범주의 퍼포먼스에 적용된다. 아그네스가 했던 것을 '진짜' 여성(남성)도 그렇게 한다. 그들은 사회적으로 구성된 총칭 범주의 상정된 특성에 방향을 맞춘다(그리고 그들의 활동을 통해 재생산하려고 시도한다). 따라서 아그네스의 이런 좀더 극단적인 과정은 '정상적인' 활동을 눈에 띄게 강조하는 데 소용되며, 특정한 것이 어떻게 일반적인 견지에서 제시되는지 조명해준다. 이 경우 여성스러움(여기를 우리는 정체성에 관한 여러 다른 범주로 바꿀 수 있는데)이 어떻게 해석적·물질적 실천을 통해 이루어지는지, 즉 아그네스의 실천과 그녀를 '여성'으로 지각하고 대하는 사람의 실천 모두를 통해 이루어지는지 조명해준다. 이 사례연구에서 우리는 또한 (어느 범주에 꼭 맞아떨어지지 않는) 차이가 어떻게 실천적 경험의 흔히 암묵적인 사안으로 삭제되는지 알아본다. 이런 실천을 통해서 물질적 실재의 자명한 특성이라고 상정된 것은 가핀켈과 민속방법론자가 모든 실제상의 목적을 위해서 '자연스런 정상세계'라고 부른 것의 겉모습을 띠게 된다.

이와 맥을 같이하는 자기연출에 대한 어빙 고프먼(Erving Goffman)[7]의 작업은 행위자가 의미 있는 사회적 시나리오를 실행하려고 미리 주어진 격식·대본·이미지, 그 밖에 외적으로 제공된 재료에 의지하는 모습을 보여준다(이 논제는 제5장에서 문화적 레퍼토리 이론과 연관해

---

7) 상징적 상호작용론의 관점에서 사회생활을 면밀히 관찰한 미국 사회학자. 자아에 초점을 맞추어 다양한 사회적 상호작용 방식을 논한 그는 영향력 있는 저작 『자아 표현과 인상관리』(*The Presentation of Self in Everyday Life*, 1959)에서 마치 연극처럼 행위자가 자신의 역할을 연기한다고 본다.

논의될 것이다). 우리는 고프먼의 행위자가 노동자, 인격체, 혹은 주체의 '유형'으로서 스스로를 생산하는 것을 알게 된다. 이런 점에서 고프먼의 행위자는 근본적으로 보수적이며 문화와 조직 · 제도의 요구조건들에 방향을 맞춘다(그들이 그 요구조건들을 지각하므로). 달리 말해서 그들은 '일을 잘 해내기' 위해서, 조직적 · 제도적으로 특정한 배열을 영속시키기 위해서 문화가 떠맡은 것에 방향을 맞춘다.

처음 언뜻 보기에 가핀켈과 고프먼은 아도르노의 관심사와 무척 멀리 떨어져 있는 듯 보일 수 있겠지만, 그들의 작업은 또한 사회적 범주와 물질적 실재 사이의 불일치 내지 간극을 눈에 띄게 강조하는 것으로 읽힐 수 있다. 그들의 보고서에서 우리는 행위자가 실천적이고 해석적인 행위수행자로서 어떤 인식 및 의례 질서를 유지하기 위해 하는 몇몇 일을 목격할 수 있다. 따라서 우리는 꼭 맞아떨어지지 않는 것을 미리 예상된 형식 속에 끼워 맞출 때, 인식의 폭력(아그네스의 경우에는 물리적 폭력)을 물질적 실재에 행사할 때 예의 불일치 내지 간극을 목격한다. 아도르노의 비판적 관점에서 볼 때 가핀켈과 고프먼에 의해 서술된 행위자가 수행한 일은 다름 아닌 바로 잘못된 동일성——객체의 권위(성[sex]과 같이 겉보기에 자연적인 범주나 약정된 제도적 범주)를 공손히 섬기는 활동——으로 이루어질 것이다. 이런 유형의 공손함은 저 객체의 형체와 그것이 깃들어 있는 사고체계를 침범하지 않는 것이다. 다시 말해서 물질로 하여금 어떤 관념에 순응하도록 만들려고 물질에 행사되는 폭력은, 실재에 부응하게 하려고 관념을 다시 만들고 재조성할 필요를 미리 배제한다.

아도르노는 결코 상호작용론[8]자가 아니었거니와 그런 전통의 작업에 관심을 가졌던 적도 없다(아닌 게 아니라 그의 저작에는 어떠한 미국 사회학에 대한 참조도 거의 없다). 그의 작업은 좀더 '거시적인' 문화적 관심사에 초점을 맞추기 위해 실제의 사회적 실천에 대한 관심을 외면했다는 점에서 상호작용론의 관점, 민속방법론의 관점과 뚜렷이 갈린다. 이것이 의미하는 바, 아도르노는 고프먼과 같은 학자들이 서술한 공손함의 형태를 역사적 관점에 맡겼으며 그것을 의식 및 인식의 활동 양태로서 개념화했다. 다시 말해서 아도르노는 그것을 개인 바깥에 서 있는 의식의 구조, 따라서 의식을 위한 조건이자 의식의 조건으로 복무하는 의식의 구조로서 개념화했다(이처럼 지식을 활동의 양태로 보는 역사적 관점을 내놓은 지식 생산에 대한 민속방법론의 설명은 Pollner, 1987을 볼 것).

특히 아도르노는 객관화의 주관적 활동이 역사적으로 특정했다고, 즉 모던한 사고의 보증마크였다고 생각했다. 그런 프로젝트의 일부로 아도르노는 호르크하이머와 함께 쓴『계몽의 변증법』(아도르노의『신음악의 철학』이 이 책의 확장된 부록으로 의도되었음을 강조할 만하다)에서 모더니티하에서 지식으로 통했던 것의 편성을 비판했다. 아도르노가 제기했던 과학 비판과 아울러 포스트 계몽시대와 그 이후 과학의 변형을 검토하는 것은 예술의 '참된' 사회적 역할—현대 세계에서 의식이 조직화되게끔 했던 하나의 조건으로서—에 대한 아도르노의 견해를 눈에 띄게 강조하는 데 기여한다.

---

8) 미국의 실용주의, 특히 허버트 미드와 찰스 쿨리의 저작에서 유래된 사회심리학의 대표적인 이론. 미시적 관점에서 어떻게 질서가 구체적인 상호작용의 산물로 생겨나는지 설명하려는 시도이다. 미드의 제자이자 '상징적 상호작용론'이라는 명칭을 만들어낸 블루머(Herbert Blumer, 1900~87)는 사회행위에서 어떻게 사람들이 의미를 창조해내고 사용하는가에 주목한다.

좀더 자세히 말하자면 예술(음악)의 인식적 기능에 대한 아도르노의 생각은, 다시 말해서 모더니티하에서 의식의 형체와 경향을 음악과 잇는 연결고리, 즉 존재론적 이데올로기를 특징지었던 습성과 합쳐야 할 연결고리에 대한 아도르노의 생각은 바로 과학·예술의 이분법을 다루는 그의 취급방법에 포석을 깔고 있다. 아도르노는 현대 세계에서 예술이 지식활동을 위한 수단으로서의 지위를 빼앗겼으며, 그와 더불어 지식 형성에서 망각된 무의식적인 것(혹은 유사[類似]의식적인 것)의 역할을 빼앗겼다고 생각했다.

예술 대 과학

아도르노가 보기에 모더니티(자본주의, 문화의 상품화, 권위주의적 정치 법칙)하에서 예술 '대' 과학이라는 포스트 계몽의 이분법(예술의 빈곤화, 과학의 주도권)은 과학과 예술을 모두 격하시키는 악화의 징후였다. 이런 악화는 결국엔 아도르노가 모더니티의 위기라고 지각했던 것, 바로 주체와 객체의 단절, 마르크스의 용어로는 소외의 일부였다. 매일 일상생활에서 틀에 박힌 기초 위에, 주체가 제조과정에 별로 간여하지 못하거나 재제조 과정도 거의 기대하지 못하는 세계에서 기능하도록 요구받을 때 조장되는 소외 말이다. 아도르노가 볼 적에 포스트 계몽의 예술과 과학의 분리는 현대의 인간주체의 이중적인 강탈을 초래했다.

아도르노의 논증은 다음과 같다. 한편으로 과학은, 즉 객관적인 사실에 대한 실증주의적 추구로 배치되어 '진보적으로' 축적된 과학은 빤한 진리의 조달자로 환호를 받았다(이와 같은 편성은 과학의 진보가 사회적이고 문화적인 구성물로 검토될 여지를 남겨두지 않았다). 그 자체로서 과학은 전문가의 영역으로, 따라서 통치도구로 격리됨으로써 인간의 평범한 질문 양태로부터 초연해 있게 되었다(이에 대한 좋은 예는 아마도 가장 직접적으로는 나치치하의 '과학'이었지만, 좀더 온건한 수준에서도 찾아볼 수 있다. 가령 전문가가 중간에서 전하는 지식에 대한 일상적 이해를 들 수 있을 텐데, 오늘날 아마도 '과학적으로 교양 있는' 공중을 깨우치려는 많은 시도는, 특히 이런 교양 프로젝트들이 공중을 설득해서 특정 과학 정책이나 실천을 받아들이도록 하려는 시도 및(또는) 논쟁을 가라앉히려는 시도와 결부되어 있을 때 좋은 예가 된다).

다른 한편으로 예술의 역할은, 즉 지식의 한 형태로서 혹은 뒤에서 서술하지만 의식을 활성화하는 한 방식으로서 예술의 역할은 약화되었다. 과학이 그러하듯이 예술은 주관적인 (개인적인, 따라서 비합리적인) 영역과 (예컨대 청자를 감동시키는) 표현이라는 낭만주의적 발상과 동맹하든가 아니면 수사적인 설득의 대행자로 사용됨으로써 악화되든가 했을 때, 예술을 구경하는 사람들에게 작용했던 어떤 것과 동떨어지고 말았다. 아도르노가 볼 적에 (이후 자세히 논의되겠지만) 음악을 감정 및 (또는) 행위의 동원과 잇는 연결고리는 퇴행적이었던 바, 그것은 그가 비판하고자 했던 동일한 종류의 (권위주의적인) 의사소통 관계의 징후였다. 그렇다면 과학과 예술에서 공히 형식과 내용, 개념과 물질 사이의 변증법적 긴장에 대한 탐구는 '효과'의 생산을 위해서, 즉 감각작용, 심상, 조사결과, 요컨대 적용의 생산을 위해서 희생되었다.

아도르노에게 이와 같은 변증법적 긴장의 상실보다 더 음험한 것은 없었다. 실은 바로 여기에서 우리는 감히 '참된' 과학을 이야기할 수 있을지도 모른다(그리고 왜 아도르노가 최근 페미니스트 철학자와 생태주의 철학자 들에 의해 재발견되었는지 음미하기 시작할 수 있겠다). 말하자면 자신에 대한 거듭되는 개정(부정)에 몰두하는 연구 태도(거의 민속지학적인, 바바라 매클린톡〔Babara McClintock〕[9]의 '유기체에 대한 느낌'〔Fox-Keller, 1983〕에서처럼), 혹은 틀 바깥에 있는 사물, 즉 물질의 한계 측면이나 경시되는 측면에 대한 예술의 탐구야말로 '참된' 과학이 아닐까. 아도르노는 이런 성찰 활동이 주의력의 범위를 확장시킨다고 보았다. 이런 성찰 활동은 의식을, 다시 말해서 사물들 사이의 차이를 지각하는 능력을 높였으며 실재를 함유하지는 못하더라도 깊이를 헤아리는 능력을 높였다. 이성의 과제는 복잡성·다양성·이질성에 부응하는 것이었으며, 지식으로서의 편성을 통해서 복잡성·다양성·이질성을 (억압하지 않고서) 배열하는 것이었다. 이는 타협된 의식 안에 가능한 한 많이 '물질'을 보유하기 위한 것이다. 이와 같은 과제는 과학을 통해 달성되든 예술을 통해 달성되든 동일한 것임에 틀림없으며, 바로 이 지점에서 아도르노의 철학은 문화비판으로 전조(轉調)되기 시작한다. 어떠한 문화매체로든 어떻게 편성——구성(composition)——이 이루어지는지에 초점을 맞춘 문화비판으로 말이다. 아도르노는 문화비평가가 되는 바로 이 지점에서 또한 사회학자가 된다.

　이런 음악사회학은 다음과 같이 요약할 수 있겠다. 아도르노는 어떻게 음악의 형식적 속성들이 활동의 양태——결국엔 의식과 관계되며 그

----

9) 옥수수의 이동성 유전 요소를 발견한 공로로 1983년에 노벨 생리학·의학상을 수상한 미국의 유전학자. '유기체에 대한 느낌'은 노벨상을 받은 직후 출간된 매클린톡의 전기 제목이다. 그녀는 옥수수를 비롯한 여러 식물과 함께 오랜 시간을 보내며 줄곧 식물이 스스로 이야기하도록 귀 기울여 듣고 마음을 열었기 때문에 깊이 교감할 수 있었다고 한다. 이블린 폭스 켈러, 『생명의 느낌』, 김재희 옮김, 양문, 2001을 참조할 것.

의식의 양태를 주입시킬 수 있을 활동의 양태——를 명시했는지에 관심을 가졌다. 의식의 양태를 주입시키는 이런 능력은 결국엔 청취하는 주체가 음악과 맺는 무의식(혹은 유사의식)적인 관계에 대한 이론과 결부되었다. 다시 말해서 의식의 양태를 주입시키는 능력은 음악 처리과정이 합리성 이하의 차원, 한계 이하의 차원을 끌어들였던 방식, 의식을 생략하기는 하지만 그럼에도 여전히 의식 및(또는) 행위에 어떤 효과를 미치는 능력과 결부되었다. 문화의 산물은 ——그것이 형식적 배열에서 특수한 활동 양태를 명시하는 한에서—— 예컨대 인간의 비판적 · 지각적 · 표현적인 역량을 높이거나 억압할 수 있을 것이다. 그리고 문화의 산물은 또한 이 역량을 구조화할 수 있는 만큼 사회적 배열을 조장했다. 바로 이런 관점에서 아도르노는 미적인 양태의 지식활동과 과학적 양태의 지식활동 사이의 간극을 메우고자 하며, 그렇게 하면서 미학을 인식의 관계망으로서 계몽 이전의 역할로 복귀시키고자 하는 것으로 볼 수 있다. 바로 여기에서 현대사회의 음악에 대한 아도르노의 관심사가 크게 부상한다.

아도르노와 음악

알반 베르크(Alban Berg)의 문하생으로 음악교육을 받은 바 있는 아도르노는 여러 무조음악을 쓴 작가이다. 제3장에서 서술되겠지만 음악이야말로 다름 아닌 아도르노의 인식적 작업공간이었다. 그의 철학은 음악을 철학으로, 동시에 철학을 음악으로 승화시켰다고 이해할 수 있다. 이런 주장은 아도르노의 언어적 악곡구성의 실천(글로 작곡하는 사람인 아도르노의 텍스트 실천−옮긴이)에 가장 정통한 사람들에 의해 논의되어왔다. 수전 벅-모스와 수전 길레스피는 둘 다 대단한 통찰력을 갖고 이 쟁점을 개설했다. 길레스피는 아도르노의 텍스트가 강력하게 수행적인(performative) 차원을 갖고 있으며 번역할 때는 각별한 주의를 요한다고 제언했다.(Gillespie, 1995, 2002)

텍스트의 리듬과 강세, 또 다른 텍스트와 콘텍스트에 대한 에두른 참조, 희귀 단어나 시적인 단어의 사용과 신조어의 빈번한 사용, 또한 훨씬 더 널리 퍼져 있는 기분의 차이, 예컨대 짤막한 스케르초풍의 스케치와 좀더 길고 한결 교향악적인 에세이 사이의 기분 변화가 그것이다.(Gillespie, 2002, xiv쪽)

따라서 음악을 모델로 하여 쓴 텍스트는 또한 그 자체로 어떻게 인식과 인식적 재현이 진행될 수 있는지에 대한 하나의 범례(範例)이기도 했다. 아도르노의 글쓰기는 악곡구성의 수법을, 즉 재료를 계속 보유하면서 그 재료에 부응하는 방식을 수행하고 있는 것으로 볼 수 있다.

아도르노가 볼 적에 음악은 사회의 인식적 경향이 악곡의 형식적 속성을 통해서 진단될 수 있는 문화적 장소에 다름 아니다. 달리 말해서 음악구성(musical composition)은 잠재적으로 범례적인 활동의 한 형태였다. 그 자체로 그것은 성부와 성부 진행, 모티프, 주제, 템포와 리듬 음형, 음색(예컨대 색소폰 소리, 비브라토의 사용), 화성 '진행'의 건축술 등 재료나 부분의 취급방식 혹은 배열을 끌어들였다. 음악구성은 배열의 한 양태로서, 즉 재료를 '부분'과 '전체'로 만들어내는 방식으로서 아도르노가 볼 적에 사회적 내용의 증거가 되었으며 (음악적) 현실을 질서 짓는 방식, 취급방식의 양태를 입증했다. 음악구성은 그저 사회 조직과 유비를 이루기만 한 것이 아니었다. 그것은 또한 정치 행위의 한 형식이기도 했다(예를 들어 음악형식은 자신의 재료의 소리로 울리는 경향을 불가피하게 단순화하고 타협을 불가피하게 수반하며, 따라서 악곡형식에 소용되는 가운데 축소된 재료에게 폭력을 가한다). 이런 특징은 결국엔 '내재적 방법'의 비판에 의해 폭로될 수 있다. 말하자면 내재적 비판방법은 음악의 형식적 속성과의 교호작용이자, 특정 작품 안에서 작곡가가 재료적 배열과 형식적 배열 사이의 긴장을 다루었던 취급방식과의 교호작용인 것이다.

이런 주장은 좀더 부연설명을 할 만하다. 아도르노가 볼 적에 음악은 두 가지 인식적 기능을 수행했는데, 그 기능이 작동한 수준은 둘 다 의식적인 자각 아래에서였다. 그중 첫 번째 기능은 주체의 '참된' 상태를 보여주는 것, 주체가 사회 전체와 맺는 관계를 비추는 거울을 마련해주는 것이다. 예를 들면 사회관계의 총체성이 억압적인 행정감독(administration)의 외양을 띠고 있을 때, 그것이 시민 주체에게 폭력을 가했을 때, 음악은 (사회정치적) 주체와 객체 사이의 불일치에 대한 증거자료가 될 수 있다. 주체의 '고향 없음'을 조명함으로써, 그것에 부응할 형식을 찾지 못하는 주체의 무능력을 조명함으로써 말이다. 따라서 음악의 첫 번째 인식적 기능은 또 다른 영역에서 무엇이 상실되어버렸는지를 주체에게 상기시키는 것이다.

음악의 두 번째 인식적 기능은 예증하는 것이다. 즉 악곡구성(재료의 배열)의 추상적 처리방식 속에서, 그리고 그 처리방식을 통해서 음악은 어떻게 부분과 전체의 상호 관계가 생각·배치될 수 있는지에 대한 모델을 내놓는다. 음악은 또한 주체(존재)나 재료(자연)가 어떻게 사회적이고 인식적인 총체성과 관계할 수 있는지 보여준다. 따라서 음악형식은 교훈적인 기능에 봉사했다. 가령 폭력을 최소화하려면 어떻게 재료가 조직될 수 있는지 예증할 수 있다. 음악재료의 취급방식(작곡)은 우리가 음악적 실재를 넘어서 실재를 어떻게 생각하고 지향하면 좋을지에 대한 모델을 제공할 법하다. 또 음악재료의 취급방식은 그 밖의 다른 곳에서, 가령 과학에서 혹은 사회제도에서, 복잡성을 삭제하기보다는 보존하려면 배열을 어떻게 취급하면 좋을지에 대한 모델을 제공할 법하다. 바로 이런 의미에서 음악구성의 활동은 활동 일반의 시뮬레이크럼(simulacrum)[10]을 제공한다. 따라서 음악의 두 번째 인식적 기능은 사례에 의한 비판이다. 음악은 구조이되 다른 것이 그 구조를 배경으로 명료화될 수 있을 구조이다. 이런 의미에서 음악은 인식적 자원이다.

예를 들면 음악이 어떻게 종지(終止)를 만들어내는가 하는 물음은 다음과 같이 읽힐 수 있다. 그것은 종지가 또 다른 영역에서 어떻게, 하여간 잠재적으로는 진행될 수 있는지에 대해 우리에게 무엇인가 말해주는 것으로 읽힐 수 있다. 부딪치는 심벌즈 소리로 곡이 끝나는가 아니면 서서히 사라지는 단 한 음으로 곡이 끝나는가? 딸림7화음에서 으뜸화음 종지로 이어지는 일련의 마침('끝-남, 끝-남, 끝-남'이라고 말하는 듯한 음악)을 몇 번이고 되풀이함으로써 으뜸음이나 기본조인 홈 키(home key)를 거듭 주장하는가, 아니면 화성적으로 애매한 패시지로 끝나는가? 혹은 필립 글래스(Philip Glass)나 스티브 라이히(Steve Reich)[11]의

_____

10) 사전적으로는 다른 물건을 본떠서 만든 물건, 모조품을 뜻하지만 원본보다 저급하거나 실재의 기만적인 모사라고 볼 필요는 없다. 저자의 용법에서는 모범이 되는 사례를 제공하는 '모델'을 뜻한다. 이 용법은 원본 없는 복제품, 즉 그 자체로 이미 재생산된 모델이 현단계의 지배적 시뮬레이크럼이라고 주장하는 보드리야르(Jean Baudrillard)와 전혀 상관이 없다.

음악처럼 조만간 끝에 다다를 것이라는 자기 참조적인 징조도 없이 전혀 예기치 않게 갑자기 멈추어버리는가?

또 다른 사례를 하나 들자면 성부가 어떻게 서로 짜여 있는가? 하나의 성부, 솔로, 또는 선율 선 하나가 주도하고 나머지 성부는 (종속적으로) 화성적인 뒷받침으로 사용되고 있는가? 혹은 푸가나 폴리포니 악곡처럼 모든 성부가 똑같이 중요하며 똑같이 선율적인가? 토머스 탤리스 (Thomas Tallis)의 코랄 작품처럼 말이다. 아도르노가 말하듯이 "폴리포니 음악은 작곡가의 표상 속에서만 살아 있을 ……때조차도 '우리'를 말한다."(Adorno, 1973, 18쪽)

이 사례를 발전시키기 위해서, 그것도 작곡 활동을 눈에 띄게 강조하는 방식으로 발전시키기 위해서 바흐 코랄의 선율 선에 화성을 붙이는 법을 배우는 과정을 살펴보자. 음악이론의 기초 원리 가운데 일부로서, 코랄 선율에 화성을 붙이는 법을 배움으로써 이 숙련기술을 실습하는 것은 관례적인 일이다. 예컨대 병행 4도나 병행 5도가 금지되는 등 다양한 적용 규칙이 있다. 초보자는 규칙을 따르고자 하는데, 그 규칙은 흔히 뒷받침하는 선율(알토·테너·베이스), 즉 유난히 고르지 못한 경로를 밟으며, 하여 노래하기 어려운 하성부의 선율에 봉착한다(즉 하성부는 자신의 고유한 논리를 갖지 않고 선율 선과 관계해서만, 총괄 규칙과 관계해서만 논리를 갖는다). 따라서 재료는, 이 경우 성부 라인은 더 큰 형식을 생산할 필요에 종속되게끔 만들어지며 개별자는 일반자를 위해 희생

---

11) 1960년대에 처음 등장한 미니멀리즘 음악을 주도한 미국 작곡가들. 미니멀리즘 양식은 한결같은 박자를 유지한 채 정지 상태에 머물거나 서서히 변형을 이루면서, 악구나 좀더 작은 단위(음형·모티프·세포)를 한없이 되풀이한다.

당한다. 그와 대조적으로 '좋은' 화성 작법은 모든 성부의 필요에 주의를 기울일 것이며, 그래서 '전체'는 부분의 사려 깊은 배열로부터 모습을 드러내는 것으로 보일 수 있다. 그렇다면 이와 같은 악곡에서 우리는 음악을 집단적 이상(理想)과 유비되는 것으로 이야기해도 좋을 것이다.

이 사례로부터 음악적 관계가 어떻게 사회적 관계의 범례로서, 특히 "집단성의 이상들"(Adorno, 1973, 18쪽)로서 소용되기에 이를 법한지 상상해볼 수 있다. 여기에서 우리는 아도르노의 음악적 작업이 지닌 깊이 흥미를 자아내는 측면을 알아본다. 작곡, 곧 음악재료의 취급방식에 대한 아도르노의 관심사는 거의 도덕 활동과 마찬가지이다. 이는 아도르노의 입장이 지닌 가장 커다란 강점 가운데 하나인 바, 그는 (하나의 매체 혹은 객체로서) 음악이 무엇을 '재현'하는지에 관심을 갖고 있지 않았다. 오히려 실제 음악의 실천(도덕적 활동으로서, 또 다른 영역의 활동에 대한 범례 · 모델로서 음악의 형식적 배열)이 그의 관심사였다. 그렇다면 음악형식이 모습을 갖추게 되는 과정에 대해 설명하는 법은 어떤가? 달리 말해서 무엇이 음악사의 엔진이었는가?

음악사—어떻게 만들어지는가?

아도르노는 작곡가(주체)를 음악재료(객체)와 맺는 변증법적 관계 속에서 이해하는데, 처음 언뜻 보기엔 그 관계 방식이 모순을 일으키는 듯하다. 한편으로 아도르노는 (시간이 흐르면서 음악재료를 전개시키거나 발전시키는) 음악의 내재적 논리를 강조한다. 또 다른 한편으로 그는 주체로서의 작곡가를, 작곡가의 처분에 맡겨진 응고된 역사(관습적인 음악 실천)와의 관계 속에서 강조한다. (작곡가가 음악재료의 발전법칙을 따르면서 그와 동시에 음악사를 만드는—옮긴이) 이런 모순은 아도르노의 작업이 결국 경험적 맥락에서 발전될 수 있으려면 충분히 논구될 필요가 있다. 달리 말해 아도르노를 채근해서 음악의 양식 변화에 대해, 또 마찬가지로 중요하게는 음악의 위대성과 그 기원에 대해 캐묻는 것이 필요하다.

한편으로 아도르노는 작곡가가 어떻게 음악에 의해 제기된 '문제'를 대면하는지, 혹은 쇤베르크(Arnold Schönberg)의 경우처럼 "재료 자체의 내재적인 문제의 형태로 재료가 그를 향해 내놓은 물음"(Adorno, 2002, 399쪽)과 대면하는지 자주 이야기하곤 한다. 이것이 함의하는 바, 최고의 작곡가는 음악에 응답하는 방식, 즉 음악이 제기하는 문제를 해결하는 방식을 발견하리라는 것이다. 이 경우에 음악과 사회의 연결고리는 동형관계에 있다고 여긴다. 즉 각각은 저마다의 내적인 논리에 따라 '발전'하며, 이들 논리는 둘 다 기저에 놓인 구조적 다이내믹(응고된 역사)에 의해 산출된다는 것이다. 여기에서 아도르노는 구조주의자처럼 읽힐 수 있는데, 그 이유는 음악이 사회를 '거울'처럼 비추거나 어찌됐든 사회와 구조적으로 관계되어 있음을 함의하고 있기 때문이다.

여기에서 작곡가의 과제는 본디 수동적이라고 여겨지며 작곡가는 음악재료에 함축된 발전 법칙을 따라가는 사람, 일종의 전달자로 배치되어 있다. 이런 이해범위 안에서 '좋은' 작곡가는 음악재료의 잠재력이 지닌 함의를 가장 잘 발전시킬 수 있는 사람이다. 여기에는 아도르노 사상의 기조(基調)에 흔히 나타나는 형이상학, 즉 음악의 진로에 대한 작은 형이상학 그 이상의 것이 있다. 이와 같은 견해는 음악사를 음악학적 결정론으로 빗나가게 하며, 다음에서 서술하듯이 그 자체로 좀더 최근의 음악사회학 저작과 쉽게 어울리지 못한다.

그와 동시에 아도르노는 음악과 사회의 유대관계에 대한 두 번째 이해를 정립한다. 이 두 번째 이해에서 작곡가는 자신의 세계 안에서 주체요, 작곡 활동을 통해 저 세계를 만드는 자다. 따라서 작곡가는 음악사를 만드는 자이다. 이때 역사는 그저 진화하기만 하는 것이 아니라 행위 수행의 결과이다("총체적 시스템이 오로지 자연적 기원을 갖는다는 생각은 역사에 뿌리 내린 망상이다."[Adorno, 1973, 11쪽]). 아도르노가 말하듯이 "'재료'는 그 자체로 창조적 충동의 결정화요, 인간의 의식을 통해 사회적으로 미리 규정된 요소이다."(Adorno, 1973, 33쪽) 여기에서 아도르노는 행위수행을 작곡의 방정식에 다시 끼워 넣으며, 구조화이론(structuration theory)[12]을 미리 보여주는 방식으로 자신의 구조주의 경향을 바로잡는 것으로 보일 수 있다. 다시 말해서 앞서 있는 창조적인 행동과 재료를 가능케 하기도, 제약하기도 하는 관계망 안에 창조성을 자리매김하는 방식으로 아도르노는 자신의 구조주의 경향을 바로잡는 것으로 보일 수 있다.

바로 여기에서 우리는 또한 아도르노가 '좋은' 작곡가에게 얼마나 많은 부담을 지울 작정인지 알아볼 수 있다. 즉 작곡가는 재료와 고투를 벌이면서 고심해야 하는 것만이 아니라, 역사를 거론하는(철저히 문화화되는) 방도를 찾을 필요가 있다. 그와 동시에 작곡가는 역사적 재료를 벼리고 별러서 사회음악적인 (정치적·심리학적) 조건의 지금 여기로 만들기

---

12) 앤서니 기든스가 사회학에 도입한 구조화 개념에 기반을 둔 이론. 그가 『사회구성론』(The Constitution of Society, 1984)에서 제안한 구조화 개념은 '구조의 이중성'에 입각해 있다. 즉 사회구조는 사회행위를 가능케 하며 동시에 사회행위는 바로 그 구조를 창출한다는 것이다. 이는 행위와 구조의 이론적 이원론을 극복하고 사회구조의 능동적인 생산과 개조를 분석하려는 시도를 뒷받침한다.

위해 저 역사에 천착하는 방도를 찾을 필요가 있다. 바로 이런 의미에서 작곡가는 (시대에 뒤진 용어를 사용하면) '만드는 자'인 것이다.

이렇듯 작곡의 이중성(인간에 의해 만들어지는 성질을 지니는 음악적 담론과, 음악재료가 역사에 의해 미리 형성되는 방식)에 대한 초점은 아도르노의 변증법적 유물론을 두드러지게 한다. 그러나 아도르노가 의도한 것은 아니지만 작곡의 이중성에 대한 초점은 또한 아도르노의 몇몇 가정을 장려하기도 한다. 그 가정은 아도르노가 깊이 젖어 있던 문화에 특징적인 것인데, 가령 음악미학의 위계질서('좋은' 음악 내지 '참된' 음악과, 암암리에 그와 정반대되는 음악)에 대한 믿음, 예술가와 예술가의 자율성에 대한 낭만주의·포스트낭만주의의 개념구상에 대한 집착, 공적인 생활과 관계해 예술가의 주변자적 위치라는 관념이 그것이다. 이것은 아도르노가 숭배한 부르주아 휴머니즘에 대한 19세기의 표징으로서 마침내 영웅으로서의 작곡가라는 이미지로 귀착한다. 아도르노의 저작 가운데 베토벤, 즉 악곡의 형식적 처리방식 가운데 포스트 계몽 세계에서 부르주아 주체의 지위를 특유하게 예증했던 인물인 베토벤에 대한 글에서보다 더 영웅으로서의 작곡가라는 이미지가 현저한 곳은 없다.

아도르노의 영웅 베토벤

아도르노가 분명히 하듯이 인간 역사의 유토피아적인 순간, 음악이 확증으로서의 역할을 (잠시) 누려도 되었던 때, 부르주아 휴머니즘의 이데올로기가 현실인 것처럼 보였던 때는 오래 전에 지나가버렸다. 그러한 순간, 그리고 그 순간의 생략은, 아도르노에 따르면 19세기 초기 동안 베토벤의 작곡 활동, 특히 중기 양식에서 말년 양식으로의 전환에서 지각될 수 있다.

아도르노가 볼 적에 베토벤이 영웅적이었던 이유는 베토벤의 악곡이
이성의 발전과정을 예증하기도 했고 또 이성의 역사적 위치를 가늠해볼
수 있는 배경구조로 소용되기도 했기 때문이다. 베토벤은 역사상 특수
한 위치를 차지했다. 아도르노에 따르면 베토벤은 당대인과 달리 어떻
게든 자신의 역사적 상황과 정렬하는 정확한 공조(共助) 속으로 작품을
끌어들이는 방식으로 작곡해냈다. 달리 말해서 베토벤은 음악의 응고된
역사를 거론할 수 있었으며 동시에 자신의 역사적 상황을 거론할 수 있
었다.

그렇다면 베토벤은 자신의 활동 가운데 모더니티의 위기를, 즉 주체
와 객체, 개인과 사회 사이의 갈가리 찢긴 파열 내지 단절을 진단·예증
하기도 했다. 베토벤의 중기 작품, 즉 재료(음악적 주체)로 하여금 (전체
의 정당성에 대한 믿음 때문에) 스스로 전체의 이득에 기꺼이 종속되도
록 한 베토벤 자신의 의지에 의해 예증될 때의 중기 작품의 확증은 아도
르노가 볼 적에 유토피아의 가능성에 대한 믿음을, 전체 안에서 부분의
정당화에 대한 인간 베토벤의 덧없는 믿음을 재현했다. 이러한 견해야
말로 베토벤을 (영웅적) 행위수행자로 보존하는 견해이다.

베토벤은 1789년이나 1800년 시기의 자주 인용되는 상승하는 부르
주아 정체성(독일어 원문에는 이데올로기―옮긴이)에 영합하지 않았
다. 그는 부르주아의 정신에 관여했다. ……내적인 일치[운동의 정신
에 관여하는 것]가 결여되어 있고 힘이나 명령에 의해 강제되는 곳에
서 결과는 작곡가 편에서의 한낱 순응이다. ……이는 음악의 질, 음악
의 수준을 희생으로 하게 마련이다.(Adorno, 2002, 652, 653쪽)

아도르노는 베토벤을 행위수행자로, 베토벤의 행위수행력을 한 시대의 정신과 '일치하는' 것으로 동일시했다. 이런 점에서 작곡가의 작품에 대한 아도르노의 개념구상은 그와 자주 연관되곤 하는 구조주의를 드러낸다. 이 개념구상에 따르면 베토벤의 작품은 사회적 힘을 거울로 비췄으나, 이런 힘을 매개하거나 그것이 정교하게 만들어지도록 할 자원을 제공하지 않았다. 이런 견해(행위수행력을 '사로잡은 자'로서의 베토벤, 아니면 음악재료의 경향, 음악의 응고된 역사에 의해 '사로잡힌 자'로서의 베토벤) 가운데 어느 것을 주장하든지 간에 사회적 평형상태의 순간이 지나가버렸을 때, 그리고 객체가 행정감독의 차림으로 주체에 대해 우선권을 주장했을 때(스스로 황제의 자리에 앉은 나폴레옹) 베토벤의 악곡은 불협화와 와해에 의해 특징지어진 채 점점 더 파편화되고 말았다. 베토벤의 악곡은 주체와 객체 사이의 갈가리 찢긴 파열과, 미래에 그 둘의 합일 불가능성을 또렷이 예증했다. 따라서 서보트닉이 말하듯이(Subotnik, 1991) 베토벤의 후기 음악은 모더니티하에서 주체의 고향상실을 진단했으며 주체에 맞선 영속화된 폭력——고향상실에 부응하려는 어떠한 시도가 낳았을——을 진단했다. 이를 고려할 때 베토벤의 활동은 20세기에 쇤베르크가 맡게 될 직접적인 노선을 제공했다.

아도르노는 베토벤이 주체(음악재료)로 하여금 음악형식이라는 객체에 항복하게끔 하지 않는다는 점에서 그를 칭찬했다. 이런 저항 속에서 베토벤은 예술의 '참된' 기능을 이행했다. 말하자면 베토벤은 "거짓 명료성"(Adorno, 1979, 15쪽)이 지각될 법한 대조되는 구조를 내놓는 기능을 이행했다. 아도르노는 형식적인 불명료성이 "만연한 네온사인 불빛 시대양식과 대조되어 내세워"(같은 곳)질 수 있으리라고 논했다.

19세기에 상실되어버린 유토피아의 순간 이후 확증은 더 이상 타당한 가능성이 아니었으니, 예술이 맡은 유일하게 타당한 역할은 오직 비판뿐이었다.

예술은 "오직 세계의 명료성을 의식적으로 그 자신의 어둠과 연결시킴으로써만 계몽을 도울"(Adorno, 1973, 15쪽) 수 있다. 그렇다면 바로 여기에서 변증법에 대한 아도르노의 관심, 실증주의 비판, 부정변증법 이론, 악곡의 형식적 속성에 대한 관심은 한 덩어리를 이룬다. 음악은 비재현적이고 시간적인 성격 때문에, 그리고 형식적인 속성을 통해서 이성이 지닌 부정의 기능을 보존할 수 있었다. 바로 이러한 부정성이야말로 혹은 저 "네온사인 불빛 시대양식"(사물을 자명한 것이라고 받아들이는 인식론적 태도, 즉 존재론적 이데올로기)에 굴복하기를 물리친 거절이야말로 20세기에 음악이 따라간 두 가지 주요 경향(부정 대 긍정, 진보 대 반동)에 대한 분석인 『신음악의 철학』에서 아도르노가 탐구한 것이었다.

음악 · 진보 · 행정감독

베토벤 중기에 포착되었던 저 유토피아의 순간이 지난 지 한 세기 반 이후, 정치적 권위주의와 상품 자본주의라는 두 가지 통치체제가 (생산 관계로서도, 문화적 재화(財貨)의 생산자로서도) 승리했다. 아도르노에 따르면 그런 승리에는 집단 마취상태의 메커니즘이 도사리고 있다. 그 메커니즘은 문화산업의 원동력이기도 하고 그 원동력의 문화심리적인 귀결이기도 하다. '좋은' 예술이 어둠을 가리킴으로써 계몽을 도울 수 있다면, 문화산업과 문화산업의 표준화를 향한 추동력은 반복과 예측 가능성을 통해서 계몽에 방해를 놓았기 때문이다.

아도르노에 따르면 음악산업은 유적으로 거의 동일한 유행가들의 끝없는 퍼레이드를 조달했다(여기에서 헉슬리의 『멋진 신세계』[1932]와 오웰의 『1984』[1949]를 되새겨보라. 이 두 디스토피아에서는 비판적 성찰을 막는 진통제, 기분전환, 초점조정 장치로 음악이 쓰이는데, 이 주제는 제5장에서 다시 다룰 것이다). 비록 노래의 표면적 세부사항을 바꾸었더라도, 아도르노에 따르면 대중음악은 '사이비 개성화'를 조장했다. 즉 온갖 차이를 운운하는, 말하자면 판지상자 속에 포장·판매되는 몹시 편협한 메뉴가 일상식료품으로 출시된 것이다. 악곡은 전적으로 음악적 효과의 산출로 넘어갔으며, 음악재료는 형식과 클리셰의 규율에 의해 빈틈없이 지배당했다. 청자로서 우리는 일정한 효과에 유념했고 그 효과를 기대했다. 아도르노에 따르면 이런 기대와 만족의 순환을 통해서 대중음악은 "무의식을 훈련시켜 조건반사를 익히게"(Adorno, 1976, 29쪽) 했다.

아도르노는 어느 초기 글에서 음악의 물신화와 듣기의 퇴행을 언급하면서 이와 같은 음악의 문화심리적인 효과를 분석했다. 『신음악의 철학』 머리말에서 이 초기 글에 대해 서술한 대로 아도르노는 음악의 기능이 현대사회에서 어떻게 바뀌었는지, 그리고 악곡에 끼친 상품화의 영향력으로 말미암아 이런 변화가 야기되었음을 보여주고자 했다고 말했다("음악현상이 [상업화된 대량생산으로의 편입을 통해—옮긴이] 겪는 내적인 변화"에 대해서 말이다). 아도르노가 서술한 대로 이런 변화는 음악 듣기의 구조적 변환(어떻게 우리가 듣는지, 청각의 사회적 구축의 변화)과 결부되었으며, 이는 이후 『음악사회학 입문』을 시작하는 지면에서 발전되는 주장이다. 아도르노의 견해에서 중요한 것은 이런 변화가 모더니티의 보증 마크인 의식의 근본적 변환, 바로 존재론적 이데올로기의 출현과 결부되어 있었다는 점이다.

음악적으로 생각해보면 이런 변환은 특히 음악이 신체와 감정에 끼치는 효과를 받아들이기 쉬운 청자의 민감성에 의해 특징지어졌으며, 음악을 즐거움의 원천, 라이프스타일의 징표, 오락거리이자 복제의 한 방식으로서 지향하는 청자의 방향설정에 의해 특징지어졌다. 그렇다면 여기에서 음악은 변증법적 활동으로서의 지위를, 비판의식(차이의 지각)을 충동질하기 위한 원천으로서의 지위를 상실한다. 음악은 비판능력을 파괴하는 상품의 지위로 축소되어 지식을 일종의 보상적인 확증으로 대체한다. 툭 터놓고 말해서 아도르노에 따르면 음악의 상품 가치는 음악의 심리학적 기능, 즉 즐거움, 감각, (거짓) 안정감을 (일시적으로 돈을 바라고) 제공하고 만족시키는 음악의 능력에서 유래되었다. 이런 의미에서 음악은 자본주의 최고의 기능, 바로 재화로서 다시 특정화되었다.

아도르노가 볼 적에 점점 더 행정감독적인 경향의 음악을 산출하던 것은 결국엔 음악산업의 생산력과 생산관계였으며, 음악산업의 표준화된 산물은 이성을 약화시키는 토템을 제공했다. 짧게 말해서 문화산업이 생산하는 음악은 욕망을 불러일으키고 그 욕망을 상투적인 진부한 경로를 통해 유도함으로써, 즉 의식의 지평을 협소하게 함으로써 음악을 듣는 주체에게 명령을 한다. 이런 식으로 음악산업과 그 판매품은 음악의 청자들과 음악의 기능을 재배치했다.

아도르노는 이 테제를 발전시키되 20세기 음악에 내재하는 경향을 검토하고 무엇보다도 쇤베르크를 스트라빈스키와 비교함으로써 발전시킨다. 1940년과 1948년 사이에 쓴 『신음악의 철학』은 작곡의 양극단을 대표하는 가장 위대한 대변자로서 두 주체를 병치시킨다. 아도르노는 쇤베르크에게는 '급진적'이라는 칭호를 수여한 반면, 스트라빈스키의 작곡 실천이 궁극적으로는 20세기 음악의 기능변환을 특징지은 물신화와 퇴행과 결부된다고 본다.

아도르노가 스트라빈스키를 비판하는 근거는 여러 가지다. 이 근거들을 우리는 스트라빈스키가 「봄의 제전」을 다루는 방식, 특히 음악재료에 대한 그의 취급방식을 고찰함으로써 탐구하기 시작할 수 있다. 우리가 받아든 카탈로그는 작곡하지 않는 법에 대한 진실한 목록이다. 아니, 오히려 그것은 어떻게 악곡이 물신적 경향을 명시하고 따라서 아도르노의 초기 저작에서 서술된 바 있는 듣기의 퇴행을 주입하게 될 법한지 그 방법에 대한 진실한 목록이다. 요컨대 스트라빈스키가 '고급' 문화의 무대 위에 설치한 것은 바로 대중적인 영역에서 발견될 수 있을 동일한 퇴행적인 음악을 작곡하는 처리방식이다. 아도르노는 스트라빈스키의 「봄의 제전」에 대해 이렇게 쓴다.

> 짜 맞추어 조립된 이국적인 춤곡들의 리듬 패턴은…… 자의적인 놀이이며, 확실히 그 자의성은 스트라빈스키 음악 전체에 널려 있는 진정성의 습성과 깊은 관련이 있다. 「봄의 제전」은 이후 진정성에 대한 어떠한 주장도 침식시킬 요소와 음악을——음악이 힘을 열망하기 때문에——무기력으로 되돌리는 요소를 이미 함유하고 있다.(Adorno, 1973, 155쪽)

아도르노는 스트라빈스키 음악이 몸을 직접 자극했기 때문에 정신을 유리시켰다고 믿었다. 스트라빈스키의 음악은 부분과 전체의 배열 문제를 다루지 않았다. 오히려 아도르노가 경멸했던 유행가와 다르지 않게 효과를 겨냥하고 있었다. 더욱이 리듬이 지배적이 되도록 한 스트라빈스키는 집단(객체)을 주체보다 드높였으며, 음악재료의 잠재력이 음악의 맥박에 종속되도록 만들었다. 마지막으로 (「봄의 제전」이 발레곡이었음을 염두에 둔다면) 스트라빈스키는 이야깃거리와 장면을 묘사하기 위해 음악을 사용했다. 아도르노의 주장에 따르면, 이는 스트라빈스키로 하여금 음악을 "회화의 사이비 형태변형"(Adorno, 1973, 162쪽)으로 사용하도록 이끌었다. 스트라빈스키는 음악을 묘사적인 연출의 역할로 환원시켰으며, 따라서 음악재료의 전개과정, 즉 되어감으로 이해된 음악 특유의 속성을 부정하고 말았다는 것이다.

이와 대조적으로 쇤베르크의 작곡 활동은 (동시에 주체·객체 상호관계를 배치하는 법의 문제이기도 한) 음악형식의 문제에 대한 (베토벤의) 관심사를 존속시킴으로써 음악의 인식적 역할을 보존했다. 적어도 쇤베르크가 12음 체계를 채택하기 전까지는 말이다. 그 후 아도르노는 쇤베르크가 객체로 하여금 주체를 통합해 들이도록 했음을 눈치 챘다(예정된 처리방식의 양태의 지시에 따라 작곡의 행위주체를 기권시킴으로써 말이다). 쇤베르크의 불협화음의 해방——쇤베르크가 자신의 음악을 "무조(a-tonal)와 반대되는 것으로서 범조(pan-tonal)"라 칭했던 것을 상기해보라('모든 조성을 망라'한다는 의미의 범조는 음악재료와 관련해 이 전략이 얼마나 거대한지 일깨운다)——은 동시에 형식이라는 객체 안에서 음악적 주체에 부응하려는 시도로 간주되었다(음악재료를 강제로 작곡가의 의도에 종속시키기보다는, 그리고 음악이 음화[音畵]가 될 때나 재료가 예정된 형식에 순응하기 위해 만들어질 때처럼 어떤 외적인 목적에 종속시키기보다는 말이다). 그렇게 하면서 불협화음의 해방은 또한 묘사를 향한 음악의 경향을 음악에서 축출했다. 음악이 '되어감'에서 '존재'로, 과정의 전개에서 긍정적인 재현으로 전환된 스트라빈스키 음악에서 명증했던 묘사를 향한 음악의 경향을 말이다. 아도르노가 말하듯이 쇤베르크는 기법적인 문제를, 그의 음악의 어두컴컴한 모호성에도 불구하고 "사회적으로 적실(適實)"(Adorno, 2002, 399쪽)해야 할 음악 안에서 해결했다. 쇤베르크의 음악은 비음악 영역, 사회 영역에 적용될 수 있을 것이다.

　　쇤베르크는⋯⋯ '표현주의적으로'―주관의 의도를 권위적으로 이질적인 재료 속에 가차 없이 삽입함으로써― 수행하지 않았다. 오히려 쇤베르크가 재료의 짜임새 속으로 개입해 들어가는 모든 제스처는 동시에 재료 자체의 내재적인 문제의 형태로 재료가 그를 향해 내놓은 물음에 대한 답변이다.(Adorno, 2002, 399쪽)

더욱이 미리 규정된 형식에 재료를 융합시키기를 거부하면서 쇤베르크는 아도르노가 일컬은 대로 음악 청취의 '버팀대', 즉 대중음악의 상투적인 수단이었던 관습과 클리셰를 청자에게서 박탈했다(이후에 작곡가 피에르 불레즈는 〔논쟁적으로〕 이 과제를 일컬어 〔자신의 프로젝트와 관련지어〕 음악으로부터 "쌓인 흙먼지를 떼어"내려는 시도라고 했다). 그렇게 하면서 쇤베르크는 청자를 작곡의 파트너라는 지위로 격상시켰는데, 이로써 음악을 듣는 사람들에게 능동적인 의미 만들기(작곡)의 길이 활짝 열렸다(이 점에 관해서는 아도르노를 존 케이지와 연관해 다룬 나의 논의〔DeNora, 1986a〕를 볼 것. 여기에서 제언하건대 청자를 작곡 과정에 포함시켜 능동적인 참여자로 삼은 케이지의 철학은, 다시 조율된 음악적 의식으로 하여금 상황 속에 놓고 본 음악재료의 특정성을 관찰하도록 만드는 형국을 초래한다. 음악의 '의미' 문제와 작곡의 파트너로서의 청자에 대한 민속방법론의 서술은 DeNora, 1986b를 볼 것).

아도르노에 따르면, 청자는 쇤베르크가 스스로 했던 것처럼 음악의 부분들을 작곡하기(이해하기)를 배워야 했다. 쇤베르크의 음악은 이런 인식적이고 해석적인 작업을 청자에게 요구하면서, 음악재료의 실로 '고향 없는' 성격과 차이의 지각에 주의를 환기시키면서 두 가지를 했다. 첫째, 쇤베르크의 음악은 발전과정상 소외된 주체를 입증함으로써 개인과 사회의 상호관계와 관련한 가치지향(value orientation)[13]을 구현했다. 둘째, 폭넓은 음의 너비를 통해서, 그리고 그 속에서 쇤베르크의 음악은 진보된 의식의 한 형태를, 재료에 좀더 부응할 수 있는 의미 만들기의 한 양태를 주입시켰다. 예컨대 길게 펼쳐져 있는 음들은 신축성이 있으며 음 관계는 약화된 것이다. 따라서 쇤베르크의 음악은 그것이 요구했던 바를 통해서, 그리고 형식과 내용의 상호관계를 예증했던 방식을 통해서(특히 새로운 왜곡된 형식에 대한 ——재료적 주체를 형식 속으로 편입해 들이는 것에 대한—— 재료의 요구를 입증함으로써) 비판적 이성을 주입시켰다. 따라서 "세계의 온갖 어둠과 죄책감"(Adorno, 1973, 133쪽)이 함유되어 있는 쇤베르크를 청취할 수 있는 주체는 '참된' 의식을 획득한 주체였다.

원자화와 흡수

아도르노의 저작이 이 시대 비판적 이론가의 크나큰 관심을 끌었다는

---

13) 행위나 태도의 선택을 가치기준에 두는 행위의 방향성.

사실은 그리 놀랄 일이 아닐 것이다. 만일 어떤 사람이 예측 가능하고 너무나 평이한 재료(음악적 클리셰)를 주식(主食)처럼 들었다면 탄산음료와 야들야들한 패스트푸드 앞에서 우리의 미각과 후각이 퇴행하는 것과 같은 방식으로 청각 또한 '퇴행'하리라는 것이 아도르노의 생각이다. 따라서 음악의 상품화는 감각을 수반하는 그 밖의 다른 어떤 것이든 상품화하는 것과 같다(이런 식으로 아도르노는 가끔씩 성적인 만족감을 언급하기도 한다). 즉 음악의 상품화는 (요리의 메타포를 따르자면) 셰프(주인)가 차려주는 것은 무엇이든 적절한 조미료가 가미되어 있기만 하면, 그것에 사로잡히기 쉽도록 개인을 만드는 식으로 감각 능력을 도려내기를 주입시켰다.

그렇다면 아도르노의 작업이 맥도널드화(McDonaldisation)[14]와 디즈니화 이론(예컨대 Ritzer, 1993)과 곧잘 공명하는 것은 전혀 경탄스러운 일이 아니다. '참된' 음악이 비판 능력에 도전함으로써 청자에게 불합리와 모순을 지각하는 법을 가르쳤다면, 그에 반해 '거짓된' 음악은 청자에게 긴장을 풀고 즐거움을 누리는 법, 특수한 재현 내지 형식과 동일시하는 법, 그러한 과정을 통해서 물신화된 대상의 반복, 확실성을 즐기는 법을 가르쳤다. 궁극적으로 이런 즐거움의 형태는 어떤 교훈적인 기능을 담당했던 바, 그것은 주어진 것에 적응하는 법(향유하는 법)이라는 숙련기술을 가르쳤다. 그렇다면 아도르노가 보기에 궁극적인 속임수는 주체를 설득해서 그가 부르짖을 수 있는 최고의 추구는 (자기 자신

---

14) 미국의 사회학자 리처(George Ritzer)가 『사회의 맥도널드화』(1993)에서 사용한 용어. 효율성·계산 가능성·예측 가능성·통제로 요약할 수 있는 패스트푸드의 조직 원리가 세계의 보다 많은 사회와 영역을 집어삼키고 있다는 주장이다.

의) 행복의 추구라고 믿게끔 하는 것이었다.

이런 개념구상에서 우리는 또한 (앞에서 논의된) 고프먼풍의 가락을, 특히 피수용자에 대해 이야기한 『수용소』(*Asylums*)의 논조를 듣는다. 여기에서 총체적인 제도의 필요조건에 꼭 맞도록 '깎아 가지런해진' 피수용자는 제도적으로 명기된 역할만을 겨우 재연(再演)할 수 있을 뿐이다. 달리 말해서 피수용자는 차이를 절멸시키기보다는 차이를 포함할 수 있는 형식을 만드는 데 힘쓰는 행위수행자로서 스스로를 발휘할 수 없다. 고프먼의 주체는 진심에서 우러난 표현을 금지당한 자이다. 그 주체는 오로지 제도적으로 지정된 자아연출의 형태(이 개념은 제4장과 제5장에서 재론된다)에 기반을 둔 다양한 도덕적 이력에 힘쓰도록 기대된 자일 따름이다. 아도르노가 믿기에 이런 유형의 수동성과 수동성의 주입은 권위주의적인 지배에 이바지하는 조건을 마련해주었으며, 바로 여기에서 우리는 '존재론적 이데올로기'라는 관념과 음악의 연결고리, 사회적 통제 개념과 음악의 연결고리를 분명히 알아본다.

신봉자들에 맞서 옹호된 아도르노

아도르노는 「신봉자들에 맞서 옹호된 바흐」라는 글에서 바흐를 '고풍스런' 작곡가로서 얻은 명성으로부터 구제하려고 했다. 아도르노는 바흐를 음악적 모더니즘의 선구자, 즉 "합리적으로 구성된 작품 내지 미적 자연지배의 이념이 결정체를 이루게 한 첫 번째 사람"(Adorno, 1981, 139쪽)으로 확고히 굳히려고 고심했다. 나 역시 아도르노를 신봉자와 비방자 모두에 맞서 옹호하는 것이 가능하다고 생각한다. 뿐만 아니라 적어도 아도르노의 생각을 경험적으로 시행하려고 노력함으로

써 그의 역할을 차후의 음악사회학과 관계해 재개념화할 수 있다고 생
각한다. 아도르노를 (비방자들이 흔히 보는 대로) '고풍스런' 음악사회
학자라는 지위로부터 구제할 때다. 또한 아도르노 연구를 신봉자의 해
설에서 더 나아가도록 하는 방식으로 아도르노와 교호작용하려고 노력
할 시점이기도 하다(여전히 필요로 하고 있는 초점을 포기하지 않고서
말이다).

사회음악학 안에서 이러한 움직임의 선례가 있다. 미들턴이 적절하게
말했듯이 "대중음악 연구의 중요성을 논하고자 하는 누구든지 아도르노
를 넘어가기 위해서는 그를 흡수해야만 한다."(Middleton, 1990, 35쪽)
현 시점에서 아도르노의 작업은 음악사회학자들이 제쳐놓기에는 너무
나도 중요하다는 말이 틀림없다. 동시에 아도르노의 작업은 더 나아간
특정화로부터, 특히 인간과학(human sciences)[15]에서 이루어진 좀더
최근의 방법론적 발전과 맺은 보다 나은 연관관계로부터 큰 이득을 볼
것이다. 이 장(章)의 나머지에서 나는 아도르노 작업의 핵심 주제 세 가
지를 다루면서, 이 주제들이 어떻게 경험적 수준의 연구에서 비판받을
수 있으며 다시 개진될 수 있는지 서술해보겠다.

이 핵심 주제 세 가지 가운데 첫 번째는 음악이 적어도 잠재적으로는
지식형성을 위한 수단(물질적 실재에 유념하는 한 양태, 개념과 물질적
세부사항 사이의 상호관계를 정립하는 한 양태)이라는 생각이 중심에

---

15) 인문주의적 사회과학, (흄이 사용한 '인간 본성에 관한 학'이라는 의미에서) 도덕
학(moral science) 등 인간 생활과 활동을 연구하는 학문. 역사학 · 사회학 · 인류
학 · 경제학을 포함해 인문사회 분야의 탐구방식을 아우른다. 연구 분야의 내용만
이 아니라 방법론도 실증주의적 접근방식의 자연과학과 구별되므로, 딜타이가 말
한 정신과학(Geisteswissenschaften)과 상통하는 용어로 이해되기도 한다.

있다. 음악이 변증법적 활동 영역이었던 한에서, 음악은 의식의 양태로서 이해된 이와 같은 활동을 예증하기도 하고 청자에게 주입시킬 수도 있다. 따라서 여타 영역에서 발견되는 양태 및 충동에 상응했던, '물질'에 대한 방향설정의 양태를 음악에서 판별할 수 있다. 다시 말해서 어떻게 작곡이 음악재료를 다루는지 그 취급방식 가운데, 사회의 다른 곳에서 이루어지는 사회적 배열의 형식(예컨대 정치적 조직화의 양태)에 상응하는 (그리고 그 형식을 지속시켰던) 전략과 충동을 판별할 수 있다. 특히 음악이 이성으로 하여금 현대사회에서 증대된 행정감독의 경향에 저항할 수 있도록 해줄 비판적 장치인 비동일성의 변증법을 어떻게 증진시키거나 손상시키는지 보여줄 수 있다.

두 번째 주제는 베토벤과 관계해 논의했다시피 작곡가에 관한 것이다. 작곡가는 주체이기 때문에 음악사를 성립시키는 데 개입할 (적어도 숨어 있는) 잠재력이 있다. 따라서 작곡가의 역할은 사회비평가의 역할만큼이나 (더 중요하지는 않더라도) 중요하다. 아도르노에 따르면 베토벤의 개입은, 특히 19세기 동안 통치권을 승인했던 개인 주체의 배반에 대한 베토벤의 (말년 양식의) 반응은 체제긍정에서 멀리 떠나 주체의 소외, 즉 객체(화성의 통일성, 단호한 종결 형태, 가사의 일관성)로부터 주체(모티프·화성진행)의 소외를 향해 이른바 음악의 '참된' 행로를 돌렸다. 따라서 음악은 사회심리적으로 뭔가를 '하는' 매체이다.

세 번째 주제는 음악산업에 관한 것이다. 중점은 음악산업이 음악의 기능변환을 반영하기도 하고 충동질하기도 하는 방식과, 능동적인 주체에서 음악의 효과를 받아들이는 수동적인 수용자로 옮아간 청자의 변질이다. 이때 다음을 관찰하는 것이 중요하다. 아도르노는 19세기와 20세기 동안 이른바 고급음악과 대중음악이 공히 음악의 상품형식에 영향을 받았다고 본다. 달리 말해서 아도르노가 볼 적에 틴 팬 앨리(Tin Pan Alley)[16]의 노래와 차이코프스키의 음악——특기할 만한 그의 의견대로 "유행가 곡조를 가지고 허탈과 실의를 그려 보여주는"——사이에는 미학적으로도 또 사회심리적인 효과의 면에서도 별 차이가 없다.

한데 아우르면 이들 세 가지 주제는 더 나아간 연구를 위한 여러 길을 닦는데, 그중 몇몇을 강구해볼 것이다. 그것은 또한 음악과 사회에 대한 좀 덜 이론적인, 좀더 경험적으로 상세한 연구에 몰두하는 사람들로부터 상당한 비평을 자아냈다. 이들 비평은 예의 세 가지 주제에 적용되어 왔던 만큼, 다음 절은 이 비평을 검토할 것이다.

세 가지 주제 모두와 관련해 아도르노에 대한 사회학적 비평은, 다시 말해 좀더 경험적으로 지향된 음악사회학자들이 보인 아도르노에 대한 반작용은 그의 연구 기법의 틈새를 중심으로 한다고 볼 수 있다. 이 모두는 음악생산과 음악소비의 세계 안에서 실시되는 음악실천에 대해 아도르노가 충분히 주목하지 않았다는 데 핵심이 있다. 정녕 방법론의 결함일 이런 결함은 아도르노의 이론이 지닌 성격에 따른 결과인바, 오늘날 그것이 그 이론의 효용성에 얼마나 중대한 영향을 끼치는지는 다음 장에서 제언하기로 한다. 지금은 음악산업에 대한 아도르노의 악명 높은, 그리고 자주 오해받는 견해인 세 번째 주제부터 시작해보겠다.

---

16) 뉴욕의 5번 애비뉴와 브로드웨이 중간을 교차하는 5번가 구역을 지칭하는 말. 1880년부터 1950년까지 미국 대중음악(특히 재즈) 산업의 중심지였다.

대중음악, 대중은 어디에?

음악사회학자들은 문화산업에 대한 아도르노의 개념구상이 지나치게 일반적이라는 의견에 찬성하는 편이다. 아도르노는 문화산업을 획일적인 힘이라고 너무나 성급히 치부하며, 문화산업의 산물을 천편일률적이고 무가치한 것으로 경험에 앞서 선험적으로(a priori) 일축해버렸다(이런 주장에 대해서는 Witkin, 2002를 볼 것). 그 이유는 미들턴이 관찰했듯이(Middleton, 1990, 37쪽) 아도르노가 스스로 잘 알고 있었던 시대배경(1930년대 독일)에서 시작했으며 이런 모델의 문화 생산을 시간과 공간을 가로질러 부당하게 투사했기 때문이다. 그러한 투사는 아도르노의 눈을 멀게 해서, 아마도 단순화시켜 그가 음악산업이라고 지칭했던 것의 다양한 영토 ——중간지대의 생산부문·연결망·개인·집단·경쟁자 들을 통해서 생산이 이루어지는—— 안에 존재하는 이질성을 알아보지 못하게 했다. 사례를 하나만 들자면 아도르노의 개념장치는 작은 독립 회사와 거대한 기업체의 혼합으로 이루어진 음반산업이 얼마나 다층적인 짜임새로 되어 있는지 고려하지 못하도록 했으며, 이 부문들 사이를 가로지르는 교차점과 생산된 작업의 유형이 어떠한 영향관계에 있을 수 있는지 고려하지 못하도록 했다.

바로 이 방면이야말로 이후의 사회학자들이 개선했던 분야임은 추호의 의심도 없다. 이런 쪽의 고전적인 연구인 피터슨과 버거의 연구는(Peterson과 Berger, 1990[1975]) 아도르노가 간과했지만 그의 이론을 발전시키는 데 소용될 수 있는 경험적 쟁점을 맛보게 해주기 때문에 살펴볼 가치가 있다. 피터슨과 버거는 팝 음악의 혁신(다양성)이 대형 음반회사와 작은 경쟁사들 사이의 경합에서 생겨난다고 제언했다. 이는 음악형식의 다양성(과 더불어 음악적 혁신과 실험의 신기원)이 생산의 사회 구조적 배열과 결부되어 있음을, 이 경우 거꾸로 시장집중도(market concentration)[17]와 관계되어 있음을 보여주었다. 피터슨과 버거는 논문이 출판되었을 당시 '문화의 생산'이라는 관점을 새로 일구어낸 개척자였으며, 그들의 연구는 여전히 이 전통에서 작업을 실시하는 법의 모델이다.

피터슨과 버거는 1948년부터 1973년까지 26년 남짓 동안 1위 유행가를 제작한 음반 프로덕션을 검토하면서, 이 기간을 시장집중도의 크고 작은 정도에 따라 다섯 시기로 나누었다. 이때 주도적인 네 회사 가운데 한 회사에서 흘러나온 히트곡의 연간 생산 비율이 높은 시기에 시장집중도가 높았다. 이들 회사는 시장집중도가 최고로 높았던 시기 동안 음반시장 전체의 75퍼센트 이상을 장악했다고 한다(실상 단 여덟 개의 회사가 거의 모든 싱글 음반을 생산했다).

여기에서부터 피터슨과 버거는 상품시장의 대부분을 소수 기업이 차지하는 과점 상태의 집중도가 제품의 이질성을 만들어냈는지 여부를 고찰하면서, 이 물음을 계속 관철시키기 위해 다섯 시기 동안 히트곡을 녹음한 음반과 연주자의 수를 순전히 검토했다. 시장집중도의 조건하에서는 '신'제품을 도입할 유인 조치가 별로 없을 것이라는 생각을 염두에 둔 채 말이다. 그들은 또한 음반 회사 사이의 경쟁이 26년 남짓 동안 성장했다가 감소했던 만큼, 다섯 시기를 통틀어 히트곡의 가사 내용을 검토하고 변수를 추적해보았다. 동시에 '질리지 않는 수요'의 지표, 가령

---

17) 시장에서 기업의 수와 기업 각각이 총 생산에서 분담한 몫의 기능을 뜻하는 경제학 용어.

음반 판매실적의 변화라든가 라이브 공연을 통해 보급되고 독립 음반제작자에 의해 보강된 음악의 확산을 고찰했다. 예컨대 재즈, 리듬 앤 블루스, 컨트리 뮤직, 복음성가, 노동조합 노래, 도시의 포크 리바이벌과 같은 장르가 그것이다. 거기서부터 피터슨과 버거는 상위 네 개의 제작자가 라디오로 자사 제품 판매를 촉진하는 지배력을 상실했을 때, 독립 제작자들이 좀더 안정적인 마켓 포지션(기업의 유명세나 이미지 – 옮긴이)을 세울 수 있던 조건을 고찰했다. 그런 다음 어떻게 음반산업과 그것의 시장집중도가 시간이 지남에 따라 주기적으로 팽창하고 수축했는지 추적했다.

그들은 음반제작 및 마케팅의 조건을 추적하고, 이 조건을 커뮤니케이션 산업의 새로운 발전과 연관시켜서 음반 산출량과 제품의 다양성 추세를 검토함으로써 다음과 같은 결론에 도달했다. 집중도의 변화가 다양성의 변화를 따라가기보다는 오히려 주도하며, 그 변화는 얼마나 강력한 제작자가 있는지의 정도에 따른 결과라는 것이다. 이 연구결과는 "시장에서 소비자는 그들이 원하는 것을 반드시 얻는다는 인습적인 생각에 모순된다."(Peterson과 Berger, 1990[1975], 156쪽) 짧게 말해서 피터슨과 버거는 생산조직이 음악 트렌드와 스타일에 미치는 영향력을 눈에 띄게 강조했으며, 대중음악 생산이 주기적으로 되풀이되는 순환에 의해서 특징지어지는 양상을 보여주었다. 아울러 주기적인 발전에 영향을 끼치는 몇몇 메커니즘을 상세히 열거했다.

피터슨과 버거의 연구는 1970년대부터 줄곧 대중음악 연구에서 생산 시스템에 대한 관심사로의 길을 열어주었다. 무엇보다 내부로부터 (from the inside out) 검토된 연구라는 데 의의가 있다. 그 밖에 다우드(Dowd, 2004)[18]는 이런 생산조직 접근방식에 기반을 두고 음악의 다양성과 산업 집중도 사이의 관계를, 특정 장르 및 산업 산출량 전체와 연관시켜 검토했다. 또한 피터슨과 버거가 세운 전통은 예컨대 네거스(Negus, 1992)에 의해 발전되었는데, 네거스는 대중음악산업 안에서 노동하는 실천이 1960~70년대 대학교육을 받은, 이제는 성년에 이른 록 세대의 백인 남성과 관련된 예술적 이데올로기와 결부되어 있다고 제언했다. 이런 직업상의 계층화는 생산된 팝의 유형에 중대한 영향을 끼친다. 예를 들면 여성은 주변화될 뿐만 아니라 친숙하지 않은 스타일과 아티스트도 주변화된다.(Steward와 Garratt, 1984) 이런 형태의 음악적 성차별은 음악생산 안에서도 특히 악기 선택과 관련해 교육 현장에서 목격된다.(Green, 1997) 이는 사회심리학자들의 작업(O'Neill, 1997)과 일부분 겹치는 논제이기도 하다.

이런 작업은 음악산업을 내부로부터 탐구한다. 이와 대조적으로 아도르노의 작업은 음악산업을, 개봉할 필요도 없이 내용이 연역되는 블랙박스로 남겨두거나 음악산업에 대한 그의 가정을 투사한 텅 빈 스크린으로 남긴다. 아도르노가 답변하지 않은 물음은 수두룩하다. 예를 들면 미들턴이 관찰했듯이 대중음악의 양식 변화는 어떻게 일어나는가, 그 변화는 어떻게 특수한 형태를 띠는가? 미들턴에 따르면 이는 음악산업의 생산과 수용에 대한 일련의 물음 가운데 하나일 따름이며, 그 물음에는 "1890년부터 현재까지 대중음악의 완전한 '생산의 역사'"(Middleton, 1990, 38쪽)만이 답할 수 있다.

이러한 역사 대신 아도르노는 추상적으로 정립된 사회적 힘(권력의 집중도·상품화)을 다루며, 두 가지 유형의 음악 노동자, 한편으로는 참된

---

18) 다우드의 논문은 이 책(DeNora, 2003)이 간행된 이듬해에 출간되었다.

표현을 보존하려고 형식 매체와 고투를 벌임으로써 사회 경향들에 맞서는 드문 영웅적 음악 노동자와 다른 한편으로는 음악적 클리셰를 이용함으로써 "시대의 집단적 경향"(Adorno, 1973)인 행정감독에 굴복하는 (그것을 강화하는 데 봉사하는) 음악 노동자 들을 다룬다.

여러 말할 것 없이 아도르노의 사회음악적인 풍경은 인구밀도가 낮다. 사회적 힘, 음악재료, 작곡가, 청자 들로만 이루어져 있다는 말이다. 그런데 여기에서조차 우리는 뭔가를 하는 사람들, 다시 말해 저마다 처한 위치에서 우발적인 행동과 실제상 긴박한 행동에 휘말리는 행위자에 대해 충분히 조망할 수 없다. 아도르노한테 모든 행위는 과거로 소급해 들어가며, 그것이 일단 음악형식, 악곡 속에 응고되었다면 일차적으로 목격되게 마련이다. 다음과 같이 말하는 것은 과장일지도 모르지만 일말의 진실을 지니고 있다. 아도르노가 실제로 유념한 유일한 과정은 바로 음악형식 속에 예증되는 대로의 과정이다.

이처럼 음악 작품에 대한 아도르노의 과도한 강조 때문에 결국엔 아도르노의 음악사회학—말하자면 형식에 대한 자기 자신의 해석(내재적 비판 방법)을 사회관계와 역사에 대해 아는 방법론으로 사용하는 경향—의 주된 흠집이라고 여길 법한 것이 초래된다. 이는 논의해야 할 두 번째 주제, 즉 작곡가 및 작품 들과 사회음악사의 관계와 관련해 매우 분명해진다.

음악작품의 상상의 박물관

철학자 리디아 괴어는 음악학적 이데올로기의 역사에 대한 유명한 연구(Goehr, 1992)에서 자족적인 음악작품이라는 모던한 발상이 어디에서 어떻게 음악사의 '사실'로 출현하게 되었는지 서술한다. 이는 중립적인 사실이 아니라 19세기 동안 음악의 자율성을 천명하는 프로젝트의 일부였다. 이 프로젝트는 동시에 신분 정치(status politics)를 둘러싼 게임, 즉 작곡가를 대가(원문대로), 천재, 베토벤의 경우 영웅의 역할로 드높인 게임이었다. 아도르노는 확실히 이 프로젝트에 공모했다. 음악사에 대한 아도르노의 개념구상은 음악산업과 그 역사에 대한 개념구상과 마찬가지로 지나치게 이론화되어 있을 따름이다. 레퍼트가 설명하듯이 거의 틀림없이 그 당시엔 이런 지나친 이론적 접근방식에 대한 좋은 이유가 있었을 것이다.

아도르노의 사회학은 음악작품의 바깥으로부터 작업하기도 했고 내부로부터 작업하기도 했다. 음악 텍스트의 '바깥으로부터' 그는 사회적 실천을 살펴보았으나, 여기에서는 경험적 조사연구에 대한 관심의 상대적 결여로 인해 음악학의 관습을 뒤엎었다. 그 자신이 확실히 음악사의 '기본 사실'을 잘 알고 있었으면서도 말이다. 그렇긴 하지만 그는 음악적 사실 자체가 음악에 대한 이해에 합당하지 않음을 역설했다. 이 논변은 1980년대 중반에 이르러서야 비로소 어엿한 형태로 출현한 음악학의 논변이었지만, 그렇더라도 아도르노의 생애 마지막 10년 동안 특히 영국의 철학자 카를 포퍼를 겨냥한 그의 실증주의 비판에서 이미 비친 논변이었다.

음악 텍스트 '내부로부터' 아도르노는 음악의 객관적인 세부사항들의 상호관계를 분석하면서, 다시 말해 그것들을 음악 특유의 악곡 처리방식과 연관해 분석하면서 '내재적 비평'이라 칭한 것에 전념했다. 이때 아도르노는 악곡 처리방식을 주체가 음악 텍스트 외부의 현실과 객관적으로 교호작용한 것으로 보아 철저히 추궁했다. 즉 아도르노가 전념한 것, 그것은 음악학이라는 학문분야가 서서히 합법적인 것으로 겨우 받아들인 (계속되는 논쟁이 없지는 않으나) 일종의 음악적 해석학이었다.(Adorno, 2002, 74쪽)

레퍼트의 아도르노 옹호는 음악사의 '사실'을 너무나도 엄격하게 고수하는 집착을 통해 사회학적으로, 현상학적으로 놓치고 있는 것이 무엇인지 눈에 띄게 강조한다. 이런 논변은 아도르노가 버리었던 방향을 진척시키고자 하는 어떠한 음악사회학의 발전에 대해서도 비판적이다. 그와 동시에 이와 같은 접근방식은 역사적 연구와 반드시 양립 불가능한 것은 아니다. 특히 이는 음악을 작곡 · 배포 · 소비하는 상세한 실천에 훨씬 더 주목하는 연구와 반드시 양립 불가능하지도 않거니와, 또한 아도르노의 베토벤 연구와 관계해 음악적 평가가치의 사회적 구축과도 양립 불가능하지 않다.

스콧 버넘은 "서구의 악곡 논리의 패러다임"이 된 베토벤과 영웅 베토벤이라는 관념이 어떻게 "너무나 강력한 것으로 판명되어서 더 이상 우리의 음악적 의식의 공공연한 일부 노릇을 하지 않을 정도가 되었는지"(Burnham, 1995, xiii)에 대해 논평했다. 달리 말해서 버넘의 작업은 어떻게 베토벤의 음악실천이, 그리고 베토벤 이데올로기가 "우리의 음악적 경험을 끌어들이게 마련인 방식의 한 조건"(Burnham, 1995, xiii)이 되어버렸는지 드러냈다. 윌리엄 웨버(Weber, 1992)와 제임스 존슨(Johnson, 1995)의 작업 역시, 상당 부분 베토벤과 관계해 유럽 도시에서 청취의 문화가 어떻게 변형되어갔는지 보여주었다. 바로 이 지점에서 베토벤에 대한 아도르노의 견해는 아도르노를 사로잡은 특정 장소와 시간의 음악문화와 좀더 분명히 결부되기 시작한다. 미들턴은 다음과 같이 시사한다.

베토벤과 더불어 음악의 **잠재력**은 너무나도 높아져서 좀더 오래된 가정들은 깨진다. 그러나 이는 단지 지나친 특권을 누리는 빈(Wien) 전통을 규범의 중심에 두는, 19세기 음악사에 대한 친숙한 독일 및 오스트리아의 해석의 한 버전으로서 단지 보통 때보다 더 많이 똑똑히 말할 수 있을 뿐이라고 볼 수 있다. 아도르노가 내재적 방법(비교하는 방식으로 접근하기보다는 작품의 존재방식의 함의, 내재적 경향의 견지에서 작품을 분석하고 평가하는 방법)을 선호하는 것은 다음을 의미한다. 즉 자율적인 부르주아 음악에 대한 기준을 자신의 베토벤 해석으로부터 정해놓은 아도르노는 그 기준을 그 시기의 모든 음악으로 수출하며 나머지는 기준미달로 여긴다는 것이다. 그와 동시에 베토벤 자신은 아도르노가 우기는 만큼 그 시대의 사회 투쟁의 총체성을 포괄적으로 재현한 것도 아니며, 어떤 면에서 베토벤은 훨씬 더 대중적인 동시대인인 로시니만큼이나 부분적이다. 실은 가끔씩 아도르노의 베토벤은 하나의 물신(物神), 즉 아도르노가 특권을 주고자 하는 음악적 경향을 객관화하는 이미지에 가까워진다.(Middleton, 1990, 41쪽)

조야하게 말해서 문제는 이렇다. 어떻게 우리는 아도르노가 베토벤 분석에서 그저 음악적 이데올로기에 종사하고 있는 것이 아님을 아는가? 그가 운신하고 있는 담론의 장 안에서 두드러진 베토벤 수용의 수사어구를 정교하게 만들어내면서 말이다. 어떻게 우리는 베토벤에 대한 아도르노의 가치평가가 역사적 수사어구, 작품사의 신화 들로 이루어진 인공물이 아님을 아는가? 어떤 사람은 '네 스스로 들어보라'고 응수할지도 모른다. 그런 응수는 우리가 오염되지 않은 (아마도 보살피고 연구함으로써 연마되기도 하는) 귀를 가진다면, 음악의 '진리'가 자명해질 것이라는 생각이리라.

그러나 '그저 들어보는' 것이나 '훈련하는' 것만으로도 충분하다고 제언하는 것은 음악교육의 힘을—개개의 의미를 알아내는 데 도움이 되는, 음악 텍스트를 틀 짓게 되는 물질문화와 언어문화를— 일축해버리는 일이다. 이는 음악학자와 음악사회학자 사이의 토론 가운데 비일비재하게 일어나는 문제이다. 이 문제는 베토벤에 대한 나의 저작(DeNora, 1995a)과 바흐에 대한 포케와 에니옹의 연구(Fauquet와 Hennion, 2000)에서처럼 가치에 대한 연구, 즉 가치가 어떤 까닭에서 빚어지는지 그 소치에 대한 다양한 연구에서 탐구되었다. 이들 연구는 분석 및(또는) 비평이 사회음악적인 분석의 한 방법으로 충분하다는 생각에 맞서 음악사회학자들이 제기한 반대주장 가운데 몇몇을 실지로 예시한다.

사회학의 연구는, 결코 (시간이 지남에 따라 제도화된 사회적 실천의 소산으로 개념화되었던) 음악의 가치라는 관념과 상반된 입장을 취하지 않기에 가치를 지각의 사회적 · 물질문화적 조직화를 통해 생산된 것으로 취급한다. 베토벤이 빈에서 운신한 첫 10년 동안 음악생활은, 특히 음악과 음악의 가치 범주에 대한 생각은 변했다. 그 생각은 베토벤의 '위대함'에 대한 지각과 '위대한 작곡가'라는 관념에 이바지하는 식으로 점점 더 변형되었다. 달리 말해서 위대함이라는 바로 그 관념을 위해서 (이를테면 불후의 명성이라는 조각품을 세워둘–옮긴이) 벽감(壁龕)이 새겨지고 있었다. DeNora, 1995a에서 서술했듯이 베토벤은 이 벽감 안에 스스로를 봉안할 자리를 얻고자, 좀더 역동적으로는 저 벽감의 모양을 자신의 재능의 윤곽선에 꼭 들어맞게 만들려 애쓸 만큼 충분히 영악했다. 이런 식으로 베토벤은 변해가는 문화 지형 안에서 문화적 비중을 점점 더 많이 모을 수 있도록 해준 프로젝트에 착수할 수 있었다. 달리 말해서 베토벤은 이미 존재하는 일련의 음악적 평가기준에 꼭 맞아떨어지는 '베스트 매치'라고 여겨지지 않았다.

베토벤의 작품이 그 무렵 이용 가능한 유일한 혹은 최고의 음악적 논리의 방향을 취했다고 말하는 것은 온당치 않다. 정반대로 베토벤의 경력과 작품은 일견 음악의 '논리적인' 방향이 성립하는 데 기여했을 뿐만 아니라 동시에 그의 작품에 적용된 기준이 성립하는 데 기여했다. 아도르노의 음악사 이론이 생략한 것은 바로 이러한 음악계의 내적인 성립이다. 이런 생략은 우리가 아도르노의 저작에서 추출할 수 있는 마지막 주제, 즉 의식 및 지식 형성의 구성 요인으로서의 음악의 역할에 주의를 기울일 때 특히 문제적이다. 왜냐하면 아도르노의 음악수용 이론이 충분히 특정화되지 않음으로 말미암아 그는 음악이 실제상 들리는 특정 맥락에서 어떻게 의식에 '효력'을 미치게 되는지 서술할 수 없기 때문이다. 아닌 게 아니라 정말로 음악수용의 세계에 거주하는 주민들이 특정화되고 사회적으로 위치한 듣는 자 및 음악소비자였더라면, 아도르노의 미적인 위계질서는 상당 부분 침식되었을 것이다.

반응하기는 악곡 구성하기다[19]

어떤 음악작품을 틀 짓는 것(framing)[20]과, 틀 짓기가 작품의 지각에

---

19) 어떻게 'responding'이 'composing'이 될 수 있는가? 의문의 열쇠는 청취 행위

끼친 영향력에 대한 논의는 어떻게 청취가 이런저런 문화 도식을 통해 매개되어 있는지 이야기하는 것이다. 또 어떻게 청취가 작품이라는 특수하고 선택적인 우주의 경계 안에서부터 일어날 수밖에 없는지, 그리고 그것이 신분 집단이라는 협력관계와 결부되어 있는 경우가 얼마나 많은지 말하는 것이다. 이런 가르침은 학자들이 음악의 소비 관행을 검토했을 때 거듭 확인되고 있다. 바꿔 말하자면 음악 자체의 담론은 상호텍스트적인 의미를 갖게 된다. 즉 다른 작품과의 관계 속에서, 뿐만 아니라 또 다른 유형의 담론 및 실천과의 관계 속에서 음악 자체의 담론은 의미를 갖게 된다. 더욱이 이 다른 것과 음악의 관계는 상호작용적이다. 요컨대 음악은 자기 자신을 대변할 수 있는 것도 아니요, 다른 인간 화자나 텍스트가 음악을 전적으로 대변할 수 있는 것도 아니다.

그렇지만 이런 관찰이, 음악작품이 (연주자와 청자가 작품으로부터 받는 요구와 관련해 거론될 때) 음악재료로부터 비롯되는 바와 같은 사회적 의의 내지 힘을 지니지 못한다는 뜻은 아니다. 오히려 사회적 의의가 다음과 같은 면에서 검토되어야 한다고 제언하는 것이다. 사회적 의의는 실은 음악이 다양한 유형의 기호학적 힘을 소유하게 될 특수한 사회적 맥락 안에서 어떻게 상황 속에 놓이게 되는지 검토되어야 한다. 그

에 있다. 해석과정으로서의 청취 행위가 음악구성 활동의 일부가 된다는 것인데, 실은 이러한 발상 역시 "듣기 가운데 음악구성하기"(das Komponieren im Hören)라는 아도르노의 생각(전집 14권 130쪽)에서 유래한다.

20) 형식 요소가 의미를 지니려면 맥락이 필요하다. 역삼각형(∇)이 고속도로에서는 주의 · 양보를, 폴란드 화장실에서는 남자 화장실을, 재즈 색소폰 악보에서는 혀로 퉁겨 부르라는 텅 슬랩(tongue slap)을 지시하는 기호로 해석되려면 맥락이 필요하듯이, 틀 짓기는 청중이 특정한 방식으로 음악작품을 경험하거나 특정한 해석을 받아들이도록 기대를 만들어내는 틀을 조직하는 것을 말한다.

러나 이때 주어진 음악의 속성은 상황이 변함에 따라 다양한 의의를 부여받을 수도 있다.

이어지는 장에서 나는 음악이 이전 음악과 또 음악관습과 맺는 관계를 취급하는 방식에 대한 아도르노의 분석이 사회음악적인 분석에 필수적이라고 제언한다. 그러나 나는 사회사 또한 필수적이라고 논할 텐데, 이때 사회사는 베버의 의미에서(Weber, 1978) 자신의 사회세계에 작용하면서 그 사회세계에 작용을 미치는 행위자의 사회사를 말한다. 초점을 행위에 맞추는 것은 다음을 이해하고자 한다면 필수적이다. 특정 사회 맥락 안에서 (음악담론을 포함한) 담론이 어떻게 행위자에 의해 창조되고 안정화되고 수정되고 수용되기에 이르는지 이해하고자 한다면 초점을 행위에 맞추는 것이 필요하다. 즉 음악이 무엇을 할 **법한지**가 아니라 오히려 음악이 무엇을 하고 있으며 실제 맥락에서 무엇을 하도록 만들어져 있는지 이해하고자 한다면 초점을 행위에 맞추어야 한다. 거듭 말하건대, "음악작품의 상상의 박물관"(리디아 괴어)과 관계해 그리고 아도르노의 가치지향에 대한 비판과 관계해, 아도르노 그 이후 음악의 사회학은 이 화젯거리에 대해서 특히 작곡가·스타일·장르의 계층화에 초점을 맞추었을 때 상당히 자주 말해왔다.

역사적 연구는 음악의 정전(正典)과 그 위계질서인 '걸작(원문대로)'이 19세기에 유럽(Weber, 1978, 1992; Citron, 1993)과 미국(DiMaggio, 1982)에서 구축되고 제도화되도록 만들었던 전략을 밝히는 데 기여했다. 미적인 운동, 또한 전문 직업으로서의 음악진흥에 대한 이데올로기, 19세기 동안 고급음악 문화에 대한 매혹은 동시에 계급 및 신분 집단의 구별을 구축하기 위한 매개체였다. 그것은 또한 음악 마케팅 및 직업적 성공의 장치였으며, 그 자체로서 고급음악 문화의 측면들이

대중문화의 접근방식을 공유했다는 아도르노의 주장(주디스 블라우
[Blau, 1989]가 발전시킨 논변)을 실지로 예시한다. 그 밖에도 '고급'음
악형식과 '저급'음악형식의 구별에 맞춘 초점은 어떻게 '진정성'
(authenticity)이 그 자체로 구축된 것일 뿐만 아니라 진정성을 놓고 서로
다투고 있는지에 대한 연구(Peterson, 1997)를 포함할 정도로 넓어졌다.
이와 같은 연구는 '작품 자체'라는 개념을 일축한 채, 작품이 연주되고 들
리는 방식을 통해 배치된다는 생각에 치중한다.(Hennion, 1997; Clarke
와 Cook, 2003을 볼 것)

　아도르노의 작업이 이런 역사적 쟁점을 우회적으로 다룬 이유는 그가
문화 산물의 사회적 성립에 대해 에둘러서 관계했기 때문이다. 아도르
노는 (그가 경도된 것을 포함해) 특수한 재현과 가치평가가 어떻게 두각
을 얻게 되었는지에 대해서는 그저 에둘러서만 관계했던 것이다. 앞에
서 서술했듯이 진정 그는 문화 산물의 형식적 속성의 분석, 특히 이들 속
성이 인식론적인 양식과 결부되는 양상의 분석에 천착했다. 이와 같은
프로젝트는 요즈음 실행 중인 지식 사회학과 매우 다르다. 가령 과학지
식의 성립과 이해관계에 맞춘 에든버러 학파(Edinburgh School)[21]의
초점이든,(Barnes, 1977) 대안적 재현에 맞춘 페미니스트 초점이
든,(Martin, 1989) 과학적 '사실'의 생산 및 제도화가 어떻게 정치 캠페
인에 가까운지 그 유사성에 맞춘 라투르식의 '행위자 네트워크와 그 너

---

21) 블루어(David Bloor)와 반스(Barry Barnes) 등 에든버러 대학의 과학학연구소를
　중심으로 형성된 학파. 주요 업적은 '과학지식사회학'을 출범시킨 것이다. 1970년
　대 중반 이후 전개된 과학지식사회학은 한마디로 사회요인이 어떻게 과학지식의
　구성에 개입하는가를 경험적 연구로 보여주려는 다양한 시도라 하겠다. 이를 사회
　구성주의(social constructivism)라고 총괄하여 부르기도 한다.

머'[22])의 초점이든(Latour, 1987, 1989; Law와 Hassard, 1999) 지식 사회학과 매우 다르다. 1970년대부터 줄곧 발전된 과학사회학에서 초점은 다음과 같은 물음을 향해 있었다. 어떻게 사실의 사안으로 통하는 것이 '구성'(composed)되며 구성되는 주변 환경의 흔적을 담지하고 있는지 하는 물음이 그것이다. 이들 작업의 커다란 공헌 가운데 하나는 이른바 과학의 '휘그적인 역사들'(whig histories[23])에 대한 함축적인, 때로는 명시적인 비판인 바, 그것은 과학의 발전과 진보를, 하나의 이론이 어떻게 그다음 이론을 야기했는지에 대한 이야기로서 말하는 역사에 대한 비판이다. 즉 인간의 행위수행과 급박한 정세의 모든 흔적을 말소당한 역사에 대한 비판인 것이다. 여기 이 지점에서 음악재료의 '발전'의 역사와 비교는 명명백백하다.

음악과 과학 양자의 경우에 공히, 역사적 생산의 특정한 세부사항을 간과한 실패, 다시 말해 생산과 그 세계의 '내부'(그와 상응하는 관심으로 작곡상 '선택'의 구축)를 간과한 실패는, 잘해야 칭송 일변도의 전기(傳記)를 자초하며, 최악의 경우엔 실제로 사회활동 지반에서 기능하는

---

22) 행위자 네트워크 이론(Actor-Network Theory, ANT). 1980년대 초반 과학기술학(Science and Technology Studies)을 연구하던 프랑스의 브뤼노 라투르, 미셸 칼롱, 영국의 존 로우 등이 발전시킨 이론이다. 인간과 비인간 사이의 변덕스러운 네트워크라는 개념을 이용해서, 네트워크의 규칙·질서, 이에 대한 저항이 어떻게 생성·소멸하는지 연구한다. 이때 행위자가 어떻게 네트워크의 요소를 동원하고 배열하며 유지하는지에 초점이 맞춰 있다.
23) 영국 역사가 버터필드(Herbert Butterfield)가 『휘그적인 역사 해석』(The Whig Interpretation of History, 1931)에서 언급한 용어. 왕권을 옹호하던 영국 토리당에 맞서 의회의 권력을 옹호하던 휘그당은 과거를, 더 큰 자유를 향한 진행과정으로 파악, 그 과정이 자유민주주의와 입헌군주제에서 절정에 이른다고 보았다. 그런 까닭에 휘그적인 역사관은 역사를 진보 과정으로 보는 시각을 대변한다.

음악과의 괴리를 자초한다. 예를 들면 아도르노가 베토벤을 다루는 방식에서 살펴보았듯이, 그는 베토벤의 스타일을 20세기의 유리한 지점에서 지각한다. 아도르노의 관점은 시기 구분에 대한 해체적 초점을 용납하지 않거나, 베토벤의 동시대인이 그의 작품의 의의를 지각했던 방식과, 베토벤의 작품이 음악사 및 음악비평 담론에 의해서 틀 지어지게 되었던 방식 사이의 불일치를 고려할 수도 없다.(DeNora, 1995b; Webster, 1994)

이에 더하여 아도르노는 자신이 파악한 베토벤의 작곡 활동의 사회적 의미를 다음과 구별하려고 시도하지도 않는다. 즉 어떻게 베토벤의 활동이 타인들(베토벤 자신과 그의 동시대인, 오늘날이나 아도르노 시대의 베토벤 청자들) 가운데 각인되어 있으며 그들에 의해 지각되어 있을 수 있는지 그 방식을 자신의 파악과 구별하려 시도하지 않거니와, 양자의 비동일성을 탐색하려 시도하지도 않는다. 이와 같은 분석 없이 아도르노는 베토벤이 작곡의 행동에 관여했을 때 '정말로' 무엇을 하고 있었는지 알 충분한 근거를 갖고 있지 않다(아도르노 자신의 믿음과 별도로, 그와 더불어 저런 믿음을 갖도록 타인을 설득하는 그의 능력과 별도로).

더욱이 아도르노는 비교적인 관점과 맥락적인 관점 모두 회피하는데, 이런 회피 때문에 그는 특수한 형태의 이론적 사치의 소지가 있다. 즉 그의 사례들은 이론의 방향을 (추동하기보다는) '예시'하도록 되어 있다는 것이다. 예를 들면 '충격'이나 경악을 편입한 베토벤의 형식 해체는, 당대의 반응의 관점(과 표현된 경악의 수준)에서 지각될 경우, 작품의 수용사라는 견지에서 볼 때 베토벤에 대한 반작용이 극단적이었던 초창기 동안 가장 강력했을 것이다. 더욱이 베토벤은 형식을 갖고 실험한

(따라서 형식을 약화시킨) 유일한 작곡가가 아니었으며, 그가 이용했던 장치 중에는 실은 그의 세계의 다른 사람도 어느 정도 공유했던 것이 있을 수 있다. 이와 같은 사안을 아도르노는 미결로 놔두고 음악작품에 대한 개개의 해석에 치중한다. 이로써 음악작품들의 역사(역사적 세부사항의 특정성)는 내재적 방법에 희생된다. 달리 말해서 아도르노는 도식(figure)을 가지고 시작하며 그 도식으로부터 근거를 연역해낸다. 얼마만큼이나 이런 비평이 아도르노를 궁지에 몰아넣어온 것일까? 나는 아주 조금이라고 말하겠다. 그 이유는 다음과 같다.

앞서 수전 길레스피의 인용문(본문 42쪽)을 통해, 어떻게 아도르노의 텍스트가 음악처럼 스스로를 드러내고자 하는 퍼포먼스와 같이 범례적 실천의 형태로 훌륭하게 읽힐 수 있는지 짚어보았다. 아도르노는 경험적으로 옳음보다는 수사적 주장을 하는 데 더욱 관심을 갖고 있었다고 할 수 있을까? 아마도 그런 수사적 주장에 대해서라면 음악분석이 아주 유용한 자원이었을 것이다. 확실히 많은 사람이 텍스트의 드라마를 애호하는 아도르노의 취향을 주목했다. 한 주석자가 관찰했듯이 "아도르노는 음악의 세부사항에 대해 현미경을 들이대듯 관찰하는가 하면, 그 다음엔 사회 전체에 대한 광범위한 캐리커처풍의 고발장을 번갈아 내놓으면서, 그 중간엔 실질적으로 아무것도 끼어들지 못한 채 양자를 상습적으로 오고 갔다. ……그가 결과를 역사적 추세와 서로 관련시킬 때면, 그 상관관계는 자의적인, 거의 수상쩍은 성질을 갖는 경우가 흔히 있었다."(Merquior, 1986, 134쪽; Martin, 1995, 115쪽에서 재인용) 그 밖에도 레퍼트는 아도르노와 호르크하이머의 공저 『계몽의 변증법』을 특정짓는 것이 수사적 장치라고 제언했는데, "과장법이라는 ……근본적인 수사적 장치"가 그것이다. 그것은 "호메로스에서 영화까지 훑어내는 어

마어마한 역사 범위에서 은근히 중단되지 않은 한 가닥의 역사로 구사
된다. 그 역사는 계속 이어지는 비평을 위한 원료였던 만큼 범례적인 지
배의 역사로서 구현되어 있다."(Adorno, 2002, 27쪽)

실은 아도르노는 커다란 캔버스 위에 커다란 붓으로 역사를 그린다.
다만 이따금씩 방향을 바꾸어 이런저런 세부사항을 엄밀히 주목함으로
써 지나치게 광범위한 힘의 작용방식을 조명한다. 그것은 비록 사회학
에서 이른바 거시·미시 연결고리를 위한 최고의 처방은 아니라 해도
또 다른 용법을 갖고 있었을 것이다. 여기에서 지금 제언하고 있는 바는
확실히 이러하다. 경험세계는 아도르노가 (그토록 경멸했던 실증주의의
일부였을) 정확성을 기해 서술하고자 했던 어떤 것이라기보다는 십중팔
구 미적인 창작물, 곧 '악곡'을 위한 비판이론의 배경막으로 이용되었던
것이 틀림없다. 이 점은 비록 사변적이기는 하지만 예술의 인식적 역할
에 대한 아도르노의 견해와 잘 어울린다.

달리 말해서 아도르노가 개진한 내재적 방법은 어떤 예술 형식을 실
천하는 것이었다. 아마도 우리는 아도르노를 사회학적·철학적 성향을
지닌, 글로 작곡하는 사람(composer-in-letters)이라고 생각할 때 가
장 잘 이해한 것이리라. 분명 그는 민속지학적 내지 경험적 조사연구를
지향한 사람이 아니었다. 브레히트가 일찍이 서술했듯이 아도르노는
"결코 보기 위해서 여행하지 않았다."(Blomster, 1977, 200쪽) 피터 마
르틴은 이 점을 잘 포착한다.

아도르노의 근본 입장은 그렇다면 사회학적인 분석가보다는 사회철
학자 내지 사회비평가의 배역을 불가피하게 그에게 맡긴다. 딱히 이것
이 그를 난처하게 만드는 것은 아니겠지만 말이다. 그가 미국에 머무

르는 동안 마주쳤던 사회학의 작업은, 그리고 전형적이라고 생각했던 사회학의 작업은 구제할 수 없이 실증주의적으로 보였다. 겉으로만 그럴싸한 '사실'을 산출하는 것만이 아니라, 사회 통제의 지배적인 행위 수행을 대신해서 그렇게 하니 말이다.(Martin, 1995, 19쪽)

아도르노가 경험적 조사를 등한시하는 것이 실제로 문제가 되는가? 그것이 사회음악적인 연구에 대한 아도르노의 공헌을 손상시키는가? 한 가지 수준에서 어떤 사람은 아니라고 논할 수 있을 것이다. 즉 아도르노의 분석은 설명하려고(독자에게 말해주려고) 의도된 것이 아니라, 오히려 (경험의 한 양태, 세계를 의식하는 한 양태를 통해 독자를 끌어당기는) 시적인 개입으로 의도된 것이라 논할 수 있을 것이다. 아도르노의 분석이 지닌 '진리치'는 그 분석이 서술하는 음악처럼 자체로 범례적이며, 그 역할은 특수한 방식으로 사회세계에 대해 우리의 주의를 환기하고, 특수한 방식으로 의식을 촉진하거나 상기시키는 것이다. 이는 아도르노의 저작이 그토록 많은 독자를 붙들고 있는 매혹을 부분적으로 설명하는 데 도움이 될지도 모른다. 알반 베르크의 작품처럼 아도르노의 저작은 '아름다우며', 한 줄 한 줄 배열된 문장마다 '참된' 음악이 음들로 할 법한 것을 낱말로 하고자 했다. 즉 아도르노의 저작은 범례적인 활동의 한 형식인 것이다.

위킨이 관찰했듯이 "음악작품에 대한 아도르노의 형식 분석은 작품을 듣는 맥락 가운데 의미에 열중해 있다."(Witkin, 1998, 5쪽) 물론 아도르노는 청자에게 영향을 끼치는 음악의 구조를 다루었으며, 음악재료의 취급 방식(예를 들면 전체 악장의 맥락 안에서 개별 화음이 지닌 충격 가치)에 초점을 두는 것이 이를 증언해준다는 말은 확실히 올바른 것으로 보인다. 그렇긴 하지만 음악이 청취자에게 끼친 '효과'(거짓 음악이 진작시킨 듣기의 퇴행이나, 쇤베르크가 진작시킨 복잡한 의식을 위한 역량과 같은 효과)에 대한 아도르노의 명백한 관심에도 불구하고, 우리는 '청중'을 아도르노의 저작에서 얼마간 특정하게 마주칠 일이 없고 오히려 음악 구조로부터 연역해낸다.

미들턴의 관찰대로(Middleton, 1990, 60쪽) 아도르노는 소비 관행의 실재 계기에는 본래 늘 무관심했다. 그와 대조적으로 아도르노는 음악사도 다루고 음악작품의 사회적 의의도 다루었으므로 음악을 듣는 청자를 다룬 셈이다. 즉 듣는 사람과 듣기행위를 실체화하는 것이다. 아도르노는 다음과 같이 말한다. "사람들은 그들이 어떻게든 얻게 될 것을 왁자지껄 외쳐댄다."(Adorno, 1976, 29쪽; Middleton, 1990, 57쪽에서 재인용) 아도르노는 청자를 "생산물들과 ⋯⋯동일시하는"(같은 곳) 것으로 서술하면서 이와 같은 청자가 '욕구'를 갖고 있다고 말한다.

베토벤 이후, 음악을 대하는 옳은 주목방식은 오직 한 가지다. 무언의 관조가 그것이다. 아도르노의 청취 유형화(Adorno, 1976)는 음악의 구조를 '파악하는' 바람직하고 합리적인 청자부터, 감각적 흥분을 추구하는 음악을 지향하는 '감정적인' 청자까지 항목별 유형을 위로부터 (하향추론방식으로—옮긴이) 나누는데, 이런 유형화는 오로지 한 가지 형태의 음악, 즉 인식으로서의 음악에 대한 아도르노의 집착을 분명히 보여준다. 이런 집착 자체의 유래를 찾아 우리는 19세기의 산물인 진지한 음악에 대한 담론 안에서 아도르노의 가치지향까지 더듬어 올라갈 수 있다.

이런 진술을 놓고 볼 때 청취가 해석적 처리과정으로서, 그 자체가 악곡구성의 일부분이 되는 방식을 아도르노가 고려하지 못한 것은 별로 놀랄 일이 아니다. 그런 까닭에 만일 우리가 음악의 효과를 이해하려 한다면 음악작품으로부터 이들 효과를 읽어내는 사치를 지불할 수 없는 것이다. 미들턴은 이를 간명하게 말한다.

"아도르노에게 음악작품의 의미는 내재적이며, 우리의 역할은 그것을 해독하는 것이다."(Middleton, 1970, 59쪽)

아도르노는 청취라는 특정 행위를 회피한 결과, 이론적 사치를 덧붙이고 만다. 덕분에 아도르노는 편리할 때마다 청중의 이미지를 자신의 이론을 진척시키기 위한 수단으로 불러들일 수 있게 된 것이다.

미해결 엔딩

리처드 미들턴은 아도르노의 이론이 지닌 결함을 다음과 같이 간추린다. 아도르노의 이론은 첫째, 내재적 방법의 사용(따라서 음악 분야의 거주인구를 감소시키기)과 둘째, 그 자신의 역사적 입지 및 이와 결부된 '역사의 존재론화'로 이루어져 있다. 이것으로써 미들턴은, 앞서 서술했듯이 개별 작품에 맞춘 아도르노의 초점은 모종의 이론적 사치의 소지가 있다고 주장한다. 이론적 사치란 악곡에 대해 말해야 하는 것으로 스스로를 국한시킨 덕분에 이미 벌써 기울어져 있던 성향을 발견하도록 하는 전략이다. 아도르노의 개인적 지위(1930년대 독일의 유대인, 교양 있는 엘리트 지식인, 알반 베르크의 제자)와 짝을 이루는 이러한 편향은 그로 하여금 특수한 경향의 음악사를, 좀더 일반적으로는 '참된' 역사를 수립하도록 이끌었다.

더욱이 이 경향은 아도르노의 이론이 자신의 이론 자체(와 그 이론의 저자)를 특권화된 지위에 놓았던 '진리', 그 지위에서만 파악 가능한 진리었다. 아도르노에게는 거만한 태도의 조짐 그 이상의 것이 있다. 거만한 태도가 스타일의 문제라고는 하지만, (특권화된 지위를 누리는-옮긴이) 예의 거만한 태도는 요즘 몇몇 진영에서 '오류의 사회학'(sociology of error)[24]이라고 일컫는다. 오류의 사회학이라 함은 그것의 진술이 '세계'를 바르게 정의할 것이다, 아니면 오류가 있을 것이다, 이 둘 가운데 하나라는 가정에 입각해 있는 분석의 양태를 뜻한다. 그렇지만 우리는 그저 판정 결과를 보아하니 아도르노가 오류를 범했다고 생각해서 단번에 물리쳐서는 안 된다. 아도르노의 가치는 이 모두를 능가한다. 그의 가치는 아도르노의 비전, 그가 사회세계를 지각하는 방식, 음악이 사회세계와 맺는 상호관계를 지각하는 방식에 있다. 무엇보다 아도르노는 하나의 관점을 물려주었다. 그런즉 시간과 문화를 가로질러 이 관점과 상호작용하기 위해서는 그 관점으로 하여금 비평의 테스트를 받도록 하는 것이 마땅해 보인다.

미들턴이 말한 대로 "[아도르노를] 이해하려면, 그리고 그를 그저 지독한 엘리트 비관주의자라고 일축하기보다는 활용해야 한다면," (Middleton, 1990, 61쪽) 오늘날 우리가 지각하는 아도르노의 문제는 논구될 필요가 있다. 그냥 일축하고 마는 것은 너무나도 손쉬운 반응일 따름이며(그것은 변증법적이지도 않다), 적어도 직관적인 수준에서 보

---

24) 블루어가 전통 지식사회학의 한계를 지적하면서 사용한 용어. "사회학자는 과학이 비합리적이고 이데올로기적이 될 때, 제 궤도에서 벗어난 오류의 과학에 대해서만 설명할 수 있으며 옳은 과학적 믿음에 대해서는 아무것도 이야기할 수 없다"고 보는 관점을 말한다. 즉 "오류의 사회학은 지식사회학이 잘못된 믿음만을 설명하도록 사전에 지식사회학의 영역을 제한하는 것을 의미한다." 데이비드 블루어, 『지식과 사회의 상』, 김경만 옮김, 한길사, 2000, 28, 29쪽.

더라도 아도르노의 저작은 '정말처럼 들리는' 것을 많이 담고 있다. 아닌 게 아니라 이런 이유 때문에 그토록 많은 사람이 아도르노에 대해 써 오지 않았는가.

그러나 아도르노는 조롱 이상의 것을 누릴 자격이 있는 것처럼, 정중한 해설 이상의 것도 누릴 만하다. 아도르노에 대한 가장 근사한 존경의 표시는 그의 작업을 '활용'하는 데 있다. 제언하건대 우리가 아도르노를 활용할 수 있으려면 그의 관념을 현실에 입각시키는 방도를 특정화하는 것이 필요하다. 그렇다고 해서 그의 관념을 반드시 실증주의적인 방식으로 테스트하고 측정할 수 있는 가설로 입각시킬 필요는 없다. 다만 적어도 가설적으로는 어떻게 우리가 그의 작업을 행위와 경험의 수준에서, 혹은 행위와 경험의 수준에 좀더 가깝게 발전시킬 수 있을지 고찰하려 노력함으로써 그의 관념의 의미를 특정화할 필요는 있다.

아도르노의 음악사회학은 그것이 서 있는 입장대로 경험적 작업에 대한 필요를 거의 다 무시한다. 특히 아도르노의 『음악사회학 입문』 영역본 출간 이후 대략 40년이 지나는 이때,[25] 지난 2, 30년에 걸쳐 음악사회학이 강구해온 미시적·중간적 범위의 탐구방식에 대한 필요를 거의 완전히 무시한다. 마르틴이 말하듯이 이런 수준의 분석이 없이는 아도르노의 관념은 충족되지 못한다.

그렇긴 하지만 그의 이론이 아무리 대가적 기교(virtuosity)를 과시한다 해도, 사실 아도르노가 자신의 주장대로 음악구조와 사회구조의

---

25) 『음악사회학 입문』(1962)의 영문 번역서는 1976년에 출간되었으므로 "영역본 출간 이후 대략 40년이 지나는 이때"라는 내용은 사실과 부합하지 않는다.

상호관계에 대해 정합적인 설명을 내놓았는가 하는 점은 전혀 분명치 않다. 아닌 게 아니라 정말로 아도르노는 전체를 부분과 관계시키려는 노력을 경주하는 가운데, 거시 사회학적인 구조의 견지에서 개인의 행위를 설명하려는 어떠한 시도도 맞닥뜨리는 친숙한 문제를 해결하지 않은 채 남겨두고 있다.(Martin, 1995, 112쪽)

마르틴은 계속해서 서보트닉을 인용하는데, 그녀는 아도르노에게서 예술의 구조와 사회현실 사이의 연결고리가 "간접적이고 복잡하며 무의식적이고 증거자료가 없으며 몹시 신비로운"(Subotnik, 1976, 271쪽; Martin, 1995, 116쪽에서 재인용) 것이라고 제언한다. 이 다섯 가지 점 모두 서보트닉이 옳다는 데 동의한다.

최근 수년간 경험적인 음악사회학은 저 연결고리를 조명하기 시작했다. 1970년대 이후 음악사회학의 기획은 결코 추상적이지 않았다(DeNora in Clarke와 Cook, 2003; Peterson, 2001을 볼 것. 또한 개정판 『뉴 그로브 사전』에 셰퍼드가 쓴 음악사회학 항목[Shepherd, 2001]을 볼 것). 그렇다 하더라도 벌어진 간극과 누락된 것이 있다.

더 중요한 것은 음악사회학자 대부분이 묵살한 쟁점이 여럿 있다는 것이다. 이들 쟁점 가운데 많은 것은 언필칭 '신음악학' 학자들이 보존하고자 해온 바로 그 논제이다. 예를 들면 음악과 의식, 혹은 음악과 사회적 '통제'의 연결고리에 대한 아도르노의 관심사는 어찌 되었는가? 비슷하게 행위와 관계해 음악의 문화심리적인 귀결의 견지에서 우리는 음악을 어떻게 탐구할 수 있는가? 의심의 여지없이 하위 분야는 이들 물음과 거듭 교호작용하는 데서 득을 볼 것이다. 도전은 경험적 증거자료 제시에 대한 음악사회학의 관심사를 유지하는 가운데, 이런 쟁점을 회복하려 시도하는 데 있다. 경험적 증거자료 제시에 대한 음악사회학의 관심사는 음악 텍스트를 대하는 분석자의 해석 바깥에 놓여 있는 사항에 입각한 구성주의에 대한 관심사이기도 하다. 다음 장에서 서술하겠지만, 더군다나 이 프로젝트는 사회음악적인 탐구를 위한 적당한 수준을 찾는 것에 좌우된다.

제2장

새로운 방법과 고전적인 관심사

사례연구가 유용하다고 말하는 이유는 단지 경험적으로 풍부하고
그 자체로 좋은 역사에 도움이 되기 때문만이 아니다.
음악적 실천의 세부사항에 대한 면밀한 주목이 좋은 이론을 만들기 때문이다.
그것은 행위 중인 음악의 메커니즘을 서술하기 위한 수단을,
어떻게 음악이 일하는지 특정화하기 위한 수단을 제공한다.

음악사회학, 신(新)음악학, 아도르노

음악사회학자들은 아도르노를 거의 잊어버렸다 하더라도(사회이론가와 문화이론가 들은 잊어버리지 않았을지언정) 그의 작업은 음악학에서 계속 살아남아 잘 지내고 있다. 실은 음악연구자 사이에서 아도르노의 명성의 변천이야말로 1970년대 이후 음악학 분야가 얼마나 극적으로 변해왔는지를 눈에 띄게 강조하는 것이다. 1970년대까지만 해도 아도르노 사상에 대한 서보트닉의 유난스러운 감성은 아도르노를 향한 거의 유일한 연정의 불꽃이었다. 서보트닉의 저작은 그 이후로도 지금까지 변호되어왔으며, 아도르노의 작업에 대한 관심은 급증하고 있다.

오늘날 (바깥에서 들여다보니 그런 것 같은데) 대부분의 음악학자는 다음과 같은 도널드 랜덜의 관찰(Randel, 1992)에 십중팔구 동의할 것이다. 용인되는 논제(작품, 위대한 작품, 위대한 작곡가)의 표준목록을 구축하고 유지하는 작업을 위해 음악학의 전통적인 '도구 박스'(toolbox)가 디자인되었다는 것이다. 대략 지난 15년 동안 음악학 분야는 여타의 학문분야, 가령 문학이론·철학·역사·인류학과 같은, 훨씬 조금이지만 사회학과 같은 학문분야의 발전에 응하여 철저히 수정되어왔다.

오늘날 (적어도 1980년대 중반까지 세월을 거슬러 올라가는 용어인) '신'음악학자들은 역사적 쟁점(일대기와 음악제작의 사회적 맥락)과 음악형식의 분리를 문제 삼았다. 그 대신 사회적 매체로서의 음악의 역할에 초점을 맞추었다. 한때 논쟁적이었던 이런 움직임은 이제는 학문분야 안에서 제도화되었다고 말해도 부당해 보이지 않는다. 한편으로는 음악작품과, 다른 한편으로는 사회구조의 범주와 위계질서(정체성·권력·통치 관행) 사이의 상호관계를 묻는 것은 이제 '정상적'이다. 아니, 적어도 용인되고 있다.

신음악학은 이제 모든 실제상의 목적을 위해서 엄연한 '음악학'이며, 혹여 그렇지 않다면 공식적으로 인정받은 선두의 음악학으로서의 소임을 일부 맡고 있다고 주장할 수 있다. 사회학의 관점에서 볼 때 이런 발전은 환영할 일이다. 그러나 음악학과 사회학이 서로 힘을 모아 도울 수 있기까지는 아직 해야 할 일이 더 많다. 이런 작업을 하려면 음악사회학과 음악학, 각각의 학문분야에서 간과되어온 것을 눈에 띄게 강조하도록 양자를 공히 다시 생각하지 않으면 안 된다.

그렇다면 음악사회학에서 행방불명된 것은 무엇인가? 제1장에서 일찌감치 내비쳤듯이 사회학자가 쓴 음악 저작물은 거의 전적으로 음악의 사회학으로 특징지을 수 있다. 다시 말해 음악의 사회학은 음악 활동(작곡·연주·배포·수용)이 사회적으로 어떻게 성립되는지에 대한 사회학으로 특징지을 수 있다. 따라서 이런 작업은 음악이 어떻게 사회현실 '속으로 접어드는지', 어떻게 음악이 사회생활의 역동적인 매체인지의 문제를 다루지 않는다. 이런 점에서 경험적 바탕에 입각해 있는 음악의 사회학은 그 초점이 아도르노의 핵심 관심사에서 멀리 떠나 있다.

대부분의 사회학자는 음악이 지닌 특별히 **음악적** 속성을 문제 삼거나 신경 쓰지 않으며, 어떻게 이 음악 특유의 속성이 그것을 마주하는 사람에게 '작용'을 미치는지도 신경 쓰지 않는다. 실은 사회학자들이 다음과 같이 제언할 때 음악학자를 노발대발하게 만들기 십상이다. 즉 음악의 의미(음악의 지각된 연상·내포·가치)가 **오로지** 음악이 틀 지어지고 전유되는 방식으로부터만, 음악에 대해 '말해지고' 있는 것으로부터만 도출된다고 제언할 때 말이다. 음악학자는 흔히 (때로는 옳게) 사회학자의 이런 발상이, 의미 지각의 과정에서 능동적인 작용을 하는 음악 자체의 속성에 대한 어떠한 개념(관습, 소리의 물리적 속성)도 묵살한다고 여긴다.

음악사회학의 관점에서 바라본 신음악학의 문제는 그것이 음악 텍스트의 해석과 비평에 너무 바짝 전념해왔다는 것이다. 결국엔 이런 전념이 사회적인 것에 대한 음악학의 개념구상을 제약하고 사회적인 것을 따져 묻는 질문조차 제약하고 말았다. 이런 초점은 아마도 하나의 학문분야로서 음악학의 전통 관심사(작품, 위대한 작품, 위대한 작곡가의 정전—옮긴이)를 놓고 볼 때 조금도 놀랄 일이 아닐 것이다. 그것은 왜 아도르노의 저작이 음악사회학자보다는 음악학자에게 훨씬 더 가치를 높게 인정받는지 설명하는 데 도움이 되기도 한다. 리처드 레퍼트와 수전 매클러리가 엮은 영향력 있는 논문집 『음악과 사회: 작곡, 연주와 수용의 정치학』(*Music and Society: The Polities of Composition, Performance and Reception*, 1987)은 신음악학 분야의 패러다임적인 저작으로서 이들 논점을 분명히 하는 데 도움이 된다.

음악학의 사회 패러다임

『음악과 사회』의 목표는 서문에서 엮은이들이 말한 대로 "음악사와 음악비평의 대안적 읽기 모델, 즉 사회 맥락과 음악 담론이 서로 정보를 줄 수 있도록 힘쓰는 모델을 제시하는"(Leppert와 McClary, 1987, xiii~xiv쪽) 데 있었다. 분석적으로 이 목표는 아도르노의 방법론의 두 가지 측면(내재적 비판과 이데올로기 비판 – 옮긴이)과 공명(共鳴)하는 방식으로 논구되었다.

이렇게 공명하는 논문 가운데 첫 번째 논문인 서보트닉이 서술한 글 「쇼팽을 정초하기에 관하여」는 음악의 '매개하는 역할'을 조명하기 위해 채용되어야 할 기법을 개설했다. 서보트닉은 이렇게 썼다.

"음악을 사회와 관계시키려 하는 문제는 근본적으로 비평의 문제, 즉 문학 텍스트의 해석을 위해 우리가 취할 동일한 종류의 수단을 상당히 많이 요하는 비평의 문제이다."(Leppert와 McClary, 1987, 107쪽)

두 번째 공명하는 논문은 (제1장에서 아도르노 비평가를 논의하면서 서술했듯이) "음악의 세부사항에 대해 현미경을 들이대듯이 관찰"(Martin, 1995, 115쪽에서 재인용)한 것을 사회 전체에 대한 대강의 묘사와 나란히 병치시키는 기법을 끌어들였다. 이런 전략은 당시 음악학 안에서 음악의 이데올로기 역할을 조명하기 위한 주요 전략이었다. 이 전략의 유용성은 음악형식과 사회형식 사이에 구조적 패턴을 잡아낼 수 있다는 데 있었다. 즉 어떻게 음악이 (음악구성의 실천 속에서, 그리고 그 실천을 통해서) 관념이나 사회적 배열과 관계할 수 있는지에 대하여 제언할 수 있다는 것이다.

예를 들면 매클러리는 「바흐 시대의 정치학을 이야기하는 것에 관하여」에서 이렇게 썼다.

"기능적 조성이 명료화하는 가치는 중산층이 가장 애지중지하는 가치이다. 가령 진보에 대한 믿음, 팽창에 대한 믿음, 합리적 분투를 통한 최종 목표의 획득 능력에 대한 믿음, 규범 안에서 그리고 규범을 옹호하면서 작전을 벌이는 개별 전략가의 창의력에 대한 믿음이 그것이다."(Leppert와 McClary, 1987, 22쪽)

마찬가지로 「음악과 남성 헤게모니」에서 존 셰퍼드의 담론은 사회 행위를 유발할 수 있는 음악의 능력을 일반적인 방식으로 내비치기도 했다. 셰퍼드는 어떻게든 해서 "관료화된 '고전'음악의 규범을 부분적으로나마 전복시키는" 진귀한 음악형식으로서 간주했던 것을 이렇게 서술했다.

"아프리카계 미국인과 그 영향을 받은 수많은 '대중'음악의 구조는 중대한 방식으로 영향을 미치거나 좌우할 수 없는 사회제도에 의해 억제된 **노동 자계급화된 사람**의 상황을 반영한다."(Leppert와 McClary, 1987, 162쪽, 강조는 부가됨)

하나의 전략으로서 미시적 음악분석과 거시적 사회분석의 병치는 학자로 하여금 음악의 사회적 차원으로 방향전환하도록 도움을 주었다(당시 이러한 방향전환은 상당한 직업상의 용기를 요하던 일이었다). 그러나 이런 전략은 또한 사회를 이론화하기 위한 가능성을 제약하기도 했다(그와 더불어 경험적 차원의 사회음악적인 탐구의 이용가능한 방식과, 그 탐구를 위한 이론적 근거를 제약하기도 했다). 이런 제약조건은 사회구조를, 상세한 음악분석을 돋보이게 하는 배경막 혹은 대비 구조로서 정립하는 전술과 결부된 것으로 보일 수 있다. 이때 사회구조는 음악분석을 위한 자원이지, 사회음악적인 분석의 논제는 아닌 것이다. 이것으로써 내가 의미하는 바, 사회적인 것이 이론화되던 방식은 그것의 제작 및 재제작 메커니즘을 눈에 띄게 강조할 수 있는 방식이 아니었다. 그 자체로서 음악은 사회를 반영하는 것으로 보이는데, 이런 개념구상은 적어도 은연중에 음악과 사회 사이의 역동성 이론을 박탈당한 개념 구상이다(그 안에서 음악과 사회의 연결고리는 가설로만 겨우 진술될 따름이다). 짧게 말해서 우리는 사회구조를 명료화하는 행동 가운데 있는 음악을, 혹은 이런 명료화를 위해 동원될 때의 음악을 보지 못한다. 그 대신 중산층의 믿음이나 노동자계급화된 사람과의 관련을 통해서 사회구조는 (적어도 은연중에) 현존하는 것(객관화된 것)으로 정립된다.

호박껍질 속의 사회?

캘리포니아 대학교에서 열린 세미나에서 사회학자 브뤼노 라투르(Bruno Latour)[1]는 그의 작업을 비판하는 거시적 성향의 사회학자(세계체제 이론가, 다양한 계량적 분석가, 통계에 근거해 모델을 만드는 사람)들이 얼마나 자주 '큰 그림'이 어디에 있느냐고 질문하려 했는지를 서술하곤 했다. 과학적 '사실'이 확립되도록 만든 네트워크 · 전략 · 캠페인에 대한 그의 초점 안에 도대체 어디에 '큰 그림'이 있느냐는 것이다. 예컨대 (법률적 · 정치적 · 경제적) 체계는 어디에 있는가? 역사적 연대 · 시기 · 정권은 어디에 있는가? 그들은 사회학이 '큰 그림'을 고찰해야 한다고 논하려 했을 것이다.

그들이 (큰 그림이라는) 단어를 입 밖에 냈을 때 목소리가 (겸허하게) 한 옥타브 내려갔으며, 팔은 원을 그리기 위해 곧잘 위를 향해 뻗어 있

---

1) 프랑스 과학사회학자 · 인류학자. 과학기술학 분야에서 영향력 있는 이론가이며 ANT를 발전시킨 선구자이다. 그가 내놓은 숱한 문제작 가운데 『행동 중인 과학』(*Science in Action*, 1987)은 ANT의 이론과 실제를 집대성한 안내서이다.

곤 했다고 라투르는 자세히 이야기해주었다. 이 지점에서 라투르는 "보고 계십니까? 그들은 큰 그림을 언급하지만 저 그림은 호박[제스처로 사용된 한 아름 정도의 크기]보다 더 크지 않은 것으로 판명되고 있지요"라고 말했을 것이다(라고 쉽게 풀어 이야기해본다). 이것으로써 라투르가 의미한 바, 이 학자들이 내비쳤던 좀더 넓은 사회(민주주의, 혁명, 규범, 범죄행위, 가족, 실은 사회 자체)라는 것은 이미 알려진 사실로부터 추정해서 얻은 것, 부분적으로는 상상과 신념에 속한 것이었다는 뜻이다. 요컨대 '좀더 큰 그림'은 문학적 생산물(a literary production), 즉 그것에 '대한' 진술을 통해서 수행(기호화)되어야 할 무엇이었다.

그럼에도 이런 '허구'는 어떻게든 자신이 존재한다는 매우 확실한 유형(有形)의 징후(국가의 지원을 받는 폭력과 전쟁, 인종차별정책, 푸르다[purdah], 힌두교 사회의 카스트 제도, 체계적인 차별 형태)를 나타내는데, 혹자는 그 방식을 지적함으로써 이런 입장에 반격할 수도 있겠다. 그렇다고 해도 라투르의 논점은 **방법론상의** 이유로 여전히 이의 없이 받아들여지고 있다. 그렇다. 라투르로부터 이끌어낼 수 있는 가르침은 직설적이다. 그것은 바로 사회조직을 '사회학화(化)'하지 말자는 것이다. 그 대신 구조, 사회적 힘 따위에 대한 모든 주장은 작동 메커니즘의 견지에서, 행위수행자의 견지에서, 혹은 (이런 관점이 채용하는 용어법을 쓰자면) '행위자 네트워크'의 견지에서 탐구될 필요가 있다. 행위자 네트워크란 그 안에서 여러 사회적 패턴과 제도가 수행되고, 여러 변화하는 기간 동안 공고화되는 연결망을 말한다. 이런 메커니즘은 사람들이 사회·법·정부·경제·가족생활 등으로 이해하는 것에 대한 의미 있는 방향설정, 그날그날의 활동을 포함한다.

이와 같은 물음은 문화(구조의 관념을 포함한)와 행위수행(활동) 사이의 연관관계에 맞춘 근거 있는 초점을 함축한다. (과학과 음악을 소비하는 것을 포함해) 과학을 하는 것, 음악을 하는 것은 동시에 사회생활을 하는 것이며, 바로 이 점이야말로 라투르가 『프랑스의 파스퇴르화』에서 밝히고자 했던 주장이다.[2]

틀림없이 지금쯤 이미 이런 패러다임은 상황 속에 놓인 활동 수준에서 어떻게 과학과 사회가 (마치 구별되기라도 한 것처럼) 서로 '반영'하는 것이 아니라 오히려 '공동생산'되고 있지 않는가 하는 물음에 관계된다는 점이 분명해졌을 것이다. 공동생산(co-production)이라는 용어는 이를테면 과학과 더불어 어떻게 무엇인가를 할 수 있을지(이때 과학을 음악으로 대체해도 무방하다)를 특히 강조한다. 다시 말해서 과학지식이 띠는 형태가 어떻게 편성되고 수용되고 사용되는 다양한 세계에 중대한 영향을 끼치는지, 그런 다양한 세계의 생태계에 속한 일부인지 두드러지게 강조한다. 이런 생각은 방법론상 아도르노의 생각과 근본적으로 다르기는 하지만 그럼에도 의식 및 통치행위와 관계해 능동적인 구성요인으로서의 문화 산물에 대한 아도르노의 관심사와 공명한다.

간추리자면 공동생산에 대한 라투르의 발상은 신음악학뿐만 아니라 음악사회학에도 가르침을 내놓는다. 신음악학을 위해서라면 텍스트의 담론적인 속성에 대한 분석만으로는 충분치 않다는 것이다. 텍스트의

---

2) 브뤼노 라투르는 『프랑스의 파스퇴르화』(1984)에서 파스퇴르의 병원체 패러다임이 기존의 '악마의 농간' 패러다임을 물리치고 승리한 결정적 이유를 다음과 같이 설명한다. 발병의 원인이 병원균이라는 증거를 프랑스인이 받아들여서가 아니라, 병원체 패러다임에 입각한 예방주사·예방책·치료책 등으로 많은 사람이 치료를 받음으로써 행위자 네트워크가 커져서이고, 그 결과 프랑스 전역이 '파스퇴르화'되었다는 것이다.

담론적인 속성에 대한 분석은 '사회'의 실제 작동방식을 컴컴한 어둠 속에 남겨둔다. 다시 말해서 사회생활의 비음악적인 특징과 음악이 어떻게 상호작용하는 것으로 보일 수 있는지를 묻지 않는다. 그것은 또한 실제 수용의 맥락에서 음악의 의미 구축에 관한 쟁점을 회피하기도 하며 (예컨대 음악에 대한 전문 응답자와 문외한 응답자 사이의 논박과 같이 특수한 음악학적 해석에 대한 저항을 포함해) 서로 이의제기하는 가운데 경합 중인 의미라는 쟁점을 회피한다. 이런 모델 안에서 음악의 작동 메커니즘은 특정화될 수가 없다. 실제 사회적 무대장치, 때와 공간 안에서, 그리고 실시간에 '작용'하는 그런 음악을 서술하기 위한 방법론이 없다는 말이다.

음악사회학을 위해서라면 사회생활 안에서 역동적인 매체로서의 음악에 대한 신음악학의 관심사가 간과될 수 없다는 가르침이 그것이다. 음악은 사회적 힘에 의해 단지 '성립'되기만 하는 것이 아니다. 이와 같은 견해는 단지 사회학적이기만 한 것도 아니다. 그것은 또한 음악의 담론적인 힘과 물질적인 힘에 관한 물음을 무시함으로써 음악의 능동적인 속성을 놓치며 따라서 음악사회학의 잠재력을 감소시킨다.

계속해서 이런 가르침에 기반을 두고 사회음악적인 조사연구를 위한 프로그램을 발전시키고자 하는데, 그것은 음악학의 관심사와 사회학의 관심사를 한데 모아 경험적 지평에 놓는다. 이 프로그램은 상대방을 무장해제시킬 정도로 분명한 하워드 베커의 관찰, 즉 사회(또는 음악)가 "많은 사람이 함께 해내는 것"(Becker, 1989, 282쪽)이라는 관찰을 명심하고 있다. 이때 초점은 사회적 과정으로서의 음악(사회적 과정과 관계 있는 음악)에 맞춰 있다. 이 초점은 음악재료(와 이들 재료에 대한 해석과 가치평가)가 활동의 사회 관계 및 사회 맥락과 관련해볼 때 어떻게 창출되고 수정되며 약화되는지 그 방식에 놓여 있다. 또한 어떻게 음악이 사회적 행위수행자에게 제약하는 자원은 물론 가능케 하는 자원(연주자나 감상자, 작곡가, 음악재료들과 교호작용하는 사람을 위한 자원)을 마련해주는지에 관계하고 있다.

이런 초점은 음악과 행위수행, 음악과 공동체 형태, 음악과 관념 사이의 연결고리가 어떻게 벼리어지는지 하는 물음에 유념한다. 그것은 다음과 같은 앙투안 에니옹의 한정조건을 제1의 계율로 삼는다.

"연결고리를 만들어내는 것은 식별 가능한 중간자에 의해 행해지지 않을 때 엄격히 금지되어야만 한다."(Hennion, 1995, 248쪽)

이와 같은 에니옹의 한정조건이 의미하는 바, 음악은 사회적 사안(인식의 패턴, 행위 스타일, 이데올로기, 제도적 배열)과 상호 연결되어 있을 수도 있다, 또는 상호 연결되어 있는 것으로 보일 수도 있다, 그러나 이런 연결고리가 가정되어서는 안 된다는 것이다. 오히려 이 연결고리는 그것이 작동하는 수준에서 (예컨대 어떻게 그 연결고리가 확립되고 작용하게 되는지의 견지에서) 특정화될(관찰되고 서술될) 필요가 있다. 짧게 말해서 우리는 행위자가 음악을 사회적 실천 속으로 끌어들일 때 (사회적 실천으로서의 음악에 의지할 때) 상황 가운데, 그리고 상황을 가로질러 행위자를 따라갈 필요가 있다. 바로 이것이야말로 경험적 방법이 음악의 사회학 안에서 본령을 발휘하는 지점이다. 이 지점에서 다음의 사실이 명백해질 것이다. 나는 지금 논변을 바로 덜 일반적인, 좀더 사회적으로 위치한 용어로 사회생활이 묘사될 수 있는 수준으로까지 움직여가고자 한다. 이는 음악사회학을 위한 이론적 진척이요, 아도르노 자신의 이성비판과 잘 어울리는 좀더 큰 뉘앙스를 향한 움직임, 바로 특정성을 향한 움직임이다.

대(大)이론과 일상 경험

아이리스 머독의 소설 『유능한 도제』(The Good Apprentice)에는 다음과 같이 외치는 등장인물이 나온다.

"현대사회는 잘못된 수준의 일반성에서 증식되고 있는 이론이 득실 댄다. 우리는 이론화하는 데 너무나도 유능하며 하나의 이론이 또 다른 이론을 양산한다. 사람들은 추상적 활동의 산업 전체를 사유로 잘못 생각한다."(Murdoch, 1985, 150쪽)

이제껏 발전된 논변은 너무나도 많은 사회음악적인 연구가 이런 '잘 못된 수준'에서 실시되어왔다는 주장으로 귀착된다(사회학도 마찬가지 다). '잘못된 수준'이라 함은 실제 메커니즘, 즉 그것을 통해 음악이 사회생활에서 매개하는 역할을 하는 실제 메커니즘을 논구하지 않거나 증거자료로 제시하려 시도하지 않는 이론화의 수준을 의미한다. 이는 결코 나만의 독창적인 제언이 아니다.

올레 에스트룀은 이런 주장을 명확히 밝힌다. 그는 예테보리에서 열린 음악학연구 그룹이 어떻게 아도르노 공부모임을 가진 지 몇 달 후 좌절하게 되었는지 서술하면서 이렇게 말한다.

"……우리는 음악의 일상 용법, 기능과 의미에 대한 견실한 음악인류 학적 지식 없이 음악에 대한 이론적 담론을 제도화하는 헛고생에 대해 좀더 깊은 통찰을 점차 얻게 되었다."(Edström, 1997, 19쪽)

에스트룀이 서술한 '사용'에 대한 초점은 몇 가지 변환을 일으키게 마련이다. 첫째, 이미 서술했듯이 '사용'에 대한 초점은 작품에 대한 유일한 몰두에서 벗어나고, 그 대신 작품이 실천 속으로 편입해 들어가는 방식을 향해 바뀌도록 한다. 여기에 당연히 읽기를 위한 장소가 있기는 하지만, 그 읽기는 스스로 발견케 하는(heuristic) 보조물이거나, 다음에서 서술하듯이 그 나름대로의 논제로 사용된다.

둘째, '사용'에 대한 초점은 '무엇을'이라는 물음에서 '어떻게'라는 물음으로 바뀌도록 한다. 즉 음악작품이 무엇을 우리에게 말해줄 법한 가라는 관심사에서, 음악작품이 실천 속으로 편입할 때 (소비되거나 연주되는 방식을 통해서든, 새로운 작품이나 또 다른 작품의 작곡 및[또는] 해석을 위한 자원을 제공할 수 있는 방식을 통해서든) '어떻게' 그 작품이 '인과적' 내지 구조화하는 힘과 효과를 갖게 될 법한가라는 관심사로 변환된다.

짧게 말해서 음악을 사회적 질서 짓기의 구성 요인으로 이해하기 위해서는(이것이야말로 아도르노의 궁극적인 관심사인데) 음악학·문화연구·사회적 문화이론 안에 공통되는, 음악과 사회의 관계에 통용되는 모델과 거리를 둘 필요가 있다. 그와 대조적으로 실제 음악 실천에 맞춘 초점, 즉 어떻게 특정 행위수행자가 음악을 사용하고 음악과 상호작용하는지에 맞춘 초점이 요구되는 바이다. 이와 같은 접근방식은 음악이 무엇을 할 수 있는지에 대하여 결코 가정하는 것이 아니라, 음악의 사회적 '내용'을 실시간으로 특수한 사회적·물질적 공간에서 음악 실천을 통해 구성할(constituted) 때 검토한다. 이런 실천을 관찰함으로써만 음악의 작동 메커니즘을 증거자료로 제시할 수 있으며, 행위수행자가 음악과 더불어 뭔가를 할 때 그들을 따라가는 것이 가능하다. 이런 경험적 작업을 통해서만 이론은 '잘못된 수준'의 일반성을 넘어 확장될 수 있다. 이제 몇 가지 예를 살펴볼 차례다.

비평은 구성이다

'음악과 더불어 뭔가를 하기'는 비판적 음악분석 자체를 포함한다. 음악인류학자 헨리 킹스베리는 이렇게 말한 적이 있다.

"음악학 담론은 그저 '음악에 대해' 말하고 쓰는 것만이 아니라 음악에 구성적(constitutive)이기도 하다."(Kingsbury, 1991, 201쪽)

"활동의 견지에서 무엇이 행해지고 있는지에 대해 생각하라."(Becker, 1982) 사회적 행위자의 유형(음악적으로 훈련을 받은 학자나 전문가)인 한 사람은 선택적이게 마련이다. 그 사람은 의사소통 행위에 참여하기로 결심한다. 이 경우 어떤 음악 곡에 대해 말하는 행위에 참여하기로 결심한다. 보통 의사소통 행위는 출판물이나 공적인 말하기의 논제로서 (이미 대단히 틀 지어지고 가시적인 행위 양태의 일부로서) 이루어진다. 그 사람은 다른 사람과 반대로 바로 이 작품을 선택한다(그는 자신의 선택을 좌우한 기준에 대해서 이야기할 수도 있고 아닐 수도 있다). 그런 다음 그는 특수한 방식으로 저 작품에 우리의 주의를 환기시킨다. 작품을 화성진행, 주제의 취급방식의 견지에서 서술할 수도 있고, 다시금 그가 선택한 또 다른 몇몇 형식적 측면에서 서술할 수도 있다. 그는 (만일 그가 사회음악적인 분석과 관계한다면) 작품이 나타내는 의의(예컨대 작품의 이데올로기적 내용)를 계속해서 우리에게 말해준다. 그의 결론은 이 음악이 음악적 활동의 패턴(장르·관습·스타일)과 어떤 관계에 있는지 언급할 수도 있다.

예를 들어 신음악학은 앞서 인용한 『음악과 사회』의 논문으로 되돌아가자면 다음과 같이 제언할지도 모른다. 바흐의 칸타타 「깨어라」에서 영혼과 예수 사이의 이중창과, "신적인 남성으로부터 만족과 성취를 열

J. S. 바흐의 「깨어라, 우리를 부르는 목소리가 들리니」

망하는 불완전한 여성으로 캐스팅된 신자(信者) 개인"(McClary, 1987, 53쪽)은 추측컨대 젠더 없는 영혼——매클러리의 관찰대로 "남성의 영혼도 이런 식으로 열망하기로 되어 있는"(McClary, 1987, 53쪽) 까닭에 아마도 영혼은 젠더가 없겠지만——을, 다음과 같은 여성으로서 다시 캐스팅한다. 즉 젠더 없는 영혼은 "성가시게 잔소리하는 수동적이면서 공격적인 아내, 사랑의 증표를 거듭 구하며 애타게 칭얼거리다가도 정작 사랑의 증표를 내밀 땐 그것을 듣지 않는 아내"(McClary, 1987, 53쪽)로서 다시 캐스팅된다는 것이다.

매클러리는 이런 말을 건네면서(그리고 특수한 언어적 담론에 의지하면서) 음악을 틀 짓는다. 그러고는 우리에게 그것을 특수한 방식으로 지각하는 법을 보여준다. 우리가 결국엔 바흐의 '성차별주의'를 (개인의 것이 아니라 그의 시대의 산물로서) 지각한다면, 그와 동시에 우리는 적어도 두 가지 더 나아간 행동에 관여한다. 두 가지 행동은 공히 '대상'에 대한 음악분석의 전유에 영향을 받고 있다. 첫째, 바흐를 이렇게 보고 듣는 새로운 방식은 바흐 음악에 대한 우리의 미래의 지각에 영향을 끼치게 될지도 모른다(그리하여 나머지 음악 문화와의 관계 속에서 바흐의 지위에 대한 우리의 미래의 지각에 영향을 끼치게 될지도 모른다. 예컨대 우리는 '여성적' 및〔또는〕 '여성주의' 음악미학에 대한 필요를 지각하게 된다).

둘째, 다른 음악학자와의 관계 속에서 분석자와 그의 지위에 대한 우리의 지각이 변할지도 모른다. 두 번째 논점과 관련해 만일 바흐에 대한 이런 급진적 다시 읽기를 수용한다면, 은연중에 우리는 동시에 해석적 힘을 지닌 분석자의 자격을, 바흐 음악이라는 대상을 '드러내는' 능력이 있는 누군가로서, 즉 더 잘 보도록 눈을 뜨게 해주는 데(더 잘 듣도록 귀를 열어주는 데) 도움을 줄 누군가로서 승인한다. 동시에 우리는 음악에 대해 '드러내는' 힘을 가진 자로서 음악전문가의 역할을 거듭 확증한다.

그렇다면 이 사례에서 한 작곡가가 만든 작품에 대한 단순한 비판적 논평은 단박에 몇 가지 것을 초래한다. 그것은 주의를 다시 자리매김하고 음악을 다시 틀 지음으로써(어떻게 그 음악이 다른 뭔가와 '같은지' 보임으로써) 음악을 재배치한다. 비판적 논평은 음악을 다른 음악과의 관계 속에서 다시 자리매김하는데, 이때 분석자는 다른 분석자와의 관계 속에서(바흐의 성차별주의를 알아보지 못했던 이전의 분석은 불충분했다), 그리고 독자로서의 우리 자신과의 관계 속에서(분석자는 권위를 갖는다) 자리매김된다. 이 마지막 지점에서 작품에 대한 비판적 논평은 일종의 사업분야로서 음악비평의 문화적 권위를 내세운다. 마지막으로 작품에 대한 비판적 논평은 음악을 행함으로써(음악에 반응함으로써) 사회를 행하는 게임에 능동적으로 참여한다. 그것도 분석자를 다른 사람들이 만든 연결고리의 관찰자로 내세우기보다는 중간자(intermediary)[3]로 전환시키는 방식으로 참여한다. 포케와 에니옹이 바흐와 그의 영광의 역사에 대한 연구에서 관찰했듯이 논점은 다음과 같다.

[바흐의] 위대성의 고고학을 따라가는 것이다. ……음악에 '대한' (about) 미학적 · 역사적 · 사회적 해석 일반은 음악 '의'(of) 해석 자체

---

3) 저자가 엄밀히 구별해서 사용하지는 않지만, ANT는 중재의 과정에서 자신도 변화하는 중재자를 '매개자'(mediator)로, 자신은 변하지 않고 중재만을 담당하는 것을 '중간자'로 구별해서 사용하기도 한다.

를 대신했지만, 그럼에도 이들 해석은 정확히 같은 용어로 바흐와 씨름한다. 바흐를 해독하는 아직 탐구되지 않은 또 다른 접근방식이 있을까? 그와 대조적으로 우리는 길게 줄지은 바흐 해석에 또 다른 해석을 제안함으로써 이러한 상호관계를 개발하려고 하기보다는 오히려 드러내고자 하는 것이다.(Fauquet과 Hennion, 2001, 77, 78쪽)

따라서 페미니즘적인 바흐 읽기를 내놓은 것은, "길게 줄지은 바흐 해석에 또 다른 해석"을 선보인다. 그렇다고 이와 같은 해석이 유용하지 않다는 말은 아니다. 역으로 방금 관찰했듯이 이와 같은 해석은 얼마나 많은 것을 '달성'하고 있는지 모른다(그것은 음악에 대한 우리의 지각을 바꾼다). 적어도 사례를 통해서 우리는 음악이 어떻게 이데올로기적으로 사용되거나 작용하게 될 법한지 지각한다. 바흐의 음악적 재현은 오늘날 젠더의 관계를 개념화하는 방식에 중대한 영향을 끼친다고 제언하면서, 페미니즘적인 바흐 읽기는 음악이 유발하는 그 무엇에 의지하며 독자로 하여금 음악학과 그 너머의 공동체 안에서 새로운 가치에 방향을 전환하도록 한다.

그러나 얼마만큼이나 이런 주장이 에니옹의 기준, 즉 매개자를 식별하지 않고서 어떤 연결고리를 진술해서는 안 된다는 기준을 충족시키는가? 매클러리는 예의 논문의 뒷부분에서, 실제 청자(매클러리의 수업을 듣는 학생)가 어떻게 "아리아의 변증법과 관련지어 그들 스스로를 상황 속에 달리 놓고 보는 경향이 있는지"의 물음을 고찰한다(이 대목에서 잇닿아 있는 방법론적 설명, 즉 어떻게 그들의 청취가 이전에 미리 틀 지어져 있을 수 있는지 하는 물음에 대한 방법론적 설명은 없다). 남성 청자는 "자기를 의식하지 않고서 남성 캐릭터(그리스도!)와 동일시하며 신부(新婦)의 귀찮음을 비웃는다. 여성은 그들이 신부와 동일시하도록 상정되어 있음을 깨닫지만 그녀가 애걸복걸하는 불안정한 모습으로 묘사되는 것에 분개한다."(McClary, 1987, 55쪽) 바로 이곳에서 좀더 공공연히 사회학적인 분석은 어떻게 음악이 들리며 식별되는가 하는 주제를, 세계 만들기(world-making) 활동의 일부로 다른 사안과 결부시켜 강구함으로써 음악학에 일조할 수 있을 것이다.

근본 주제를 반복하자면, 음악학과 음악사회학은 둘 다 음악의 속성이 어떻게 수용자에게 반응 유형을 위한 재료를 제공할 법한지, 즉 역할 상호관계와 수용자가 속한 주체 위치(subject positions, 이 역할과 함께 연상되는 감정 형식)[4]를 세우기 위한 재료를 제공할 법한지를 논구하는 사회음악적인 연구의 기획에게 필수적이다. 음악은 담론적으로 기능한다(신음악학자들은 올바르다). 달리 말해서 수용자는 음악의 특정 측면과 자기를 동일시하거나 악곡의 특정 모습 속에서 스스로를 알아볼지도 모른다. 수용자가 이런 일을 할 때 음악은 뭔가를 '한다.' 이 경우 음악은 이를테면 주관성 '속으로 접어든다.' 즉 음악은 주관성을 일러주고 주관성에 형태를 부여하고 주관성을 구조화한다. 따라서 음악학적 작품 읽기는 음악구조가 어떻게 주관적 방향설정(주체 위치)과 그 관계를 낳는지 알아보는 데 기여할 수 있다. 또한 음악학적 작품 읽기는 문화적 인공물이 어떻게 사회관계에 대한 실물교수(object lessons)[5]로

---

4) 포스트구조주의 및 포스트모더니즘 이론에서 진정한 자아의 본질을 의문시한 채, 정체성이 언어와 텍스트에 의해 창조되고 권력과 연계되는 방식에 초점을 맞추기 위해 사용하는 용어. 살아가면서 스스로 채택하는(한다고 믿는) 상상적 자아감 같은 것이다.
5) 구체적인 사실과 사물을 직접 관찰하거나 만져보도록 하여 가르치는 방법.

소용될 수 있는지, 또 특수한 수용 패턴과 연계될 수 있는지 알아보는 데 기여할지도 모른다. 바흐의 경우, 서로 다른 유형의 사람(남성·여성)은 상이한 방식으로, 미적 형식 안에서 묘사된 '목소리'나 캐릭터 가운데 이런저런 역할을 맡음으로써 사회관계의 재현을 자기 자신과 관계시킬 수도 있다. 만일 그렇다면 음악은 젠더 사회화의 한 실물(object)로 이해될 수 있을 것이다.

그러나 음악이 어떻게 청자로 하여금 젠더에 대한 특수한 발상에 방향을 맞추도록 하는가의 물음은 너무나도 중요하므로 현실에 입각해 방법론적으로 엄격하게 탐구되지 않으면 안 된다. 그렇다면 이 물음은 다음을 제기한다. 어떻게 이것이 행해져야 하는가? 가령 수용연구의 전통 방법을 사용하는 것으로 충분한가? 즉 이 음악이 무엇을 의미하는지'에 대해 말하는' 사람들에게 물어보는 것만으로 충분한가? 나는 이런 전통적인 방법이 과제를 맡기에는 불충분하다고, 현장에서 기능하고 있을 때의 음악, 즉 해석되고 있을 때가 아니라 오히려 사용되고 있을 때의 음악을 탐구할 필요가 있다고 제언해온 터이다. 이어지는 내용에서 논하듯이 이와 같은 초점은 사회음악적인 연구를 일반성의 '올바른' 수준에서 상황 속에 놓고 보는 데 기여한다. 그것은 한편으로는 음악적 전유라는 사회적 실천의, 다른 한편으로는 이 과정과 상관 있는 음악의 음악적 특성의 미세한 짜임새에 대한 관심을 유지한다.

음악은 무엇을 유발할 수 있는가?

수용연구와 매체연구는 유용하다. 그것은 어떻게 문화매체의 의미(그것의 지각된 가치를 포함해)가 매체의 산물과 사람(매체 소비자)이 상호작용하는 방식을 통해서 명료화되는지 가르쳐준다(이런 논점에 대한 사회학의 논의에 대해서는 Van Rees, 1987; Moores, 1990; Tota, 2001c를 볼 것). 이 '소비자' 중에는 음악연구자·분석자·비평가가 있는데, 그들은 (아마도 두드러진, 때로는 영향력 있는 부분집합이긴 해도) 그저 음악소비자 및 음악사용자의 부분집합일 따름이다. 문화 텍스트의 의미가 지닌 이런 창발적인(emergent) 측면은 아마추어나 문외한 소비자에 의해 텍스트'에서' 발견된 의미도 포함하고, 또한 '전문가' 분석자와 독자에 의해 간파된 의미도 포함한다.

그와 동시에 신음악학자가 입증하고자 하듯이, 텍스트가 수용 방식에 아무런 공헌도 하지 않는다고 제언하는 것은 잘못이다. 음악 텍스트, 또는 좀더 넓게 음악재료는 결코 중립적이지 않다. 그것들은 의미를 이용하고 강화하는 방식으로 창작·배포되고 있다. 여기에서 음악의 여러 측면이 사례로 소용될 수 있다. 가령 볼륨 및 속도와 같은 음악의 물리적 특성, 연주를 위한 물리적 필요조건(예를 들어 바이올린 솔로, 여러 명의 현악기 연주자), 장르, 스타일, 선율적 장치, 토포스(topos)와 같은 관습, 그리고 반복된 듣기의 경우, 축적된 내포와 제도화된 해석이 있다. 음악적 단위나 패시지 혹은 음악작품이 모든 여건하에 그 수용을 보장하는 것은 아니더라도(가장 관습적인 재료조차 에코의 용어를 빌리자면〔Eco, 1992〕 여전히 '과잉해석'〔overinterpretation〕[6]될 수 있다고는 해도) 그럼에도 음악재료는 듣기의 여건을 일정부분 이루며 그 여건

6) 움베르토 에코(Umberto Eco)가 1990년, '해석과 과잉해석'을 주제로 한 태너 강연(Tanner Lecturers)에서 사용한 용어. '작품(텍스트)의 의도'라는 개념은 텍스트 이전의 '작가의 의도'로 환원될 수는 없지만 '독자의 의도'에 제약을 가하는 변증법적 개념으로서 온당한 해석과 과잉해석의 기준으로 작용한다. 이로써 옳은 해석이

에 공헌한다(이 논점에 대한 좀더 자세한 논의는 DeNora, 2000, 21∼
45쪽을 볼 것). 매우 기본적인 사례를 하나 들자면 어떠한 청자도 행진
곡조의 가락을 '꿈결 같다'고 느끼거나, 드뷔시의 「목신의 오후에의 전
주곡」을 행진하기에 적합한 음악이라고 생각할 것 같지는 않다.

특정 음악재료는 다양한 '다른 뭔가'와 상응하는 것으로서, 때로는 일
정불변하게 지각될 수도 있다. 이때 '뭔가'는 다른 작품일 수도 있지만
(예컨대 한 시대, 작곡가, 지역의 스타일을 우리가 어떻게 인지하는가)
사회음악적인 분석을 할 때 좀더 흥미롭게는 가치 · 관념 · 이미지 · 사
회관계 · 활동 양식과 같이 어느 정도 음악 외적인 현상일 수도 있다. 이
마지막 주장이 지닌 **사회학적** 의의는, 음악의 사회적 '내용'이 (현실 혹
은 상상된 현실의 재현이라고) 환호받기보다는 오히려 감응될 때, 즉 음
악이 행위 · 동기부여 · 사고 · 상상 등을 위한 조직화 재료로 어떻게든
소용되기에 이를 때 심화된다. 바로 여기에서 우리는 행위 '속으로 접
어들' 때의 음악에 대해서 말하기 시작할 수 있다. 그리고 바로 여기에
서 사회음악적인 연구는 음악의 상징적 성격, 즉 음악의 해석과 지각된
의미(들)라는 (텍스트 분석에서 도출된) 발상을 넘어 확장될 수 있다.

여기에서 문화적 요소(의 의미보다는) 사이의 **상호 관계 맺음과** 관계해
온 연구자의 작업 가운데 여러 선례가 있는데—미국의 맥락에서 두각
을 나타내는 연구자로는 로버트 우드나우(Robert Wuthnow)가 있다—
이는 초점의 방향을 문화의 조직화하는 속성으로 재조정하여 의미와 그
의미의 수용에 맞춘 개인주의적 초점에서 멀어지도록 함으로써 문화연

나 읽기가 틀림없이 하나 있다는 믿음에 집착하지 않고서도 텍스트의 과잉해석을
인식할 수 있다는 것이다.

구 안에서 사회학적 충동을 보유하고자 하는 강조점이다. 우드나우가 관찰한 대로, 의미는 '우리 자신에 대한 형식적 사유'가 수행될 법한 '범주들'을 제공하는 문화 체계와 분야로부터 창발한다.

이는 다시금 초점을 의미와 형식이 행위 '속으로 접어드는' 양상(다른 이론가의 표현으로는 의미와 형식이 행위를 위한 레퍼토리를 제공하는 양상)에 맞추고 있는데, 이런 관점은 제5장에서 좀더 자세히 논의될 것이다. 초점을 의미 체계에 맞추는 것은 적어도 은연중에는, 문화 재료와 교호작용하며 그것을 동원할 때의 행위자, 즉 특수한 문화적 장(場)을 헤쳐 나아가고, 그리하여 스스로를 의식적인 행위수행자로 배치할 때의 행위자에게 초점을 맞추도록 이끈다. 내가 믿기로는 이와 같은 관점은 조직연구 가운데 구조화와 행위수행에 맞춘 초점(조직을 생산·재생산하는 문화 구조를 동원할 때의 행위수행자에 대한 한결같은 초점으로 이루어진 디마지오의 저작[DiMaggio, 1982]과 같은 작업)과 긴밀히 연결되어 있다. 그렇다면 여기에서 음악은 뭔가를 해내기 위한 자원으로 이해될 수 있으며, 이런 의미에서 음악의 사회학은 제도에 대한 기존의 이론적·경험적 작업으로부터 배울 수 있을 뿐만이 아니라, 사회적 행위수행의 미적인 차원과 비인식적인 차원을 드러내는 잠재성을 통해 기존 작업을 진척시킬 수도 있다.

요컨대 사회음악적인 연구에서 일반성의 '올바른 수준'은 초점을 실천으로서의 음악, 실천을 위한 기초를 제공할 때의 음악에 맞추는 데 있다. 일반성의 올바른 수준은 음악을 의식 및 행위와 관계해 형성 매체로서, 다시 말해 세계건립(world building)을 위한 자원으로서 (세계건립에 대한 매체가 아니라) 다룬다. 음악의 사회적 성격에 대한 이런 역동적 개념구상 안에서 초점은 변환된다. 초점은 '음악이 무엇을 묘사하는가' 혹은 '음악이 사회에 대해서 무엇을 말하는 것으로 읽힐 수 있는가'에서 '음악이 무엇을 가능케 만드는가' 하는 것으로 바뀐다. 그리고 음악이 무엇을 가능케 만드는지 이야기하는 것은 음악이 무엇을 '유발'하는지 이야기하는 것이다.

사회심리학으로부터 가져와 번안한 유발성(affordance)[7] 개념은, 앙투안 에니옹의 용어를 사용하자면 음악의 역할을 사회적인 것의 '매개자'로 파악한다.(Hennion, 2001) 어떻게 개념화하는지가 관건인 유발성 개념은 조직화하는 매체로서의 음악의 잠재성을 특히 강조한다. 이 개념은 음악을, 의식의 양식이나 관념 혹은 체화의 양태 등을 구조화하는 데 기여하는 것으로 본다. 뭔가를 유발하는 것으로 음악을 이야기하는 것은, 음악을 재료로 해서 실천적인, 때로는 의식적이지 않은 행위를 통해 뭔가가 빚어지고 정교하게 만들어진다고 제언하는 것이다. 이런 주장을 분명히 하는 데 몇 가지 사례가 도움을 줄 것이다.

사례 1. 체화된 행위

서로 다른 유형의 리듬은 특정 유형의 신체 동작을 유발할 수 있다. 음악은 "청자가 새로운 방식으로 자신의 신체를 경험하도록 야기한다."

---

7) 미국의 심리학자 깁슨(James J. Gibson)이 시지각과 관련해 「유발성 이론」(1977)에서 처음 도입한 용어. 유발성은 환경에 잠재된 모든 '행위 가능성'으로 정의된다. 유발성 개념을 음악의 의미에 적용한 경우는 니컬러스 쿡(Cook, 1998), 앨런 무어(Moore, 1993), 찰스 너스바움(Nussbaum, 2007) 등이 있다. 이 용어는 현재 지각심리학·인지심리학·환경심리학, 특히 산업디자인과 인간공학 분야에서 널리 사용되는데, 대상의 어떤 속성이 유기체로 하여금 특정 행위를 유도하는 성질, 또는 어떤 행위를 수행하도록 만드는 대상이나 환경의 성질을 말한다. '어포던스' '행동유발(유도)성' '행태지원성' 등 다양하게 번역된다.

(McClary, 1991, 25쪽) 아닌 게 아니라 이는 수많은 '노동요'의 요지로서, 전통적인 노동요만이 아니라 작업시간과 작업동작의 상관관계를 통해 밝혀진 바 현대적인 노동요도 해당한다.(Lanza, 1994)

리듬은 특정 유형의 동작(템포, 에너지 수치, 동작의 스타일)의 윤곽을 그리는 것으로 지각되는 한에서 동작을 '유발'한다고 말할 수 있으며, 이런 것은 행위자가 신체 동작을 그 속성에 동조(同調)[8]시키는 한에서 감응된다. 춤은 어떻게 신체가 리듬에 동조되기에 이르는지 보여주는 가장 명백한 사례일 수는 있지만, 단지 이런 동조가 일어나는 좀더 형식화된 활동 가운데 하나일 뿐이다. 음악은 매일매일의 일상적인 동작과 거동(자세, 걸음걸이, 동작 스타일)을 특징짓는 좀더 미묘한 신체적 특징과 결부되어 따라다닐 수도 있다. 또한 심장박동 수나 혈압과 같이 좀더 근본적인 신체 과정과 결부될 수도 있다.

이 사실은 결국엔 존재 유형으로서 사회적 행위수행의 형태(및 이미지)와 연계될 수도 있으며, 그런 형태와 개인의 몇몇 속성이 연계될 경우, 저 형태와 관계해 개인의 위계질서와 결부될 수도 있다. 음악이 신체과정과 결부될 수 있다는 사실에서 우리는 제4장과 제5장에 이르러 고찰할 논제, 음악·체화·감정 상태·태도 사이의 연관관계를 알아볼 수 있다.

또한 음악은 우리가 어떤 유형의 음악을 들을 때 어떤 유형의 동작을 '그릴' 때처럼, 신체 동작의 상상적인 투사를 유발할 수도 있다. 행진곡을 듣는 동안 우리는 (자동적으로는 아니지만, 이하 논의를 볼 것) 행진

---

8) 어떤 진동체 고유의 진동수를 밖으로부터 오는 진동력의 진동수에 일치시켜 공명을 일으키는 일.

하는 것을 상기하거나 상상하기(그리기) 시작할 수도 있다. 달리 말해서 우리는 어떤 유형의 행위수행(행진하기)과 관계해 특정 동작 스타일, 일련의 특정 제도적 실천과 신체적 규제·균형·동조와 같이 그 실천을 수행하는 행위자의 상태를 동기부여받거나 자극받을 수 있다. 우리는 '행진하는 사람'이 '될' 수도 있다(자신의 자아를 행진하는 사람으로 생산할 수도 있다). 다시 말해서 음악이 들릴 때마다 우리는 지각된 음악의 속성에 걸맞게 자아를 고칠지도 모르며, 그래서 음악을 통해 어떤 유형의 행위수행자, 이 경우 행진곡풍의 군대적인 행위수행이 스며든 행위수행자가 될 수도 있다(행진하기 위해 쓰는 음악에 대해서는 McNeill, 1995를 볼 것).

사례 2. 재인(recognition)과 인식(cognition)

노래하는 사람의 총합보다 더 많은 음을 만들어내는 일종의 나직한 지속저음으로 이루어진(하모닉스나 '배음'이 출현하는) 집단적 노래하기 스타일이 있다. 이 나직한 지속저음은 '추가적인' 음, 즉 노래하는 어느 개인도 부르고 있지 않은 음을 만들어낸다. 우리는 이런 유형의 음악이 어떻게 공동체의 개념('전체는 그 부분의 합보다 더 크다')에 대해 사유하기 위한 하나의 모델을 '유발'하거나 제공하는지 상상할 수 있을 것이다(행진하기 위해 쓰인 음악 및 그 음악에 맞춰 행진하는 신체의 사례와 비교해보라. 여기에서 개인은 동조의 외부 원천—'모든' 사람에 의해 일제히 만들어진 것으로부터 발현하기보다는 외부적으로 제공된 박동이나 비트—을 실행하거나 자신의 행위 속으로 편입해 들인다).

여기에서 우리는 어떻게 음악이 ① 신체적 태도를 재배치하기 위한 자원으로 복무할 수 있는지 알아본다. 뿐만 아니라 음악은 ②어떤 개념(예컨대 공동체)에 대해 사유하고 그 개념을 정교하게 만드는 데 하나의 모델을 제공하는 자원으로 복무할 수 있다. 따라서 음악'에서' 발견된 것은 (음악의 짜임새나 구조의 매우 추상적인 측면마저도) 지식 및 그 범주를 정교하게 만드는 데 자원으로 복무하기에 이르며, 이 경우 음악은 지식이 모습을 갖추도록 하는 패턴을 마련해준다고 이해될 수 있겠다. 따라서 가장 추상적인 음악(가사 없는 음악, 실험음악이나 관습적이지 않은 음악)조차 사유를 위한 자원을 제공할 수 있다. 실물교수, 유비(類比), 범례, 모델의 형태로 된 자원을 말이다. 이런 주장은 이어지는 제3장에서 재론될 것이다.

앞서 살펴본 두 가지 사례에서 음악은 아무것도 '야기'하지 않는다. 시인 오든(Wystan Hugh Auden)이 시(詩)에 대해 이야기한 대로, 음악은 "아무것도 일어나게 만들지 않는다." 게다가 확실히 음악은 그 자체로도 또 혼자 힘으로도, 행진하는 것이나 사회조직에 대한 관념 가운데 어느 것도 '낳지' 않는다. 다시 말해서 음악을 유발성 구조로 이야기하는 것은 음악을 결코 행위나 사고, 또는 감정적 반응의 '원인'이나 '자극제'로 이야기하는 것과 같지 않다. 그것은 또한 특정 음악이 유발할 수 있는 일련의 것이 더러 있음을 함의하지도 않는다. 왜냐하면 음악적 '대상'으로 헤아리게 되는 것은 그런 대상이 수용자에 의해 취급되는 방식과 관계해 창발하기 때문이다.

반면 '유발성' 개념은 수용이론의 발전을 확장시키는데, 이때 수용이론이 강조하는 음악의 효과는 듣는 사람이 음악에 반응하는 방식, 즉 그들이 음악을 어떻게 행위 속으로 편입시키는지에 달려 있다. 다시 말해서 그들이 어떻게 행위를 (반드시 그런 것은 아니지만 대부분 의식적으로) 그 행위의 변수 및 성질에 걸맞게 고칠 법한지에 달려 있다. 수용이론은 음악을 '더불어 행동하고 감응되는 어떤 것'으로 정립한다. 바로 이러한 전유를 통해서만 음악은 뭔가를 '유발'하게 되는데, 이때 음악의 유발성은 비록 그것이 예견될 수 있기는 해도 미리 규정될 수 없고, 오히려 어떻게 음악의 '사용자'가 음악을 다른 것과 연관시키는지, 어떻게 음악과 상호작용하는지에 달려 있다. 그리고 결국엔 음악의 유발성은 음악의 '사용자'가 음악을 활성화시킬 때 어떻게 음악에 감응하는지에 달려 있다. 그렇다면 바로 여기에서 우리는 일반성의 '올바른' 수준에서 사회음악 분석을 지속시킬 수 있다. 이 수준은 지금부터 '음악적 사건' (The Musical Event)[9]에 초점을 맞춘다. 그것은 행위에 동원될 때의 음악, 사회적 효과와 연계될 때의 음악을 어떻게 상황 속에 놓고 보기 시작할 법한지 나타내는 도표이다.

음악적 사건은 음악과의 어떤 특정한 교호작용 행동으로 이루어진다. 그 개념의 고갱이는 도표 1에서 보듯이 항목 A부터 항목 E까지 다섯 가지 구성요소에서 발견할 수 있다. 이 사건들은 특정한 환경(E)과 현지 조건(D) 아래서 음악(B)과 교호작용하거나 음악과 '더불어 뭔가를 하는'(C) 행위자 혹은 행위자들(A), 작곡가, 청자, 연주자, 음악 분석자, 그 밖의 다른 사람으로 이루어져 있다. 음악(B)은 '작품' 전체를 의미하거나 음악재료의 어떠한 측면이나 특징을 의미할 수 있다(예컨대 라이브로 연주되고 들리든, 음반으로 연주되고 들리든, 상상하든지 간에 한 작

---

9) 'Musical Event'를 대문자로 쓴 이유는, 저자가 개발한 조사연구 프로그램을 가리키는 용어이기 때문이다. 음악적 사건은 도표 1에서 보듯이 다섯 가지 구성요소로 이루어져 있다.

시간 1—사건 이전(사건이 일어나기 전 행위자(들) A에게 의미 있는 모든 역사)

전제조건

관습, 전기적인 연상 작용, 프로그램을 만드는 이전의 실천

시간 2— 사건이 일어나는 동안(몇 초에서 몇 년까지 어떠한 지속시간도 가능)

사건의 구성요소와 특징

　A 행위자(들) 누가 음악과 교호작용을 하는가? (분석자 · 청중 · 청자 · 연주
　　자 · 작곡가 · 프로그래머 등)

　B 음악 어떤 음악, 행위자(들)가 지운 어떤 의미를 지닌 음악인가?

　C 음악과의 교호작용 행동 무엇이 행해지고 있는가? (청취하기, 반응하기, 연주
　　하기, 작곡하기의 개별 행동)

　D 행동 C의 현지 조건 (예컨대 바로 이 시간에, 가령 '사건이 일어나는 동안'인
　　시간 2에 바로 이런 식으로 어떻게 음악과 교호작용하게 되었는가)

　E 환경 어떤 무대장치에서 음악과 교호작용이 벌어지는가? (가령 프로그램 노
　　트나 다른 청자들의 논평처럼 현장에서 제공된 해석 틀, 물질문화의 특징)

시간 3— 사건 이후

성과 음악과의 교호작용이 어떠한 것을 유발했는가? 유발했다면 이런 교호작용에
의해 무엇이 변화되거나 성취되거나 가능케 되었는가? 이런 과정은 시간 1의 항목
가운데 어떠한 측면을 바꾸었는가?

품의 단편을 의미할 수도 있고, 약간의 즉흥연주 음악—심지어 스스로
에게 휘파람을 불거나 콧노래를 부르는 것과 같은 것도 가능하다—을
의미할 수도 있다). 여기에서 열쇠가 되는 것은 (공공장소의 배경음악
경우에서처럼) 상관 있는 행위자가 그것을 알아채는지의 여부와 같은
사안을 포함해, 음악이 그것과 교호작용하고 있는 행위자에게 어떻게 의미
가 있거나 의미 있게 되는가이다.

　스웨덴의 음악학자 올라 스톡펠트는 이 마지막 쟁점을 발전시킨 바

있다.(Stockfelt, 1997) 스톡펠트는 서로 다른 청취 '양태'를 서술하는데, 아도르노가 맨 처음 말한 청자의 위계질서에서 더욱더 나아가 우리를 청취에 대한 경험적 관심사를 향해 데려가는 방식이다. 스톡펠트는 음악과 교호작용하는 몇 가지 양태를 서술하는데, 그 양태는 결국엔 사회적 상황의 유형과 관계되어 있으며 '가능한' 청취 양태로서 정립되어 있다(유형학은 앞으로 좀더 정교하게 만들 여지가 있다).

스톡펠트가 우리의 주목을 끈 청취 양태의 핵심 특징 가운데 하나는 다음과 같은 쟁점이다. 청자로서 우리는 어떻게 서로 다른 청취형태, 즉 주의 깊은 청취형태와 주의를 결여한 청취형태 사이에서 자리를 바꾸는가 하는 쟁점이 그것이다. 때때로 음악은 청자에 의해서 전경(前景)에 자리매김되고, 더러는 배경(背景)에 자리매김된다.(Stockfelt, 1997, 140, 141쪽)

이런 관여는 또한 행위자의 유형 사이에서, 가령 한 청자와 또 다른 청자 사이에서 그들이 어떤 뮤지션 및 그의 팬과 교호작용하고 있음으로 말미암은 상호작용을 끌어들일 수 있다. 이 사건은 결국엔 시간적으로 과거(시간 1의 전제조건) 및 미래(시간 3의 성과)와 연관된다. 전제조건은 음악적 교호작용이 일어나기 전 패턴을 포함한다(알아볼 수 있는 작곡 관습이나 스타일 관습, 특정 음악이 행위자들을 붙들 수도 있는 전기적인 연상). 예컨대 행위자가 특정 이유 때문에 가령 (자신이나 타인의) 기분을 바꾸기 위해서라든가 제품 판매를 위해서, 혹은 어떤 분석적인 논점을 증명하기 위해서 특정 유형의 음악과 교호작용할 때, 이전에 규정되거나 실천된, 프로그램을 만드는 어떠한 패턴도 포함된다.

'성과'는 음악이 유발하거나 가능케 만들기에 이른 모든 것, 음악이 할 법한 '일'로서, 그 음악에 대한 행위자(들)의 방향설정과 그 음악과 관계된 행태로 나타난다. 예를 들어 만일 교호작용 행동(C)이 음악비평이라면, 그것도 아도르노 자신이 힘쓰고 있는 종류의 음악비평이라면 음악은 그 음악과 관계해 빚어지고 있는 관념(예컨대 음악이 의미하는 바에 대한 관념, 혹은 교호작용하면서 음악이 촉진하거나 예증하거나 가능케 만드는 데 기여하는 다른 것들에 대한 관념)을 유발한다고 말할 수 있다. 다른 사례를 하나 더 들어보겠다. 그와 대조적으로 교호작용 행동이 집에서 음악을 청취하는 것이라면 음악이 유발하는 것은 기분 변화나 동기부여의 변화, 즐거움, 주변 분위기, 에너지 수치 전환하기, 혹은 취미·라이프스타일의 쟁점을 신호해주는 방식일지도 모른다.

　음악이 다른 것들과 연관관계 속으로 끌어들여지는 양상, 감응되는 양상에서 음악은 유발성 구조로 복무하게 되는 것이다. 이런 과정에서 접근되는 특징이야말로 이루어진 그 무엇을 유발한다고 말할 수 있을 것이다. 따라서 사용 중인 언어의 **구성적인** 힘을 포착하기 위해서 발화행동(speech-act)이라는 개념을 사용하는 것과 마찬가지로 우리도 음악적 사건이 뭔가를 이루어내는 방식과, 음악적 사건을 낱말과 소행을 통해 전유해내는 방식을 포착하기 위해서 음악행동(music-act)에 대해 이야기해도 좋을 듯하다. 발화행동이 그러하듯이 음악행동은 회고적으로 소급해볼 때 그 행동이 감응되는 양상에 따라 기능한다. 달리 말해서 미리 추상적으로 음악행동의 분류법을 작성한들 아무 소용이 없다. 그렇다면 어떻게 아도르노의 음악사회학적인 물음은 이 도표를 통해서 강구될 수 있겠는가? 확장된 사례를 하나 더 살펴보도록 하자.

지휘자 · 오케스트라 · 청중

아도르노의 글 「지휘자와 오케스트라: 사회심리학적 측면들」(Adorno, 1976)은 유용한 출발점을 마련해준다. 첫째, 사회음악적인 연구 안에서 널리 행해지고 있는 초점인 수행적인 매체로서의 음악에 대한 연구를 내비친다. 둘째, 음악의 사회심리학이 다루는 주제를 시사한다. 이때 음악은 육체적 실천으로 여겨지기도 하고 또 특히 음악의 사회심리학 안에서, 그리고 음악교육에 대한 사회학적 연구에서도 역시 널리 행해지고 있는 사회적 생산관계를 끌어들이는 것으로 여겨지기도 한다.

셋째, 가장 의미심장하게는 아도르노가 이 논제에 부여한 사회심리학적 취급방법은 현대 오케스트라 음악과 그것의 멀티미디어 공연(시각을 더한 청각)을 지배의 한 수단으로 조명해준다. 지휘된 음악이라는 사건을 소비하는 문화심리적인 과정은 아도르노에 따르면 청중을 '길들이기' 위한 메커니즘을, 즉 청중을 억눌러서 능동적인 대중에서 수동적인 '군중'으로 전환시키기 위한 메커니즘을 제공했다(이런 맥락에서 아도르노는 엘리아스 카네티의 『군중과 권력』을 잠깐 언급한다). 여기에서 우리는 음악이 범례적인 활동의 한 형태로 복무했다는 아도르노의 발상을 아주 분명히 알아본다.

이런 주장을 발전시키기 위해서 아도르노는 서로 관계가 있는 두 가지 쟁점을 탐구했다. 그중 첫 번째 쟁점은 오케스트라가 "사회적 긴장이 거듭 되풀이되는 미시세계로서 구체적으로 연구될 수 있다"(Adorno, 1976, 104쪽)는 생각이다. 두 번째 쟁점은 지휘자라는 구체화된 존재를 중심으로 한다. (뒤에서 분명해지는 이유 때문에 여기에서 남성 대명사를 사용하자면) 그의 "자태와 박자를 두드리는 제스처"는 "권력의 이미지"(Adorno, 1976, 104쪽)를 구체화하고 제공한다는 것이다. 이런 이미지는 결국엔 그와 동일시하는 청중, 그래서 "무난히 행동으로 옮길지도 모르는" 청중에 대한 중점을 마련해준다. 이런 판타지에 빠진 청중의 만족감은 급기야 청중을 복종시키는 수단이 된다. "지휘자는 마치 그가 오케스트라를 길들이고 있기라도 한 것처럼 행동하지만, 그의 진짜 목표물은 실은 청중이다. 정치 선동가도 모르지 않은 책략에 따라서 말이다."(Adorno, 1976, 105쪽)

아도르노는 이 테제를 정교하게 만들어내는 과정에서 지휘자의 복장과 소도구(지휘봉)가 어떻게 세 가지 아주 다른 사회적 인물을 연상시키는지 서술한다. "서커스에서 채찍을 휘두르는 곡마단장(지배의 도구, 채찍과 등치된 지휘봉)", (멋진 연미복을 입은) 마스터클래스의 구성원, 또는 지배인 웨이터, 하인이 그것이다(여기서 값비싼 식탁용 나이프 세트를 훔치는 데 성공할 뻔한 도둑이 나오는 체스터턴의 추리소설 『브라운 신부의 결백』을 염두에 둘 것. 이 소설에는 때로는 손님으로 때로는 웨이터 행세를 하면서 저녁 무렵 번번이 그럭저럭 위기를 모면하는 도둑이 나오기 때문이다). 아도르노는 지휘자가 마치 "아무래도 상관없는" 듯, 혹은 마치 "초탈한"(Adorno, 1976, 106쪽) 듯 청중에게 등을 돌리고 있다고 말한다. 이는 다시금 "프로이트가 『대중심리학과 자아분석』에서 총통의 이미지 구성인자 가운데 명명한 바 있는, 신봉자와 떨어져 있는 무정한 초탈함"(Adorno, 1976, 106쪽)을 과시하는 수단이 된다. 동시에 지휘자와 오케스트라의 관계는 양가적이다. "전체를 통일시키기 위해 필요한 사람"(Adorno, 1976, 107쪽)이라는 지휘자에 대한 이데올로기적 정당화는 정당화되기도 하고 정당화되지 않기도 하기 때문이다.

지휘자가 정당화되지 않는 이유——지휘자의 행위는 "엉터리 협잡으로 쉽게 변질될"(Adorno, 1976, 108쪽) 수 있다——는 오케스트라가 지휘자 없이도 그럭저럭 잘 해나갈 수 있기 때문이다(게다가 형편없는 지휘자를 무시할 수 있기 때문이다). 지휘자는 어느 정도 불필요한 과잉인 것이다.

지휘자에 대한 오케스트라의 태도는 양가적이다. ……지휘자가 그들을 단단한 고삐로 엄격히 제어하기를 원하지만, 그와 동시에 지휘자를 악기를 활로 켜거나 입으로 부는 일을 할 필요도 없는데다가 연주자들을 희생해 젠체하는 기생충으로 여기고 불신하고 있다. 여기서 헤겔이 말한 주인과 노예의 변증법은 세밀화처럼 반복된다.(Adorno, 1976, 110쪽)

지휘자가 정당화되는 이유는 (복잡한 노동 분업으로 인해 분업화된 부분 사이의 공간적 거리가 있는) 대규모 오케스트라가 다음과 같은 조건을 창출할 수도 있기 때문이다.

"오케스트라라는 제도장치는 자기 자신과 소외되어 있는 만큼 ……연주되어야 할 음악의 통일성과 마찬가지로 소외되어 있다. 이는 오케스트라가 지휘자와 맺는 관계의 소외된 제도에 의해서 안출된다. 이때 저들의 음악적 관계도, 사회적 관계도 소외를 연장한다."(Adorno, 1976, 108쪽)

이런 소외는 지휘자와 오케스트라 사이의 적대적 계급관계에 의해서 '강화'된다.

"오케스트라 단원의 사회적 배경은 ……심리학의 양가감정을 강화하

도표 2. 지휘자와 오케스트라

시간 1—사건 이전

전제조건 아도르노의 사전 경험. 예컨대 (a) 지휘자와 다른 유형의 행위자들(서커스 곡마단장(지휘봉 · 채찍), 지배인 웨이터, 마스터클래스의 멤버(디너 재킷)) (b) 노동의 또 다른 사회관계(노동자와 관리자)와 이에 대한 이론 (c) 지휘자의 역할과 정당화에 대한 이전의 이해 (d) 바로 이런 지휘자에 대한 정보를 아도르노는 이전에 경험한 바 있을 것이다.

시간 2—글을 쓰는 시간

  A 행위자(들) 아도르노

  B 음악 지휘자의 구체화된 행동 · 제스처, 전제조건(이 경우 사전 경험)에 의지해 있는 아도르노가 **상상**한 대로의 오케스트라 · 청중과 맺는 지휘자의 과시된 관계. 이때 '실재적인'(시간 · 공간) 사건이 전혀 서술되지 않고 있음

  C 음악과의 교호작용 행동 상상된 음악 시나리오는 권력관계의 시뮬레이크럼으로 '읽히며' 지배에 대한 대리 시나리오와 동일시되어 경험됨

  D 행동 C의 현지 조건 모름

  E 환경 모름. (명기하지 않은) 어떤 콘서트홀

시간 3—사건 이후

성과 관념들/심리학적인 심상은 지휘자 · 오케스트라 상호관계의 의미에 대해서 제공된다(리더십, 감정 · 심리상태). 가령 청자 · 청중 구성원은 권력의 판타지에 관여한다

는 데 소용되지만, 그 뿌리는 객관적인 상황으로도 확장된다."(Adorno, 1976, 108쪽)

요컨대 아도르노에 따르면 지휘자와 오케스트라의 관계는 현대사회와 세계에서 개인과 정치 지도자 사이의 관계를 세밀화처럼 재현한다. 바로 여기에서 아도르노의 주된 관심사(주체와 객체의 상호관계)가 재차 모습을 드러낸다. 지휘자는 전체를 위해서 개별 주체들을 삭감하는 지배의

한 형태, 아직 충분히 정당화되지 않은 그런 지배의 한 형태를 구체화하는 것으로 보인다. 아도르노가 제언하듯이 지휘자는 "다성적인 것을 모색하는 것과 정반대"(Adorno, 1976, 108쪽)인 것이다.

지휘자-오케스트라의 광경이 지닌 문화심리적인 효과에 대한 아도르노의 분석이 매우 흥미진진하다는 것은 부인할 수 없다. 아도르노가 제언하는 바, 리처드 레퍼트의 책 제목을 빌리자면 '사운드의 시각'(Leppert, 1993)이야말로 지휘자-오케스트라 생산관계의 특수한 양가성과 협력하여 청중에 대한 사회화의 수단을 마련해준다. 따라서 지휘자-오케스트라의 '미시세계'는 공중·대중과 지도자의 거시세계(좀더 큰 그림)를 정상화하는 데 소용된다.

여기서 아도르노는 오케스트라 노동의 이데올로기적 내용을 보이는 그대로 '들추어내려' 애쓰고 있다는 생각이 든다. 그러나 과연 그가 실제로 이런 과제를 충분히 달성했는가? 아니면 시적인 서술, 즉 오케스트라의 퍼포먼스와 사회가 둘 다 큼지막하게 확대되어 '보이는' 일련의 이미지나 틀을 내놓았는가? 앞에서 논의된 음악적 사건을 분석하기 위한 도식으로 아도르노의 분석을 고찰해보자. 우리가 다양한 구성요소를 특정화하여 일일이 상론하려 시도한다면 아도르노의 분석에 있는 간극이 곧장 분명해진다. 분명 이 지점에서 그의 분석은 상황 속에 놓고 본 음악의 경험으로, 그리고 실제 사회적 실천으로 자리 잡을 수 없다.

아도르노의 분석은 어떠한 일련의 연주와 관계가 없다. 특정 지휘자나 지휘자의 집단도 없거니와 특정 오케스트라나 앙상블 집단도 없다. 어느 곡인지에 대한 고찰도, 청취의 무대장치가 되는 물질문화에 대한 고찰도 없다. 여느 때처럼 청자도 없기는 마찬가지다. 어느 정치적 통치체제 및(또는) 역사적 통치체제를, 설혹 있다손 치더라도 아도르노가 염두에 두고 있는지도 전혀 감을 잡을 수 없다.

그 대신 아도르노는 분석의 모든 수준에 일반적 경향, 이념형(ideal types)[10]을 서술한다. 모든 점에서 우리는 아도르노의 말을 그가 어떻게든 우리에게 드러내려 한 것이라고 받아들여야만 한다. 따라서 그의 글은 '새로운 눈을 가지고' 오케스트라와 지휘자의 상호관계를 '보는' 수단, 처방이 된다. 이는 아도르노의 논평이 아무 공로도 없고 유용하지도 않다고 말하는 것이 아니다. 오히려 어떻게 아도르노의 제시 스타일이 자칫 '권위주의적'이라고 낙인 찍힐 우려가 있는지 지적하는 것이며, 그가 자신의 지식 주장에 대한 기초를 마련해놓지 않았다고 말하는 것이다. 아닌 게 아니라 우리는 아도르노가 서술한 오케스트라 노동자들처럼 마스터(지휘자·학자)에 의해 만들어진 제스처를 '따라가며' 이 제스처와 일치하여 재료(음악·사회현실)를 해석하도록 기대되고 있다. 그러나 도대체 여기에서 과도한 사람은 아도르노인가 아니면 이론을 검증하고자 애쓰는 사람들인가?

이 물음에 대답하는 길은 오직 한 가지뿐이다. 우리는 아도르노의 생각이 실제 음악적 사건의 수준에서 어떻게 연구되고 평가될 수 있을지 살펴보도록, 그의 진술을 조사될 수 있는 물음으로 전환시키려면 아도르노의 분석을 경험적 연구의 곁에 함께 놓을 필요가 있다. 브뤼노 라투르의 책 『행위 중인 과학』의 제목을 빌리자면, 우리는 이런 '행위 중인' 음악 만들기의 측면을, 그것이 실제상 아도르노가 제언한 것을 유발하

---

10) 막스 베버의 사회학에서 세계를 이해하는 데 사용하는 관념상의 분석적인 모델. 실제 세계에는 존재하지 않고 그것의 몇 가지 속성만이 드러날 뿐인 '가설적인 구성물'이지만, 실제 세계의 상황을 이해할 때 매우 유용한 준거로 사용된다.

고 있는지, 어떻게 유발하는지의 견지에서 바라볼 필요가 있다. 특수한 맥락 안에서부터 볼 때 도대체 무엇을 지휘자의 광경은 유발할 법한가?

이 물음은 결국엔 좀더 일반적인 표제 아래 포섭될 수 있다. 연주된 음악이 시각적으로 펼쳐지는 장면은 청중에게 어떠한 '실물교수'를 제공하는가? 이 물음은 음악과 젠더 형성에 관심을 가진 학자들에 의해 강구되어왔는데, 예컨대 루시 그린(Lucy Green, 1997)과 수전 오닐(Susan O'Neill, 1997), 내 자신의 작업(DeNora, 2002a)이 그것이다. 이들의 좀더 특정한 방향을 띤 작업은 아도르노의 작업과 다르기는 하지만(그것은 젠더 차이의 명료화와 정당화에 관계하지, 좀더 일반적인 정치적 배열에 관계하지 않는다) 그럼에도 관계가 있다. 그린과 오닐은 둘 다 젠더의 스테레오타입(stereotype)이 어떻게 음악연주를 통해서 구성되고 강화되는지, 특히 젠더의 관계에 대한 관념이 어떻게 음악적 배열을 고려함으로써 편성되는지에 관심을 갖고 있다. 이는 실은 음악이 연주될 때 **펼쳐지는** 장면에 대한 아도르노의 관심사의 일부인 바, 그린이 마침내 1997년도 저서『음악·젠더·교육』에서 자세히 발전시킨 논제이다.

거기에서 그린은 있는 그대로 그려진 음악의 의미 이론을 발전시킨다. 이것으로써 그녀가 의미한 것은 어떻게 음악이 맥락적인(사회적인) 범위의 의미를 뜻한다고 여겨질 법한지에 대한 관심사이다. 즉 음악이 어떻게 음악 외적인 것에 대한 은유를 구체화하는 것으로 언급될 수 있는지에 대한 관심사이다. 그린은 비록 **지휘하는** 것을 음악활동의 한 유형으로 상세히 다루고 있지는 않지만, 그럼에도 어떻게 음악활동(예컨대 서로 다른 연주 유형과 작곡활동)이 무엇이 남성 음악가와 여성 음악가에게 적절하고 부적절한가 하는 관념과 연합되기에 이르는지 보여준다. 여기에서 관심을 끄는 것은 바로 그린의 방법론이다. 왜냐하면 음악구조와 사회구조의 연관관계를 긋고, 그렇게 하면서 특수한 사회적 형식(이 경우엔 젠더 스테레오타입)을 합법화하는 서로 다른 행위자 유형(음악전문가·교사·제자)에 의한 해석 작업을 조명하는 데 유용한 기법을 그녀는 찾아냈기 때문이다.

논점은, 그린이 아도르노가 방치한 두 가지 유형의 작업에 힘쓰고 있다는 것이다. 첫째, 그린은 어떻게 음악이 젠더 관습을 정당화하는 이데올로기 작업을 위한 자원을 제공하게 될 법한지에 대한 이론(있는 그대로 그려진 의미의 이론)을 정교하게 만들어낸다. 둘째, 그녀는 경험적 작업에 힘쓴다. 그녀는 사회적으로 상황 속에 놓고 본 개인(학생과 교사)을 경청하며(함께 참여하는 관찰자로서 복무하며) 그들이 해석적 전략을 개진할 때, 음악이 어떻게 사회를 '반영'하는지 서술할 때 그들을 따라간다. 달리 말해서 음악을 서술하면서 그린은 아도르노를 닮지 않고, 어떻게 응답자들이 동시에 사회세계의 측면을 구성하고 있는지 보여준다. 제자나 교사 들이 드럼을 연주하는 소녀라는 관념에 '격분'할 때, 그들은 동시에 분류 활동에 관여하고 있다. 음악적 관여의 행동—무엇이 음악적으로 '옳은' 것으로 보이는지에 대한 관념을 표현하는—은 동시에 특수한 사회관계를 강화하는 행동이다. 따라서 그린이 묻는 질문의 초점은 아도르노의 초점을 좀더 경험적인 터전에 맞추되, 그것도 도표 1의 항목 A부터 D까지 논구할 수 있는 방식으로 재확립하기 위한 수단으로 유용하다. 지휘자에 대한 아도르노의 애초 관심사는 이제 도표 3처럼 생각할 수 있다.

우리가 만일 연주된 음악의 수용이 특정 태도, 가정, 관념, 혹은 느낌 상태를 유발하는지 여부를 밝혀내고자 한다면, 이런 물음을 음악적 사건, 음악적 교호작용의 특정한 예의 맥락 가운데 놓은 다음, 또 다른 행

도표 3. 음악적 사건으로서의 지휘자와 오케스트라

시간 1—사건 이전

전제조건 청중 구성원들에 의해 만들어진 사전 연상 작용(예컨대 그들이 지휘자–오케스트라, 작품에 대해서 이미 알고 있는 바, 지휘의 관습과 지휘 스타일)

시간 2—연주가 벌어지는 광경을 직접 보는 시간

   A **행위자(들)** 청중 구성원(들)

   B **음악** 시각적으로 펼쳐지는 장면을 더한 음악

   C **음악과의 교호작용 행동** 행위자(들) A가 B에 반응하는 증거(예컨대 연주 동안/직후 그들의 이야기, 감정 상태)

   D **행동 C의 현지 조건** 프로그램 노트, 사건의 사회관계

   E **환경** 연주회장? 텔레비전?

시간 3—사건 이후

성과 특수한 청중 구성원(들)이 음악(과 그것이 시각적으로 펼쳐지는 장면)을 있는 그대로 그려낼 때 음악에 속한다고 여기는 어떠한 의미의 묘사.(Green, 1997) 예컨대 파워풀한 지휘자에 대한 관념, '어떻게' 다른 형태의 사회조직이 배치되어야 하는지/배치되어서는 안 되는지(예컨대 모두를 한데 모을 수 있는 유능한 지도자에 대한 필요)와 지휘 사이의 연결고리에 대한 관념, 청중 구성원(들)의 감정적·심리학적 상태 변화(예컨대 심장박동 수, 보고된 감정 변화)

위, 동작, 느낌, 발언 중에 음악적 사건을 언급할 때의 행위자들을 따라가면서 되밟아가는 것이 유용하다. 좀더 특정한 분석 수준에서 음악이 어떻게 특수한 것들을 유발하게 되는지, 이렇게 해서 음악이 어떻게 사회생활 '속으로 접어드는지' 살펴볼 수 있다. 이런 식으로 그린의 작업은 비평을 경험연구로 변형시킨다. 이런 변형은 비평에 대한 정당한 이유를 생산할 뿐만 아니라, 또한 비판 활동이 사회변화를 가져오도록 곰곰이 되새겨보면 좋을 메커니즘과 논점을 드러내기도 한다. 이런 논점

의 중요성은 분석이 특정 음악양식이나 장르 혹은 특정 작곡가의 작품
에 공공연히 비판적일 때 증대된다. 실제로 살아나갈 방도, 생계가 걸려
있는 곳에서 내재적 방법, 텍스트 분석은 충분치 않다. 다른 것 없이 홀
로 그것만으로는 개인의 취미 혹은 신분집단의 취미의 문제로 변질될
위험이 있다. 이를 우리는 아도르노의 재즈 비판에서 가장 분명히 살펴
볼 수 있다.

왜 아도르노는 재즈를 싫어했는가

로버트 위킨은 재즈를 "왜 아도르노가 싫어했는가?"(Witkin, 1998)
라는 물음에 대해 폭넓게 썼다. 아도르노의 재즈 비판에 대한 위킨의 철
두철미한 해설을 여기서 그대로 되풀이할 필요는 없다. 다만 그로부터
두 가지 주장을 발전시켜볼 만하다. 첫째, 위킨이 관찰한 바, 아도르노
는 재즈 리듬의 자유가 사이비 자유라고 믿었다. 왜냐하면 재즈 리듬은
비트를 준수하면서도 동시에 생략하기 때문이다. 위킨이 언급한 대로
"재즈는 한편으로는 독특한 사운드 가운데, 일탈과 과잉이 뒤섞인 합성
물을 구성하는 것으로 보이며, 다른 한편으로는 경직성을 행사한다."
(Witkin, 1998, 163쪽) 이런 점에서 재즈는 대중문화 산업이 만들어낸
그저 한 가지 유형의 음악일 따름이다.

둘째, 위킨이 말한 대로 "재즈는 쿠플레(verse, 절)와 리프레인(chorus,
코러스)으로 분할되는데, 전자는 일상생활에서 개인의 우연성을, 후자
는 사회나 집단성의 제약조건을 재현한다. 아도르노는 다음과 같이 논
한다. 청중 속 개인은 자신을 쿠플레-자아로서 경험하며, 그 다음 리프
레인에서 변형된다고 느끼고, 춤에서 그것과 융합되어 성적인 충족을

발견한다. 그 생산과정은 리프레인이 주요 구성요소로서 가장 먼저 쓰인다는 점에서 쿠플레에 대한 리프레인의 우위를 실현한다고 아도르노는 논한다."(Witkin, 1998, 169쪽) 그렇다면 스트라빈스키에서처럼,[11] 여기에서도 "객관적인 사운드는 주관적인 표현에 의해서 걸치장된다." (Witkin, 같은 곳 재인용)

다시금 아도르노의 분석이 지닌 문제는 일이 벌어지고 있는 바로 그곳, 현지에서 벗어나 있다는 점이다. 아도르노는 스스로 어떤 재즈를 염두에 두고 있는지 특정화하지 않는다. 재즈에 대한 그의 지식은 아마도 마르틴 제이가 제언한 만큼 제한되어 있지는 않더라도, 영국에 있는 동안 들었던 음반에 여전히 제한되어 있다(Leppert, 2002, 357쪽을 볼 것). 재즈에 대해 주장된 심리학적인 효과가 현실의 청자와 관련해 어떻게 획득되는지 증거자료로 제시하려는 어떠한 시도도 없다. 다시금 아도르노의 이론은 일반성의 잘못된 수준에 위치해 있다. 거듭 말하지만 그것은 실제의 재즈 생산과 소비의 견지에서 다시 위치 지어질 수 있을 것이다.

예를 들면 프랑스의 음악사회학자 올리비에 루에프(Olivier Roueff) 는 아방가르드 재즈의 생산과 소비에 대해 진행 중인 작업에서, 실험적 재즈 형식의 열성팬들이 어떻게 대안적인 사회구조에 대한 모델을 저 형식'에서 알아보는지' 보여준다. 아도르노와 마찬가지로 루에프는 재

---

11) 아도르노는 집단의 '희생물'인 주체와 개인의 부자유가 쿠플레와 리프레인의 불평등한 관계 속에 반영되어 있다고 생각한다. 재즈의 주체는 집단의 힘에 희생당한 개인인 것이다. 이런 관점은 스트라빈스키의 음악에도 그대로 적용되는데, 특히 싱커페이션과 재즈 기법을 사용한 스트라빈스키의 「봄의 제전」은 개인의 희생, 즉 수석 무용수의 희생을 작품의 주제로 만들기 때문이다.

즈가 정치 성향과 결부되어 있으며 정치 성향을 주입시킬 수도 있다는 생각을 출발점으로 삼는다. 그러나 그는 아도르노를 닮지 않고 자신의 연구를 재위치시킨다.

루에프는 연구 방향을 재즈 열성팬과 참여자 들이 사용한 담론에 맞춘다(어떻게 그들이 재즈 구조를 정치 구조로 '번역'하며, 또 그 반대로 정치 구조를 재즈 구조로 '번역'하는지에 초점을 맞춘다). 이는 결국엔 재즈 활동에 대한 민속지학과 결합된다. 달리 말해서 재즈가 무엇을 유발할 법한지 찾아내기 위해서 루에프는 특정 행위자들을 검토하되, 그것도 재즈가 지칭하고 재현하고 유발한다고 말해지는 것과 재즈를 동시에 구성하도록 그들이 재즈와 다른 것 사이에 연결고리를 만들 때의 특정 행위자를 검토한다. 이처럼 경험적 초점을 음악사용자에 맞추는 것은 음악과 정치 사이의 연결고리와 같은 아도르노적인 물음을 강구할 여지를 남겨둔다. 어떤 분석자도 음악사용자가 염두에 두고 있는 것이 무엇인지, 과연 살아 있는 음악적 경험의 실제 수준에서 음악사용자가 어떻게 자신의 관념을 기록할 수 있는지를 특정화하여 일일이 상론하지 않고 그냥 넘어가도 괜찮다고 생각해서는 안 된다.

행위수행을 위한 자원으로서의 음악

지금까지 본장에서 발전시키고자 한 음악적 유발성이라는 발상은 역동적이다. 그것은 '다른 것들'을 하고 사유하고 느끼기 위한 자원으로서의 음악이라는 개념구상을 시사한다. 그렇지만 아도르노와 반대로 음악의 유발성은 음악 텍스트 '속에' 깃들어 있는 것으로 간주될 수 없으며, 바로 이런 이유 때문에 사회음악적인 분석은 일반적인 수준에서 진행될 수 없다. 오히려 음악이 '하는' 것은 음악이 들리고 지각되는 방식에 의존해 있으며, 루시 그린의 문구를 사용하자면 어떻게 음악의 의미가 있는 그대로 그려지는지에 의존해 있다. 그런 까닭에 사회음악적인 분석가의 업무는 이렇게 있는 그대로 그려내는 묘사의 과정을 검토하는 것, 음악적 관여의 말투를 따라가는 것이다. 음악은 그것이 시사하는 것을 '하는' 것으로 지각되도록, 음악 외적인 것의 어떤 속성을 자기 자신 및 (또는) 퍼포먼스 속으로 편입해 들이는 것으로 지각될 때 뭔가를 유발하게 된다. 달리 말해서 음악은 그에 대한 지각이 감응되므로, 그리고 감응될 때 능동적이 된다. 이런 순환성은 바로 음악의 힘에 대한 사회음악적인 조사연구를 위한 논제이다.

따라서 음악은 사회적인 것에 대한 구조적 '반영' 그 이상이다. '뭔가'가 음악과 관련해 성립될 때, 가령 행위자가 음악의 리듬에 방향을 맞추는(신체를 행진하는 리듬'같이' 움직이도록 만드는) 방식으로 움직일 때, 혹은 행위자가 개념적 자각을 정교하게 만들어내기 위한 모델이나 유비로 음악의 구조를 이용할 때, 음악은 사회적인 것에 구성적이다. 단, 음악이 행위 및(또는) 개념작용에 들어서는 듯 보일 수 있는 한에서 그러하다. 그와 반대로 물리적 세계나 개념적 세계 혹은 상상적 세계의 측면을 편입할 때처럼 음악이 바깥의 것들과 관련해 성립될 때, 행위는 음악 '속으로 접어든다'고 말할 수 있다. 바로 여기에서 사회음악적인 분석은 아도르노의 물음을 발전시킬 수 있는 것이다. 예를 들면 지휘자와 오케스트라에 대한 아도르노의 글에서처럼 어떻게 음악은 판타지와 같은 실생활 속으로 들어가는가? 쇤베르크에 대한 아도르노의 분석의 경우에서처럼 어떻게 음악은 인식을 촉진하는가? 어떻게 또 다른 음악은 청자를 진정시키며, 아도르노에 따르면 대중음악의 경우처럼 특수한 (정치적 혹은 사회적) 통치체제에 순종하는 의식의 양태를 주입하게 되는가?

이런 물음에 대한 답변은 특정한 용어로 틀 지을 필요가 있다. 그럴 경우 음악이 지닌 힘을 구성하기도 하고 동시에 음악 외적인 사회성의 양태도 구성하는 음악적 관여의 행동을 살펴볼 수 있다. 바로 여기에서 초기 음악사회학과 신음악학 둘 다 오류를 저지른 것이다. 전자는 어떻게 사회가 음악을 성립시키는지에 초점을 맞추었으며, 후자는 어떻게 음악적 담론이 사회를 성립시키거나 반영할 수 있는지에 초점을 맞추었다.

반면 우리는 양자의 물음을 한꺼번에 고찰한다. 이를 위해 음악적 유발성 '이론'과 역사적 정보에 근거한 민속지학 연구의 '실제'를 한데 융합시켜 음악의 유발성이 어떻게 접근·개진되는지에 대한 연구에 몰두한다. 한편 우리는 다음과 같이 행위자를 기꺼이 관찰할 의향이 있다면 일반성의 '올바른' 수준에 도달할 것이다. 즉 음악을 음악 외적인 영역 속으로 끌어들이고 또 그와 반대로 음악 외적인 영역을 음악 속으로 끌어들이는 행동에 관여할 때의 행위자를 기꺼이 관찰할 의향이 있다면, 또한 음악이 세계건립을 위해 이용될 때, 비음악적인 영역의 측면과 재료 들이 음악을 형성하고 음악에 반응하기 위해 이용될 때의 행위자를 기꺼이 관찰할 의향이 있다면 말이다. 이런 일반성의 '올바른' 수준은 새로운 방법론을, 특히 특정 공간에서 일정시간 동안 음악 생산 및 소비에 초점을 맞추는 질적인 기법을 요청한다. 이는 결국 사례연구를 제안한다.

사례연구가 유용하다고 말하는 이유는 단지 사례연구가 경험적으로 풍부하고 그 자체로 (보통 사례연구는 역사를 뒷받침하는 근거가 되므로) 좋은 역사에 도움이 되기 때문만이 아니다. 음악적 실천의 세부사항에 대한 면밀한 주목이 좋은 이론을 만들기 때문이다. 즉 행위 중인 문화(음악)의 메커니즘을 서술하기 위한 수단을, 어떻게 음악이 일하는지 특정화하기 위한 수단을 제공하기 때문이다. 이렇듯 초점을 실천에 맞추는 것은 음악 텍스트 대상에 대한 관심사에서 멀리 떠나, 사건으로서의 음악의 물질성, 음악의 생산·수용의 관계 및 여건, 음악의 테크놀로지, 음악의 사용을 향해 우리를 이끈다. 여기로부터 음악이 어떻게 사회생활을 '수행'하는지 고찰할 수 있다. 음악의 수행과 전유가 사회생활의 생산을 위한 자원을 마련해준다는 의미에서, 다시 말해 음악이 사유 및 감정의 양태를 유발한다는 의미에서 말이다. 이 논제는 다음 두 장에서 검토할 것이다.

제3장

인식으로서의 음악

음악이 수행하는 인식적 기능은 의식적 자각 아래에서 작동한다.
가령 음악은 주체가 사회 전체와 맺는 관계를 비추는 거울이 될 수도,
모델링 활동을 위한 자원, 즉 하나의 항을 또 다른 항과 비슷한 것으로 깨닫기 위한
자원이 될 수도 있다. 또한 의식의 매체로서의 음악은 자각의 방향을 전환시키는 역량,
의식을 과거의 시간 및 경험으로 도로 향하게 하는 역량을 갖고 있다.

아도르노가 음악'의' 사회학자가 아닌 것과 마찬가지로, 의식의 역사에 맞춘 그의 초점 역시 전형적으로 지식'의' 사회학이라고 일컬어지는 것을 넘어서기는 매한가지다. 명제들이라는 의미의 지식(알려져야 할 그 '무엇'이라는 의미의 지식)은 결코 아도르노의 일차적인 사냥물이 아니다. 그는 오히려 인식의 역사적 양식(정신의 습성과 태도, 그리고 세계에 대한 주목 양태)에 관심을 갖는다. 이런 초점 안에서 볼 때, '사실'의 생산이라는 의미의 지식 형성은 부단한 과정이라고 여겨진다. 우리는 결코 편성(『계몽의 변증법』에서 비판받은 바 있는 '모더니티하에서 지식으로 통한 것'의 일정한 형식이나 틀—옮긴이)에 의거할 수가 없다. 그 이유는 지식이 (실재에 근접하려는 시도와 반대로) 실재에 부응하려는 시도인 한, 모든 인식은 불가피하게 언제나 도덕적이기 때문이다. 그런 활동 안에서 미적인 형식은 물질세계에 주목하는 범례, 구조, 따라서 물질세계를 인식하는 '취급' 방식을 제공한다.

아도르노가 볼 적에 미적인 경험은 그로부터 의식이 편성되는 관계망의 일부였으며, 아도르노의 쇤베르크 예찬은 이를 분명하게 만든다. 즉 우리가 아도르노의 사유 노선을 좇는다면 음악은 다름 아닌 바로 주목의 양태들이 형성되게끔 하는 매체로서 나타난다는 것이다. 바로 이런 의미에서 음악은 의식의 형성, 따라서 지식 형성의 능동적인 구성요인이었다.

이런 생각은 대단히 흥미진진하다. 그러나 얼마만큼이나 이런 쟁점을 실제 의식의 양태들이 벌어지고 있는 바로 그곳에 놓고 특정화하여 상론하는 것이 가능한가? 어떤 과정에 의해 음악이 지식 생산을 일러주는지 그 진행절차를 드러내는 것이 가능한가? 그런 과정을 인식활동에서 관찰할 수 있는가? 이런 물음은 음악이 지식 생산을 구조화하거나 어떻게든 일러주는 특수한 예들을 식별하는 것이 가능한지 묻는 것이다. 바로 이런 과제를 위해서 우리는 지식 생산 활동을 하는 동안 음악에 의지할 때의 특정 사회적 행위자, 혹은 음악과 교호작용하는 행동 가운데 교호작용 중인 음악을 관련짓는 방식으로 지식을 생산하는 듯 보일 수 있을 때의 사회적 행위자에게 주목할 필요가 있다. 이렇게 아주 중점적인 검토를 통해서만 일반성의 '올바른' 수준에서 세계에 대한 주목이 어떻게 구조화되는지, 특수한 인식의 예들이 실제로 어떻게 생산되는지 이야기할 수 있다.

이런 쟁점을 소개하기 위한 알맞은 사례들이 있다. 두 가지 일련의 사례를 가지고 시작할 텐데, 양자는 '어떻게 지식이 명료화되는가'라는 논제를 다룬다. 다시 말해 '어떻게 모종의 현상이 자아나 타인(들)에게 식별되기에 이르며, 따라서 정보를 전달하는 발화(speech act)가 이루어지게 되는가'라는 논제를 다룬다. '정보를 전달하는 발화'는 회상하기, 인식하기, 좀더 일반적으로는 현상을 자각하기의 행동을 포함한다. 첫 번째 일련의 사례는 『음악과 일상생활』(*DeNora*, 2000)을 위해 수집된 데이터에 의지한다. 그것은 회상하기의 행동을 중심으로 하고 있는데, 이때 회상하기의 행동은 지식 생산의 한 형태로, 동시에 (과거의 특수한 국면에 대한) 의식의 방향설정으로 여겨진다. 두 번째 일련의 사례는 철학의 영역에서 형식적 지식의 형성을 다루는데, 특히 '의식이 어떻게 세계와 관계해 생산되는가'라는 물음을 다룬다. 양자의 예에서 우리는 지식을 생산하는 개인들의 활동 가운데, 음악에 대한 몇몇 사용과 호소를 따라갈 수 있다. 이 일에 얽힌 개인들인 일라이네(Elaine), 루시(Lucy), 테드(Ted)를 살펴보자.

두 명의 딸, 일라이네와 루시의 사례

1997, 98년에 '매일의 일상생활 가운데 음악'에 대하여 미국·영국 여성들과 일련의 인터뷰를 실시한 바 있다. 이 조사연구의 결과는 『음악과 일상생활』(DeNora, 2000)에 서술되어 있다. 각각의 인터뷰의 초점은 매일 경험한 음악을 탐구하는 것이었다. 즉 인터뷰 질문 가운데 하나가 명시한 대로, "아침에 일어난 순간부터 그날 밤 잠이 드는 순간까지 당신이 듣거나 연주하기 위해 선택한 음악이든, 상점에서나 라디오로 우연히 들은 음악이든" 매일 경험한 음악을 탐구하는 것이었다. 응답자는 '늘 그렇고 그런 날' 들은 음악을 서술해달라는 질문을 받았다. 몇몇 경우에 응답자들이 들은 음악은 (우연히 들었기 때문이든 아니면 의도적으로 추구되었기 때문이든) 의식의 전환 및 방향설정의 변화와 연계되어 있었다(예를 들면 기분전환이나 생각거리의 전환). 이들 경우에 우리는 음악적으로 배치된 환경과의 **상호작용**에 관여하고 있는 것으로서 의식을 이야기할 수 있다.

몇몇 응답자는 이런 과정이 그들에게 어떤 영향을 미치는지에 대해 상당히 통찰력 있게 반성할 수 있었다. 특히 음악을 연주할 기량을 지닌 응답자(어릴 적에 피아노 레슨을 받았거나 아마추어 합창단에서 노래를 했던 응답자)와, 더 나이가 들고 상이한 삶의 단계에서 자신에 대해 반성할 수 있는 응답자(경험이 풍부하고 흔히 다사다난한 삶을 겪은 응답자)는 그들의 삶 가운데 음악의 능동적인 역할에 대해 매우 성찰적인 논평을 내놓았다. 이러한 성찰성의 한 가지 사례는 음악이 어떻게 기억을 '되살리는지'에 대한 반성에 관계되었다.

이렇게 응답한 카테고리 안에서 음악은 응답자에게 사랑하는 사람과의 관계를 상기시킨 매체로 서술되는 경우가 많았다. 음악은 부모나 배우자, 자녀, 또는 특별한 친구——그중 살아 있는 사람도 있고 사망한 사람도 있는——(에 대한 생각)를 좀더 친밀하게 연상하도록 의식을 끌어낼 수 있다고 술회되었다. 음악은 사람들은 물론 사회적 관계 맺음을 생각나게 하는 동시에 감정적인 방향전환을 끌어들이는 매체였다. 이렇듯 나는 음악과 사람, 음악과 기억의 '짝을 이루기'가 어째서 회상된 타인(들)과 공유한 이전 시간에 '동반된' 음악보다 훨씬 더 큰 무엇인가에 대해 썼다.(DeNora, 2000, 67쪽)

음악은 그 이상을 한다. 음악은 경험에 깊이 스며들어 있다. 음악은 애초의 경험이 형성되어 나오는 재료의 일부로서, 유명한 노래의 제목을 인용하자면 "그 노래는 바로 당신"(The Song Is You)[1]일 정도이다. 내가 말하고자 하는 바는 타인(들)에 대한 누군가의 지각과 경험이 음악을 통해서, 그리고 음악과 관련지어 형체가 잡힌다는 것이다. 이런 이유

---

1) 1932년 브로드웨이에서 초연된 뮤지컬 「감도는 음악」(Music in the Air, 1932)을 통해 처음 소개된 노래. "사랑하는 연인과 함께할 때면 마음속 깊이 홀로 듣는 아름다운 선율의 감미로운 음악, 그 노래는 바로 당신"이라고 고백하는 내용이다.

로 인해 음악은 그토록 강력하게 '기억을 모두 되살릴' 수 있는 것이다.

애당초 어떤 과거의 사건이 음악과 관련지어 구성되고 의미 있게 된 한에서, 음악구조는 원래 경험했던 대로의 감정 패턴과 체화된 패턴의 시간구조에 대한 좌표 또는 문법을 마련해줄지도 모른다. 존 어리가 관찰한 대로 가슴에 와 닿는 프루스트의 유명한 문구를 참조하자면, 음악은 "우리의 팔과 다리가 ……둔한 기억들로 가득 차 있는" (Urry, 1996, 49쪽) 방식에 가담한다. 음악은 프루스트의 의미에서 기억이라는 외피로 덮인 미적인 무의식의 매개(Lash와 Urry, 1994, 43쪽)이다.(DeNora, 2000, 67, 68쪽)

우선 일라이네를 살펴보도록 하자.(DeNora, 2000, 171~173쪽) 인터뷰 진행과정에서 그녀는 자신의 성장기에 아버지가 어떻게 음악으로 주의를 환기시켰는지 술회했다.

아버지는 비록 이 모든 것에서 정말로 정식교육을 받지는 않았지만, 제 생각에 그분은 틀림없이 타고난 소질을 갖고 계셨던 것 같아요. 그 소질 때문에 음악에 관심을 가지셨을 겁니다. 아버지는 라디오를 틀고서 "들어보렴, 아름답지 않니" 하며, 그런 종류의 음악은 모두 제가 주목하도록 하시곤 했어요. 클래식 음악 말이에요.

일라이네는 서른 살이 되었을 때 어머니로부터 전화를 받았다. 어머니는 아버지가 병에 걸렸다고 말해주었다.

아버지에게 심근경색이 있어서 병원에 계셨는데 돌아가실까봐 두려웠어요. 저는 브람스의 음악을 틀어놓고 ……아주 크게 틀어놓았죠. 그것이 제 주변을 휩쓸어가도록, 다만 아버지를 위해 기도했어요. 그래서 그 곡을 들을 때마다 아버지를 염려하던 그날 그 시간을 도로 기억하게 됩니다.

여기서 음악은 두 가지 방식으로 회상하기 위한 매체로서 복무한다. 첫째, 일라이네는 자신의 인격형성 기간 동안 아버지와 공유한 브람스 음악을 듣기로 선택했던 것이다. 음악을 공유하는 것은 부녀 관계가 애초에 벼리어지도록 만든 매체였다("아버지는 라디오를 틀고서 '들어보렴,' ……제가 주목하도록 하시곤 했어요"). 둘째, 아버지가 위독하다는 걱정스런 소식을 알게 됐을 때 그녀는 아버지의 회복을 위해 말하자면 철야 기도를 하는 심정으로, 그녀와 아버지가 관계 맺도록 해준 음악에 기댔다. 아버지가 회복된 이후 일라이네가 술회한 대로 그 음악은 그 철야 기도의 강렬한 경험과 짝을 이루게 되었다("그 곡을 들을 때마다 아버지를 염려하던 그날 그 시간을 도로 기억하게 됩니다").

여기서 우리는 의식의 매체로서 음악의 역할을 흘낏 보았다. 음악은 자각의 방향을 전환시키는 역량, 의식을 과거의 시간 및 경험으로 도로 향하게 하는 역량을 갖고 있다. 저 철야 기도의 음악을 들을 적에 어떻게 '도로 기억하게' 되는지 술회했을 때 일라이네는 음악이 어떻게 그녀의 자각을, 현재 집중된 활동의 흐름으로부터 좀더 감정적으로 젖어든 의식 양태로 전환시키는 힘을 갖고 있는지 말해주고 있다. 현재 아버지와 맺은 관계에 여전히 의미심장하게 남아 있는 과거의 중요한 시간을 회상하는 것으로 전환시키는 힘을 말이다. 그렇다면 여기서 짧게나마

음악은 의식의 방향전환에 가담한 것으로 이야기할 수 있다.

또다시 아버지와 딸의 관계 맺음을 끌어들이는 두 번째 사례는 이 주제를 정교하게 만들어내는 데 기여한다. 이 사례에 얽혀 있는 사람은 『음악과 일상생활』에서 서술된 적이 있는 주요 정보제공자 가운데 한 사람인 루시이다(같은 예가 DeNora, 2000, 63쪽에 짧게 논의된다).

나이를 먹을수록 저는 음악이 아버지에게 얼마나 중요했는지 깨닫게 되었습니다. ……아버지가 제2차 세계대전 전쟁으로 떠나 있을 때 갖고 가셨던 음반이 몇 개 있었어요. ……슈베르트의 「즉흥곡」, 브람스의 「이중 협주곡」「핀란디아」가 그것인데요, 아버지는 그 음반들을 어머니와 떨어져 있는 동안 틀어놓았던 모양입니다. ……그것은 명백히 아버지에게 매우 중요했어요. 게다가 제가 어렸을 때 흘러나오던 그 음반들을 기억해요. 난롯불 앞에서 잠옷을 입고 앉아 있는 제 자신을 볼 수 있죠…….

이렇듯 그것들은 제게 극히 중요했는데요. 몇 해 전, 음…… 아버지가 돌아가셨을 때였어요. 저는 어느 날 밤 합창 연습이 끝나고 그 장소에서 나와 집으로 가던 길을 기억합니다. 출발하자마자 자동차 라디오를 계속 켜놓고 있었는데, 라디오에서는 「이중협주곡」이 흘러나오고 있었고 저는 곧 차를 멈출 수밖에 없었습니다. 몇몇 친구가 뒤따라 오고 있었는데, 아시다시피 그들은 마구 쏟아지는 눈물에 젖어 있는 저에게 "왜 그걸 꺼버리지 않는 거야?"라고 말했죠. 저는 "못 하겠어"라고 말했어요. 한참을 지나서야 비로소 저는 아버지 생각에 눈물 짓지 않고서도 그 음악이나 그와 비슷한 음악도 들을 수 있었습니다.

고작 지난 1년밖에 되지 않았어요. 이제 저는 음악이 아버지에게 그토록 많은 것을 의미했으며 제게도 그토록 많은 것을 의미한다는 사실을 알기 때문입니다. 저는 이제야 깨닫습니다. 제 자신이 얼만큼 아버지와 비슷한 점이 많은지를 말입니다.

여기 이 보기 드문, 계획 없이 발생해 그녀를 불시에 덮친 음악적 사건에서 음악은 루시가 아버지와 맺은 관계를 '상기'시키기만 한 것이 아니었다. 더 나아가 심오한 감정을 위한 기폭제이기도 했다. 즉 음악은 (집으로 운전하는) 행위의 진행과정을 싹둑 잘라서 (복받치는 슬픔을 견뎌내려고) 음악을 계속 듣기 위해 도로 밖으로 벗어나지 않을 수 없도록 만든 감정의 기폭제이기도 했다.

이 경우에 음악은 격렬한 감정의 순간을, 따라서 루시가 주변 환경에 방향을 맞추는 양상의 전환(그와 더불어 그녀의 사고 '내용'의 전환)을 충동질하기만 한 것이 아니었다. 또한 반성의 기회와 지식 생산의 기회를 마련해주었으며, 바로 이 후자의 이유 때문에 특별히 흥미로운 것이다. 음악은 루시가 자기 정체성의 한 측면에 대해 (그녀의 말대로) '깨달음'을 얻게 된 관계망을 마련해주었다고 사료된다. 즉 그녀가 음악과 관계해 아버지에 대한 의식과, 아버지에 대한 자신의 관계가 유사성의 견지에서 정립되었다는 깨달음을 얻게 된 관계망을 마련해주었다. 음악에 대해 생각하면서 루시는 자신이 "얼만큼 아버지와 비슷한 점이 많은지" 깨달은 것이다.

이 경우는 인식으로서의 음악에 대해 사유하기 시작하는 데 유용한 단초를 마련해준다. 왜냐하면 그것이 우리에게 보여주는 음악은 (루시의) 반성과 지식 형성이 달성되도록 해준 매체를 마련해주기 때문이다. 음악은 모델링 활동을 위한 자원, 즉 하나의 항(자아)을 또 다른 항(아버지)과 비슷한 것으로 깨닫기 위한 자원이라고 사료된다. 바꿔 말해서 음악은 루시가 아버지에 대한 일련의 회상된 특징을 그녀의 자아에 대한 개념작용으로 투사함으로써, 자아를 모델링하는 추동력을 제공했다. 이번에 음악은 그 안에서 반성을 하는 장소였으며, 의미 만들기를 위한 '작업 공간'(workspace)을 제공했다.(DeNora, 1986b) 이 경우에 음악적 사건은 지식의 생산, 즉 자아와 타인에 대한 지식의 생산과 결부되었다. 브람스 안에서, 그리고 브람스를 듣는 중에 루시는 아버지와 그녀의 관계 맺음을 '알아보았다.'

음악을 작업 공간이라 이야기하는 것은, 음악이 인식의 방향전환(아버지에 대한 루시의 갑작스런 회상)을 위한 재료를 제공함과 동시에 어떠한 지식 생산의 형태를 진작시킬 수 있는 장치를 제공한다고 제언하는 것이다. 여기서 브람스와 같은 음악은 자기동일성에 대한 지식의 형성에 이바지하는 미적인 풍토를 창출했다. 이 쟁점을 발전시키기 위해서는 도표 4의 음악적 사건의 일람표를 살펴보는 것이 유용하다.

이 사건의 다양한 측면을 살펴보도록 하자.

행위자 A와 음악 B

여기에서 행위자는 루시이며 음악은 브람스의 「이중 협주곡」이다. 문제의 작용을 일으키는 직접적인 원인이 되는 시간 2는 사실상 서로 다른 시간에, 음악과의 (하나라기보다는) 두 개의 교호작용으로 이루어져 있다. 루시가 술회하고 있는 사건의 시간이 하나요, 음악과의 교호작용을 회상하면서 (차 안에서 음악을 듣는 시간에) 음악의 '효과'를 '말하기' 위해 그녀가 다시 교호작용하고 있는 인터뷰 시간이 다른 하나이다.

이런 '이중적인' 교호작용이 눈에 띄게 강조하는 것은 바로 음악적 사

도표 4. 브람스 음악을 통해 회상하기

시간 1—사건 이전(두 가지 시 · 공간의 사건: (1) 자동차 안의 루시 (2) 인터뷰 동안 루시의 설명)

행위자(들)에 의해 만들어진 전제조건

(1) "제가 어렸을 때 흘러나오던 그 음반들을 기억해요" "난롯불 앞에서 잠옷을 입고 앉아 있는 제 자신을 볼 수 있죠." "제게 극히 중요했는데" "몇 해 전 아버지가 돌아가셨을 때"

(2) 시간 1에서 상관 있는 전제조건에 대한 루시의 기억에다가 아마도 인터뷰에 얽힌 자신에 의해 진작된, 인터뷰 동안 자각한 그 밖의 쟁점들

시간 2—(1) 자동차 안의 루시 (2) 인터뷰 동안 루시의 설명

  A 행위자(들) 루시

  B 음악 브람스의 「이중 협주곡」

    (1) 라디오에서 들리는 음악

    (2) 라디오로 듣는 것을 기억하는 음악

  C 음악과의 교호작용 행동

    (1) 루시는 청취하기 위해 차를 멈춤

    (2) (1)에 대한 회고를 구술

  D 행동 C의 현지 조건

    (1) 루시의 사별, 차 안에 그녀 혼자서

    (2) 그녀의 삶 가운데 음악, 음악과 기억에 대한 인터뷰

  E 환경

    (1) 밤에 차 안에 홀로, 도로를 벗어나

    (2) 경험(과 부녀관계)을 인터뷰 상대에게 구술

시간 3—사건 이후

성과 (1)과 관련해 아버지에 대한 강력한 기억과 슬픔. (2)와 관련해 아버지에 대해서, 부녀 관계에 대해서, 그녀 자신에 대해서, 그녀가 무엇과 '비슷한지'에 대해서 타인에게 제공된 지식(예컨대 '음악이 아버지에게 얼마나 중요했는지')

건이 얼마나 복잡할 수 있는가, 그리고 음악적 사건의 전제조건을 만들어내는 연상작용과 기타 요인이 얼마나 많은 층을 이루고 있는가이다(시간 1의 전제조건이 이 음악과 교호작용하는 수많은 다른 시간의 기억을 함유한 사건이 있었는데 루시가 이것을 그저 넌지시 빗대어서만 언급한다고 상상해보라. 동일한 인터뷰에서 나중에 그 논제에 대해 더 자세히 말하더라도 말이다).

따라서 두 가지 교호작용의 행동 가운데 첫 번째 행동(B1)은 또한 조사연구자인 내가 접근하지 못한 행동이었는데(나는 루시로부터 그에 대한 역사적 설명만을 들었다), 그 행동은 인터뷰에서 술회된 대로, 합창 연습이 끝난 밤에 자동차 안에서 일어난 실시간 사건이었다. 바로 그 시간에 루시는 그 음악을 들었을 때의 다양한 전제조건(도표 4에서 시간 1), 예컨대 아버지에 대한 기억에 의지했을 것이다. 교호작용의 행동은 루시가 이전의 음악적 사건에 대해 '말한' 인터뷰 시간에 일어났다. 바로 이 시간에 사건의 기억은 그 자체 음악을 다시 경험하기 위한 전제조건, 음악과 더 나아간 교호작용을 하기 위한 전제조건이다. 그 음악에 대한, 그리고 그 음악의 이전 효과에 대한 기억을 통해서 말이다. 루시가 술회한 경험은 이처럼 시간적으로 층을 이루기 때문에 적어도 항목 B에서부터 E까지 음악적 사건(들)의 다른 특징(도표 4에서 보듯이 음악 · 교호작용 · 현지 조건 · 환경)을 각기 두 갈래로 구별할 필요가 있다.

사건(들)의 성과

앞서 언급했듯이 여기에는 두 가지 성과가 있는데, 첫 번째 성과는 일어났던 것으로 술회된 사건 B1, 즉 루시의 슬픔('마구 쏟아지는 눈물')과 연계되어 있다. 두 번째 성과는 B2와 연계되어 있는데, 그녀가 얼마나 '아버지와 비슷한지', 아버지와의 유사성에 대한 루시의 '깨달음'(자신의 생각에 형체를 부여하기)이 그것이다. 여기에서 인터뷰 상대는 오직 두 번째 성과에만 접근할 수 있음을 유의하는 것이 중요하다. 회상된 음악과 루시의 교호작용(B1에 대한 기억)과 인터뷰 동안 이루어진 그녀의 해석작업은, 그녀와 아버지가 얼마나 '비슷한지'에 대한 지식을 생산한다. 아닌 게 아니라 이 사례는 우리가 '음악'으로 간주하는 것이 어떻게 실시간 들리는 음악을 훌쩍 넘어 확장될 수밖에 없는지를 눈에 띄게 강조한다. 사람들은 머릿속에서 음악을 거듭 재생할 수 있으며, 기억 속으로 음악의 단편이나 작품 전체만을 불러들이는 것이 아니라 전에 들었던 음악에 대한 좀더 분산된 기억도 불러들일 수 있기 때문이다.

B1과 B2에서 공히 음악은 루시의 지식 편성을 위한 자원을 마련해주었다. 음악은 그녀가 아버지와 맺은 관계에 대해 결론을 유발한 자원이었을 뿐만 아니라 아버지와 그녀의 성질, 곧 각자 맺고 있는 관계에서 그들의 동일성에 대해 결론을 유발한 자원이기도 했다. 이런 의미에서 음악은, 루시가 사회관계는 물론 나아가 사회현실에 대한 정의(定義)를 상상하고 이로써 확립할 수 있었을 정도로 그녀의 의식을 자리매김하는 데 기여한 재료였다.

그렇다면 여기서 음악은 루시의 주목을 현실의 측면에 환기시키는 데 능동적이었다(음악이 이 측면을 그녀에게 상기시킨 장치로 소용된 덕분에 그녀는 결과적으로 극단적인 반응을 보이고 말았다). 특히 음악은 딸로서 그녀의 역할에 대한 이해를 다시 정의하도록 도와주었다. 이런 이유들로 인해 이 사례연구에서 음악은 특수한 의식의 양태와 그에 동반되는 사회관계가 확립·재확립되도록 하는 재료라고 이야기할 수 있다. 이 사례는 (제2장에서 발전된 논증과 일치하는 이론화의 '올바른 수준'

에서) 음악을 그와 더불어, 그리고 그 속에서 사회현실에 대해 사유하고 경험하고 다시 경험하는 매체로 보여준다.

이 사례는 음악이 마련해주는 구조를 배경으로 어떻게 지식 형성이 일어날 수 있는지(결국엔 어떻게 지식 만들기가 불가피하게 사회관계를 만드는지) 보여주는 데 기여한다고는 해도, 음악 특유의 속성이 저런 과정을 일러주게 될 법한지 하는 것까지 실지로 예시한 것은 아니다. 음악 특유의 어떤 속성이 인식과 겹쳐지는가 하는 쟁점은 뭐니뭐니 해도 사회음악적인 분석의 쟁점 가운데 가장 흥미진진하다.

가장 명백한 사례를 들자면 (브람스의 「이중 협주곡」, 특히 악보로 제시된 2악장이 바이올린과 첼로의 듀엣임을 고려할 때―옮긴이) 루시는 악기들의 '아버지·딸' 성부 진행에 맞추어, 즉 동일한 '가족'——현악기족(族)——끼리 서로 대화 중에 있는 성부 진행에 맞추어 방향을 설정했는가(제2장에서 논한 「깨어라」에 대한 매클러리의 분석〔본문 105쪽〕을 되새겨보라)? 지금 우리가 알고 있는 것만 갖고는 대답할 수 없으며, 이런 간극은 음악분석가와 음악사회학자의 공동연구라는 아주 유용한 논점 하나를 눈에 띄게 강조한다. 사회음악적인 방정식에서 음악 특유의 재료를 고려하지 않고 생략하는 것은 왜 잘못일까.

루시로부터 얻은 또 다른 짤막한 사례는 이와 같은 물음이 어떻게 강구될 법한지 조명하는 데 도움을 준다. 인터뷰 단계에서 루시는 그녀가 얼마나 음악의 '낮은 울림'을(예컨대 소프라노 목소리보다는 알토 목소리를, 바이올린보다는 첼로를) 특별히 좋아하는지 그 이유를 다음과 같이 이야기했다. 그것들은 "배경의 일부이며…… 베이스와 알토는 [음악을] 채우죠, …… 아마도 그런 것이 저의 삶을 특징짓는다고 생각하나봐요. 저는 각광을 받는 것을 좋아하지 않고…… 한 집단의 일부라고 생각합

브람스의 「이중 협주곡」

니다. ……할 필요가 있는 것을 알아보고 하지만 스포트라이트를 받는, 말하자면 '전면에 서는' 일은 없답니다"(DeNora, 2000, 69쪽)라고 말한다.

이런 진술을 하면서 루시는 그녀의 말마따나 어떻게 '음악에서 나'를 발견했는지 내비치고 있었다. '나'는 그녀가 일컬은 대로 특히 (부연하자면 브람스에서 많이 발견된다고 그녀가 말한) '윤택한' 화음의 중간 성부에서 발견할 수 있다. 몇몇 음악 패시지의 '내성부'에서 그녀는 자신의 본성과 정체성의 범례를, 그녀의 말대로 (중간 성부같이) '할 필요가 있는 것을 하는', 그렇지만 '배경에 있으며 각광을 피하는' 습성의 범례를 발견할 수 있었다. 루시는 음악이 마련해준 견본 내지 모델을 배경으로 자기 지식에 살을 붙이거나 자기 지식을 보여주는 지도(地圖)를 만들 수 있었다. 바로 여기에서 어떻게 특정 음악구조 또는 일련의 음악적 속성에 대한 개인의 개념작용이 다른 영역에 대한 자각을 윤곽 짓는(명료화하는) 일을 하기 위한 좌표 내지 도표(道標)로서 개인에 의해 투영되기에 이르는지 알아볼 수 있는 것이다. 이런 과정은 음악이 어떻게 때때로 다른 음악 외적인 현상의 구축에 대한 은유를 마련해줄 수 있는지를 말해준다. 이때 음악적 사건은 (루시의) 모델링 활동——음악은 그 모델링 활동에 대한 관계항을 마련해주는데——을 끌어들일 수밖에 없으며, 바로 이런 의미에서 우리는 음악이 실제로 인식 속으로 들어서고 있다고 볼 수 있는 것이다.

달리 말해서 음악은 다른 어떤 것(이 경우 루시의 자기 동일성)과 '비슷한' 매체를 마련해준다. 달리 말해서 루시는 어떤 유형의 음악, 자기 동일성 개념과 일종의 사회적 이상(理想) 사이에 연관관계를 긋고 있다. 이런 작업은 루시가 음악구조'에서' '자신을 발견'하거나 정체성을 위치시킬 때, 그녀의 말대로 음악구조 안에서 '자신의 삶'을 발견할 때 달성된다. 이 구조들을 그녀는 자신이 누구인지, 또 되고 싶은 사람이 누구인지 보여주는 지도 내지 모델로 읽고 있으며, (그녀가 달성하도록 음악이 도울 법한 것에 대한 우리의 가정적 읽기가 아니라) 그녀의 읽기에서 인식형성을 주도할 때의 음악을 알아볼 수 있다. 이때 음악이 인식형성을 주도하는 것은, 음악의 관련에 비추어 형체를 갖추는 편성보다 앞서 음악의 구조가 먼저 투영되어 있기 때문이다. 요컨대 루시는 이해의 한 형태를 빚어내며, 음악에서 발견한 구조에 기대어 (이 경우 그녀 자신에 대한) 지식을 생산한다. 음악은 루시 개인의 지식 편성에 두루 스며들어 있다. 이렇게 하면서 자기 지식과 처신을 위한 기초를 마련해준다. 음악은 그녀가 누구인지(그녀가 스스로를 아는 양상)의 모델을 마련해주며, 그런 까닭에 어떻게 나아가야 하는지에 대한 지도를 마련해준다.

인식과 관계해 음악의 역할을 과장하는 것은 오해의 소지가 있을 것이다. 음악은 확실히 지식 편성을 위한 관계항으로 소용될 법한 유일한 문화매체도 아니거니와, 언제나 모든 사람에게 하나의 자원으로서 똑같이 의의가 있는 것도 아니다. 다른 문화적 재료(은유, 유비, 자연세계의 내러티브와 시적 구조, 측면, 테크놀로지, 인공물)은 모두 현실을 사상(寫像)하기 위한 배경 구조를 마련해줄 수 있다. 이런 주장은 과학 및 테크놀로지 연구에서 실지로 잘 예시되는데, 여기에서는 일정기간 동안 되풀이되는 지식이 편성을 위한 일군의 자원을 전유하는 것으로 보일 수 있다.

예컨대 여성의 신체와 생리학 지식을 수립하는 데 이용되는 은유에 대한 에밀리 마르틴의 연구,(Martin, 1991) '여성주의' 지식 생산을 위한 자원으로서 생리학의 재현에 대한 내 자신의 작업,(DeNora, 1996) 과학의 지식 형성에서 어떻게 패러다임 전환(shift)과 반대되는 패러다임 변화(change)가 일어나는지에 대한 낸시 네르서시언의 연구(Nersessian, 1984)는 모두 어떤 과정에 의해 과학 지식에 외적인 것이 과학 지식의 제작, 보는 방식, 말하기 관습 등을 위한 자원으로 전유되는지 그 과정을 따라간다. 여기서 요점인 즉, 문화적 재료——그중 하나가 음악인데—— 는 지식 형성 속으로 들어서며 그런 까닭에 지식 형성을 매개한다는 것이다. 이런 매개는 방금 논한 개인의 자기 지식과 그 편성의 영역에서 일어날 수도 있다. 그것은 또한 좀더 '공적인' 지식 형태가 산출되는 영역, 가령 철학 지식과 그 편성 같은 영역에서도 일어날 수 있다. 다음으로 음악과 관계해 철학 지식과 그 편성을 사례로 들어보겠다.

테드의 사례

중산층 상인과 전문 성악가 사이에서 태어난 테드는 1930~60년대 유명한 대학교수였다. 사회철학자 집단의 일원으로서 저명한 그의 작업은 오늘날 국제적으로 연구되고 있다. 아니, 차라리 최근 다시 부흥되었다고 하는 편이 낫겠다. 테드는 대개 그의 철학의 혁신들로(그리고 철학의 관습적인 처리절차를 비판하는 작업 방식으로) 인정받고 있다. 따라서 지식사회학의 관점에서 볼 때 테드는 흥미를 불러일으킨다. 달리 말해서 어떻게, 그리고 어떤 토대로부터 테드의 혁신적인 작업이 진행되었는가? 무엇이 그것의 명료화를 위한 자원을 마련해주었는가? 이처럼 철학 지식의 생산에 대해 물음을 던지는 것은 문화생산물이 어떻게 변화하는지에 대해 물어보는 것이다. (지식을 생산하는 기획의) 패러다임 전환에 관한 쿤의 고전적인 물음보다 더 많은 뉘앙스가 이 물음을 특징짓는다. 그와 대조적으로 이 물음은 어떻게 새로운 형태들이 모습을 갖추는가, 어떻게 창조 작업이 진행되는가, 그 작업은 어떻게 생산되고 배포되는 문화 환경 안에 깃들여지며 그 문화 환경에 의해 조장되는가, 하는 특정한 물음인 것이다. 즉 지식을 생산하는 세계의 '인사이드'(inside)를 향해 있는 물음이다.

지식 형성에 대한 이런 물음은 과감히 말하건대, '(일라이네와 루시 같은) 평범한 사람이 생활을 꾸려나가는 데 필요한 지식을 어떻게 생산하는가' 하는 물음과 근본적으로 다르지 않다. 양자의 경우에 우리는 지식이 명료화되게끔 하는 자원을 찾아볼 수 있다. 가령 루시의 경우, 어떻게 특수한 문화 재료가 지식을 빚어내고 틀 짓도록 동원되는지 찾아볼 수 있다. 이런 종류의 물음은 과학의 개념 형성에 대한 최근 작업과, 지식 형성의 변화를 연구하는 최근 작업(지식의 생산을 위한 재료가 어떻게 동원되거나 타진되는지, 그렇지 않으면 지식 생산의 소용돌이에 휘말리게 되는지를 연구하는 작업)에 의해 효과적으로 강구되어왔다. 그러나 그것은 음악이 어떻게 이런 형성을 위한 재료를 마련해줄 수 있는지와 관계해서는 강구되지 못했다.

우리는 이제 테드를 인터뷰할 수는 없지만(1960년대 말에 사망했으므로) 그럼에도 루시와 같이, 테드가 자신의 '새로운' 철학을 달성하기 위한 도구로 음악에 호소한 증거자료는 넉넉하다. 더욱이 테드의 음악과의 교호작용을 사례로 사용하는 것은 두 가지 이유에서 매력적이다. 첫째, 테드의 작업에 대한 사례연구에서 우리는 음악이 어떻게 공적인 지식의 생산을 위한 자원으로 쓰이는지, 그에 대한 가장 광범위한 사례 가운데 하나를 알아낼 수 있다. 둘째, 물론 벌써 알아차린 독자도 있겠지만 테드는 다름 아닌 바로 테오도르 아도르노이다(가까운 친구들은 그를 테디라고 불렀다고 한다).

시간이 지나면서 아도르노의 작업이 어떻게 명료화되는지 열심히 추적한 저작은 상당히 많이 있다. 과연 그에 대한 고전 연구들은 아도르노의 저작에서 발견된 바대로 음악과 철학 사이의 타가수정(他家授精)에 대해 실토하고 있다. 이 논제에 대한 최고의 입문서 가운데 하나로는 수전 벅-모스의 1979년 저작 『부정변증법의 기원』을 꼽을 수 있다. 벅-모스의 연구는 그녀의 말대로 "아도르노 철학의 역사적 기원들"에 대한 연구로서, 아도르노의 '밀교(密敎)적인 언어'의 관문을 여는 '열쇠'를 발견하는 데 관심을 갖는다. 벅-모스에 따르면 아도르노의 변증법 이해는 "마르크스처럼 경제적 생산의 경험을 모델로 하기보다는 오히려 미적인 경험을 모델로 해서"(Buck-Morss, 1979, xiii쪽) 만들어졌다. 자신의 자원에 대한 아도르노의 서술은 이를 분명히 한다. 실은 철학사에 대한 그 자신의 이해는 음악의 프리즘을 통해 구축되었다. 아도르노는 베토벤의 음악에 대해 이렇게 말했다.

헤겔 철학이지만 그와 동시에 헤겔 철학보다 더 참되다. 다시 말해 베토벤의 음악에는 자기 동일적인 것으로서 사회의 자기 재생산이 충분치 않다는, 실은 거짓이라는 확신이 담겨 있다. 제작된 것이자 미적인 것인 형식내재성으로서의 논리적 동일성은 베토벤에 의해 구성되기도 하고 동시에 비판받기도 한다. 베토벤 음악에서 진실을 봉인한 인장(印章)은 진실의 유예에 놓여 있다. 그것을 초월함으로써 형식은 참된 의미를 띤다. 이처럼 베토벤 음악의 형식초월성은 희망의 재현——표현이 아니라——이다.(Adorno, 1998, 14쪽)

아도르노는 철학자로만 훈련받은 것이 아니었다. 그는 또한 빈에서 알반 베르크를 사사했으며, 이 작업은 그의 이론을 명료화하기 위한 자원을 마련해주었다. 아도르노 자신은 명료화되기에 이른 부정 철학과 무조음악 사이에 스스로 그은 평행관계에서 이를 분명히 했다. 아도르노의 부정 철학과 무조음악은 공히 체제긍정적인 부르주아 체계——음악에서는 기능 조성(functional tonality),[2] 철학에서는 (정신과 사회현실 사이에 동일성을 정립한) 부르주아 관념론——를 전복하는 데 몰두했다. 아도르노가 볼 적에 '변증법적 작곡가'(Buck-Morss, 1978, 15쪽) 쇤베르크는 진행하는 법을 위한 모델이었다. 아도르노는 1934년, 작업의 발전 초기에 에른스트 크세넥(Ernst Krenek)[3]에게 보낸 한 편지에 이렇게 썼다.

참된 이론의 과제는 ……현실의 갈라진 틈새와 파열을 은폐하고 '중재'하는 것이 아닙니다. 오히려 그것들을 들추어내고 그것들에 대

---

2) 이른바 서양음악의 공통관습 시기(약 1600~1900년)의 음 조직체계, 흔히 장·단조 체계를 가리키는 용어. 으뜸음을 중심으로 위계질서를 지닌 음 관계를 이룬 음악의 체계를 말한다. 음계(scale)를 이룬 음들은 저마다의 위치에 따라 기능을 부여받고 있으므로 조성 체계를 일컬어 '기능화성'이라고 부른다. 각각의 기능에 따른 음 이름은 다음과 같다.

으뜸음 윗으뜸음 가온음 버금딸림음 딸림음 버금가온음 이끈음

3) 체코 혈통의 오스트리아 작곡가. 그의 오페라 「조니가 연주를 시작한다」(Jonny spielt auf, 1927)는 바이마르 황금시대의 문화적 자유를 대변하는 작품으로 유명하다.

158

한 지식을 통해 극복하는 데 공헌하는 것이야말로 참된 이론의 과제입니다. 그리고 저는 정말이지 쇤베르크가 다음과 같은 점에서 다른 음악과 구별된다고 믿습니다. 쇤베르크의 음악은 자신의 이율배반의 구상과 해결을 통해서 가장 진보적인 사회이론보다 더, 현 사회의 구조를 훌쩍 넘어갑니다.(Buch-Morss, 1979, 130쪽에서 재인용)

아도르노의 언어는 많은 사람이 관찰한 대로 파악하기가 어렵다. 문장은 길고 매우 복잡하게 뒤엉켜 있으며, 아마도 동사가 맨 뒤에 오는 독일어에서 문법 관계를 해부하기는 훨씬 더 어려울 것이다(Samuel 과 Shierry Weber의 『프리즘』 영역본(Adorno, 1981)의 서문 「번역 불가능한 것을 번역하기」를 볼 것). 그렇지만 제1장에서 서술했다시피 틀림없이 이는 불명료성의 문제라기보다는 오히려 의사소통적인 방향설정의 문제였다. 아도르노 자신이 말했듯이 "사회에 대한 불복종은 사회의 언어에 대한 불복종을 포함한다."(Adorno, 1981, 225쪽) 아도르노의 글쓰기 스타일은 제이의 관찰대로(Jay, 1976, 176쪽; Martin, 1995, 87쪽 또한 볼 것) "독자에게 같은 크기의 진지함을 가지고 반응하도록 부추기는 직접적인 도전"으로 의도되었음은 의심할 여지가 없는 듯하다.

쇤베르크에게서 아도르노는 기능 조성(으뜸음과 딸림음, 버금딸림음과 이끈음 같은 음들의 위계질서)으로부터 음들의 '해방'을 보았다. 크세넥에게 보내는 편지대로, 이는 유토피아적인 '자유로운 인간들의 연합'(Buch-Morss, 1979)과 유비를 이루었다. 그렇지만 철학과 쇤베르크 음악 사이에 아도르노가 만든 연합은 유비 그 이상이었다. 쇤베르크의 방법, 벅-모스가 말하듯이 "조성적인 지배의 포기"와 "화성적인 총체성에 대한 반감"에서 아도르노가 발견한 것은, 바로 자신의 철학을 위해 전유할 수 있는 어떤 것, 즉 "음악적 양태로부터 철학적 양태로" 전조(轉調)함으로써 전유할 수 있는 어떤 것이었다.(Buch-Morss, 1979, 131쪽) 아도르노는 자신의 발전 중 훨씬 더 이른 시기인 1932년에 쓴 글 「음악의 사회적 상황에 관하여」에서 다음과 같이 말한다.

> 쇤베르크의 진정 핵심적인 업적은…… '표현주의적으로'—주관의 의도를 권위적으로 이질적인 재료 속에 가차 없이 삽입함으로써—수행하지 않았다는 것이다. 오히려 쇤베르크가 재료의 짜임새 속으로 개입해 들어가는 모든 제스처는 동시에 재료 자체의 내재적인 문제의 형태로 재료가 그를 향해 내놓은 물음에 대한 답변이다.(Adorno, 2002, 399쪽)

아도르노가 가장 존경한 음악은 쇤베르크의 「공중 정원의 책」과 좀더 일반적으로는 12음 기법 이전의 쇤베르크 음악을 포함한다. 베르크(Alban Berg)에 대한 아도르노의 일편단심은 잘 알려져 있다. 바로 이들 작곡가(말러와 같이 아도르노가 예찬한 다른 작곡가)의 작품에서 아도르노는 포스트 계몽의 역사적 상황을 '알아본' 것이다.

가령 베르크의 바이올린 협주곡을 아도르노는 부르주아 이상에서 상실되어버린 모든 것을 측량하는 것으로 본다. 즉 베토벤의 드라마(행위수행이 아직은 권한을 부여받고 있었으며, 현실과 상호작용하여 현실을 변형시키면서 외향적이었던 시기)로부터 말러의 심리학적인 특이성—"제한을 즐기는 것조차도 그 자체의 한계에서 벗어나고자 하는"(Adorno, 1992, 49쪽)—으로 휙 지나가버린 부르주아 이상을 말이다. 아도르노가 볼 적에 베르크의 바이올린 협주곡은 체제긍정에 '편승'하는 것이 아니라 오히려 물질적 실재의 모순과 긴장을 위한 공간을 발견한 '배열' 방식을 예증했다. 아도르노의 좀더 성숙한 저작에서 강조되었듯이 음악과 철학은 동일한 기획이 아니기는 하지만 비판의식과 음악구성 사이에는 유사성이 있다(Buck-Morss, 1979, 133쪽; 독자에게 '충격'을 주어 좀더 능동적으로 텍스트에 관여하게 하려는 아도르노의 바람을 서술한 Paddison, 1982, 18쪽을 볼 것). 리처드 레퍼트는 이런 연관관계를 다음과 같이 설명한다.

아도르노의 글쓰기는 수동적으로 손쉽게 수용하려는 독자를 의도적으로 좌절시킨다. 우연찮게도 이는 사회적으로 '순수한' 음악의 저항성에 대한 아도르노의 이해와 같이한다. 특히 체계화된 논증의 '논리', 즉 A항은 직접적으로 그리고 불가피하게 B항의 원인이 된다는 기대에 의해 정의된 논리에 저항한다. ……결과는 수전 H. 길레스피가 적절히 설명하듯이 "[카프카의] '갑자기 중단된 우화'처럼, 모호함을 위한 해석의 여지를 어느 정도 남겨둔 채 논리적 명석함과 인과성을 침식하는 일종의 괴리와 비(非)특정성을 창출하는 문법상의 수사어구이다."(Leppert, 2002, 62, 63쪽)

레퍼트와 길레스피가 밝히고 있듯이 여기서 열쇠는 관습적인 인식 형태가 관습적이지 않은 미적인 형태—일부러 애매하고 헷갈리게 하고 따라서 독자·관찰자 편에서 능동적인 해석을 요하는 형태—를 통해 문제시되거나 침식될 수 있다는 생각이다. 따라서 쇤베르크가 음악형식으로 성취한 것을 아도르노는 1930년대 동안 문학 형식으로 성취하고자 했으며, 또 사회철학의 틀과 (그가 일컬은 대로) '와해의 논리'로 성취하고자 했다(Muck-Morss, 1979, 63~95쪽; Adorno와 Horkheimer, 1972, 145쪽을 볼 것).

마찬가지로 '논리'를 구성하는 처리방식, 구성요소의 축조는 쇤베르크의 처리방식을 모델로 만들어진 것이다. 예컨대 벅-모스는 아도르노의 '성좌'라는 조직 원리가 벤야민(Walter Benjamin)에서 유래하고 있다고 말한다. 아도르노는 성좌를 1931년 교수취임 강연 「철학의 시의성」에서 말한 대로 "분석적으로 고립된 요소의 병치와, 이와 같은 해석에 힘입은 현실의 조명"이라는 의미로 썼다.(Buck-Morss, 1979, 93쪽에서 재인용)

제이가 서술한 바 있듯이(Jay, 1984, 14쪽) '병치'는 환원에 저항한다(또한 Leppert, 2002, 63, 64쪽을 볼 것). 그것은 불일치를 특징으로 하며, 성좌(복합체)는 물질적 실재의 요소(사회적 경험, 자연, 음악의 피치)를 미리 주어진 형이상학적 형식 속으로 깔끔하게 마무리 짓기보다는 오히려 탐험되고 탐사되도록 한다. 아도르노가 철학의 시의성을 '현실화'하고자 했다는 것은 바로 이런 의미에서이다. 아도르노가 선택한 문학형식인 에세이는 음악적 유비를 더욱더 진전시킨다. 제1장에서 서술한 바 있듯이(본문 42쪽), 길레스피는 아도르노의 글이 "짧막한 스케르초 풍의 스케치"와 "좀더 길고 한결 교향악적인 에세이" 사이에서 얼마나 변화무쌍한지 시사한다. 아도르노 자신도 제목('즉흥곡' '악곡' '악흥의 순간'〔Moments musicaux〕'환상곡 풍으로'〔Quasi una fantasia〕 등)을 선택하는 데서 이 점을 강조한다. 다시금 레퍼트는 이런 주장을 다음과 같이 해명한다.

철학적 사고를 위한 구조로서 에세이는 철학의 제1의 원리에 의해서 미리 규정되지 않는다. 에세이가 반영하는 사고는 에세이가 연구하는 재료로부터 직접 발생하는 경우가 더 많으면 많지, 재료보다 앞서 있으면서 재료를 압도하려고 언제나 위협하는 개념으로부터 발생하는 경우는 훨씬 적다. ……어떤 의미에서 이상적으로 비체계적인, 자발적인, 단편적인 에세이는 돋보기보다는 오히려 눈 안의 가시를 자청한다["눈 안의 가시가 최고의 돋보기"라는 아도르노의 격언을 참조할 것]. 에세이의 경향은 비판적이며, 그 목적은 '문화를 움직여서 자기 자신의 비(非)진리를 명심하도록 바꾸는' 것이다.(Leppert, 2002, 65쪽)

여러 말할 것 없이 아도르노에게 음악은 일종의 범례로(비음악적인 것, 즉 그로부터 철학을 추론해내기 위한 자원으로) 복무했다. 따라서 앞에서 언급한 루시와 다르지 않게, 아도르노는 지식을 편성하기 위해 음악에 기댔으며 음악을 전유했다. 즉 음악은 지식을 음악의 구조 및 측면과 동일시함으로써 달성된 과제를 위한 관계항으로 복무했다. 이런 의미에서 쇤베르크에 대한 아도르노의 개인적 반응(쇤베르크의 개개의 특징에 대한 그의 동일시)은 그의 (음악적) 철학의 명료화를 위한 기원을 마련해주기에 이르렀다. 어떤 다른 유형의 부정성 철학을 언명하는 데 몰두한 아도르노, 독자에게 의미를 받아들이기보다는 '구성'하도록 요구한 아도르노가 볼 적에 쇤베르크의 음악은 복잡한 유형의 지식, 달리 말해서 쇤베르크의 '범'조성과 유사한 포괄적인 지식활동의 한 양태를 생산할 수 있는 의식의 양태를 유발했다.

이런 의미에서 아도르노는 음악과 더불어[관련지어] 뭔가를 했던[철학을 만들었던] 것으로 볼 수 있다. 따라서 아도르노의 글쓰기로부터 얻은 이번 사례에서 우리는 음악이 음악 외적인 사고 활동과 그것의 명료화를 위한 매체로서, 이 경우 철학으로서 복무하고 있음을 알아본다. 그렇다면 루시와 같이 아도르노는 어떤 것을 하기 위해서, 인식을 성취하기 위해서 음악을 사용했다(또는 음악에 의탁했다). 루시와 같지 않게 아도르노는——루시는 음악에 기댔으며, 음악과 관련지음으로써 동일시 작업을 성취했는 데 반해——(비동일성 중심의-옮긴이) 사고 자체가 어떻게 진행해야 하는지 사유하는 모델로 음악을 사용했다.

인식 및 인식적 실천에 음악이 끼치는 중대한 영향

이들 두 가지 사례는 비록 시사적인 형태일지언정 인식을 일러줄 때의 음악의 실제 사례를 눈에 띄게 강조하는 구실을 한다. 이 논제는 음악학과 음악사회학에 의해 거의 대부분 간과되어왔다. 음악은 여러 형태의 창조적·해석적·인식적 노력에 대한 인식적 자원을 마련해주는 것으로 보일 수 있다. 이런 쟁점을 이야기하는 것은 음악의 한 측면(예컨대 음악이 엔딩을 편성하는 방식)이 어떻게 비음악적인 활동을 하는데 관계항을 마련하게 되는지 이야기하는 것이다.

짧게 말해서 음악은 모든 유형의 문화적 생산을 일러줄 수 있으며, 이제껏 논의된 사례들은 지식이나 심상을 명료화하는 창조적인 노력과 관계된다. 그래서 음악은 또한 다른 예술적 기획의 발전을 위한 자원을 마련해줄 수 있다. 작가 앤서니 버지스는 이 쟁점에 대해 이야기한 적이 있었다. BBC 라디오 채널 4의 인터뷰에서 버지스는 어떻게 베토벤이 그에게 각별한 플롯 해결책을 착안해내도록 했는지 서술했다. 이로써

버지스는 베토벤의 음악에서 재료를 취급하는 각별한 방식을 '알아보았다.' 그는 베토벤 음악의 취급방식을 텍스트적인 실천으로 번역할 수 있었다는 말이다. 베토벤은 버지스에게 재료를 배열하는 각별한 전략, 이행과 끝맺음을 만드는 각별한 방식이 문학의 수준에서 가능함을 보여주었다. 이런 의미에서 버지스는 루시와 같이 또 아도르노와 같이, 다른 어떤 것(문학)에 대한 처리방식을 만들어내기 위해 음악의 형식과 처리방식을 빌려왔다.

그렇지만 아도르노가 볼 적에 인식 속으로 접어들 때의 음악을 식별하는 경험적 프로젝트는 음악사회학의 과제로는 불충분할 것이다. 아도르노의 관심사는 이런 쟁점을 훌쩍 넘어 뻗어나갔다. 달리 말해서 아도르노는 그저 음악이 유발할 수 있는 그 '무엇'에만 관심을 가진 것이 아니었다. 동시에 음악적으로 유발된 의식의 양식, 자각의 신기원(新紀元)에도 관심을 가졌다. 이런 쟁점은 쇤베르크 대 스트라빈스키에 맞춘 아도르노의 초점과 관계해, 특히 그들의 음악이 고무시킨 상이한 인식양태와 관계해 가장 분명히 목격될 수 있을 것이다. 제1장은 이런 쟁점을 꺼내놓았다. 이제 그 쟁점의 이론화의 정도를 '올바른 수준'에서 발전시킬 때다. 요컨대 도대체 어떻게 의식의 양식에 작용하는(혹은 함께 일하는) 것으로서의 음악이라는 관념이 음악적 사건(Musical Event)의 수준에서 이론화될 수 있는가? 다시 말해 음악은 어떻게 현실에 입각한 상황과 관계해, 실시간과 공간에서 이론화될 수 있는가?

아도르노는 자신의 입장을 요약적으로 되풀이하는 일종의 재현부를 쓰기 위해서 쇤베르크의 체제긍정에 대한 반감, 음악적 관용표현에 대한 경멸을 강조했다. 동시에 음악재료를 다루는 쇤베르크의 비폭력적인 취급방법, 즉 재료를 해치지 않고(형식을 부과하지 않고) 재료를 포함하는 능력을 강조했다. 쇤베르크의 음악은 낯설었고 (외적인 이미지나 관념에 굴종하는) 음화(音畵)를 시도하지 않았다(음화는 이제껏 논의했듯이 지식 생산이라는 음악 외적인 활동에 대한 모델로서 복무하는 음악의 과정을 반대로 뒤집은 과정을 말한다). 이런 낯섦 때문에 쇤베르크의 음악은 상투적인 반응을 유발하지 않았으며, 청자에게 기존 현상을 '상기'시키기는커녕 오히려 새로운 방식으로 세계에 주의를 기울이도록 도전했다. 그 도전은 유사성·조화·반복·동일성과 이들 속성에 의해 유발된 심리학적 위안 대신에 차이·비동일성·모순·불협화를 찾도록 했다. 바로 이 점에서 아도르노는 쇤베르크의 음악이 진보적이라고 믿었다. 매우 복잡하게 뒤얽힌 구조를 지닌 아도르노 자신의 부정철학과 같이, 쇤베르크의 음악은 새롭고 해방적인 의식의 양태를 충동질할 수 있을 것이다. 달리 말해서 그것의 의미는 그저 받아들여야 한다기보다는 오히려 구성되어야 하는 것이다.

반면 대중음악과 스트라빈스키 음악은 이미 알려진 것을 강화시켰다. "회화의 사이비 형태변형"(Adorno, 1973, 191쪽)과, 효과를 위해 준비된 상투적인 제시 패턴을 지닌 스트라빈스키의 음악 말이다. 이런 의미의 음악은 관습, 수사어구, 친숙한 환기 음형에 의지했으며, 그렇게 하면서 청자에게 **무언가를** 상기시켰다(스트라빈스키의 음악이 상기시키는 '무언가'는 '주어진 것'으로 읽히니까 하는 말이다). 이런 상기작용을 통해서 음악은 적어도 가정적으로는 '사물'의 세계, 미리 주어진 존재자의 세계, 따라서 비판과 추궁보다는 정지 상태에 의해 특징지어진 세계에 대한 관념을 강화시키는 장치를 마련해주었다.

이런 까닭에 이와 같은 음악은 확실성의 한 형태를, 존재론적 안정 (ontological security)[4]을 청자에게 주입시켰다. 음악적 현실에 대한 이런 음악적 재현에 의해서 사람들은 안도감을 느낄 것이다. 이것이야 말로 아도르노가 음악의 체제긍정적인 기능을 언급할 때 의미한 바였다. 이 쟁점은 집단 기억은 물론, 개인의 회상하기 활동을 둘 다 다루는 기억의 사회학(sociology of memory)을 특히 두드러지게 하며 그것을 발전시키는 데 기여한다. 이번에는 기억에 대한 최근 사회학의 작업을 살펴봄으로써, 음악 및 음악과 의식의 연결고리에 맞춘 아도르노의 애초의 (비판적인) 초점을 조명하는 데 도움을 얻도록 하자.

기억 연구와 그 경과

기억(memory)은 문화적 구성물이다. 기억은 특정 매체와 재료(상징, 물질문화, 이야깃거리, 문학, 영화, 그리고 물론 음악) 속에 위치해 있으며 그것들과 관련지어 정교하게 만들어진다. 모든 기억은 **동일시**를 수반하는데, 이때 동일시는 일어났던 것(경험)에다가 저 경험을 표시하는 것과 관련지어 살을 붙인다. 이런 의미에서 지난 일을 되불러내는 회고(recall)는 지식 생산이요 활동이다. 뿐만 아니라 역사적 사건의 재현이다. 로빈 와그너-퍼시피시는 다음과 같이 말한다.

기억은…… 내러티브, 회화의 이미지, 교과서, 팸플릿, 법적 계약서, 유언장, 일기, 조각상으로써 우리에게 다가온다. 그 형식들은 저

---

4) 인간의 행위는 사회 구조를 변화시킬 수도 있지만 반대로 확립된 제도적 환경을 재생산하는 경우도 많이 있다. 이처럼 인간 행위가 사회질서를 재생산하는 경향은 신뢰감을 필요로 하고 불확실성을 두려워하는 사람들의 욕망, 바로 '존재론적 안정'에 대한 욕망에서 비롯된 것일 수 있다.

마다 집단 기억을 나타내는 것 이상을 한다.(Wagner-Pacifici, 1996, 302쪽)

와그너-퍼시피시는 기억이 어떻게 회상하기(remembering)와 회고에 대한 통념적인 묘사와 대조적으로, 일어났던 사건을 날마다 기록한 '일지' 그 이상인지 서술한다. 기억은 과거를 재현하는 데 이용 가능한 방식 및 소재와 역동적으로 얽혀 있다. 와그너-퍼시피시의 작업은 최근 몇 년 사이 문화사회학 안에서 가장 흥미로운 발전 가운데 하나를 예증한다. 다시 말해서 그의 작업은 공적으로 이용 가능한 기억의 범주와 장르가 어떻게 지나가버린 것에 대한 우리의 기억을 매개하는지 조사하는 연구의 좋은 예가 된다. 달리 말해서 기억은 그 자체로 문화 산물이요 미적인 창조물이다. 따라서 기억은 기억의 생산을 위해 이용 가능한 자원에 의지함으로써 가공된다. 기억은 사회적으로 구성된 문화 산물인 것이다.

앨런 래들리가 말하듯이 "인공물은…… 과거에 대한 또 다른 해석이 재구성될 수 있는 증거물이다."(Radley, 1990, 58쪽) 기억의 매체와 장르가 있다는 말인데, 이 논점은 아마도 기념식과 그 형태에 대한 연구에서, 특히 어떻게 이 과정이 불가피하게 정치적 긴장으로 가득 차 있는지 살펴봄으로써 가장 분명하게 목격될 수 있다. 기억의 공동체에 대한 안나 리사 토타의 작업(Tota, 2001b)은 바로 이런 쟁점을 눈에 띄게 강조한다. 볼로냐 기차역의 테러리스트 폭격을 둘러싼 기억 논쟁을 연구하면서 토타는 사람들이 얼마나 노심초사하며 공적인 수준에서 회상하려고 애쓰는지 강조한다. 즉 무엇을 헤아려야 하고 어떤 형태가 기억을 함유·재현하는 데 사용되어야 하는지를 둘러싼 책략이 얼마나 팽배한지 강조한다.

짧게 말해서 사회적 기억에 대한 조사연구는 대부분 기념식을 다루어왔으며, 그와 더불어 주요 사건에 대한 재현을 분석해왔다. 그것은 다양한 매체, 가령 문학, 법적인 문건, 조형예술 등에 의해서 사건이 어떻게 묘사되는지 이야기한다. (이상하게도 음악은 회상하기의 사회학에 관한 문헌에서 결여되어 있는데, 아마도 음악형식에 대해 이야기하기 위해서는 기법적인 지식이 필요하다고 여기기 때문이 아닐까?) 또한 초점은 이들 재현을 집행하는, 흔히 고도로 긴장된 정치를 향해 있었으며, 뿐만 아니라 무엇이 용인될 수 있을지에 대한 논쟁에 뒤얽힌 다양한 관심과 감정을 향해 있었다.(Wagner-Pacifici와 Schwartz, 1991; Zolberg, 1996) 이런 초점은 정말로 중요하기는 하지만 결코 화젯거리를 남김없이 규명하지는 않는다. 그것은 또한 여러 가지 부가적인 물음을 초래한다. 이 물음은 '어떻게 기억이 지속되는가' 하는 쟁점을 중심으로 하고 있다. 명기(銘記)된 것들의 경우 과거의 재현은 단지 기억 생산과 등치된 것의 한 측면일 뿐이다. 또한 기억은 사회적으로 위치한 행위자가 수행하는 습관적이고 거듭 되풀이되는 활동을 통해서 명기되지 않은 체화된 실천을 수반하기도 한다. 콘너턴은 말한다.

사회적 기억과 같은 것이 있다면, 나는 그것을 기념식에서 발견할 수 있다고 논할 것이다. 기념식은 그것이 수행적인 한에서만 기념한다고 판명되거니와, 수행성은 습관의 개념 없이는 생각할 수 없으며, 습관은 신체의 자동 작용(automatism)이라는 발상 없이는 생각할 수 없다.(Connerton, 1989, 4, 5쪽)

존 어리가 논평한 바 있듯이, 여기에서 콘너턴은 과거가 우리에게 전달되는 방식을 시사한다. 이때 "과거는 단지 생각하거나 행하는 그 무엇에서만 우리에게 전달되는 것이 아니라, 글자 그대로 우리가 어떻게 행하는가, 가령 글을 쓸 땐 어떻게 앉아 있는지, 어떻게 서 있는지, 어떻게 먹는지, 어떻게 여행하는지 등등의 양상에서도 전달된다."(Urry, 1996, 49쪽) 존 어리는 실천에 초점을 맞춘 콘너턴을 칭찬하기는 하지만, 그의 관점이 너무나도 일반적이라는 관찰을 놓치지 않는다. 콘너턴의 관점은 '사회 일반'(Urry, 1996, 49쪽)이 어떻게 신체의 기억을 물려주는지에 초점을 맞추고 있다는 것이다. "그것의 분석은 너무나도 일반적인 수준에 머물러 있다"(Urry, 1996, 49쪽)고 어리는 말한다(여기에서 아도르노의 '잘못된 수준'의 일반성에 대한 나의 비판이 계속되고 있음을 유의하라).

존 어리는 "주목할 만한 좀더 다양한 국부적인 과정"(Urry, 1996, 49쪽)이 있다면서, 미드(George Herbert Mead)[5]의 현재의 철학(philosophy of the present) 안에 사회적 기억에 대한 우리의 연구가 깃들어 있다고 제언한다. '현재의 철학'이라 함은 과거가 끊임없이 재창조의 논제가 되는 양상에 맞춘 초점을 뜻한다. 이때 과거는 사회적 삶을 만들어내는, 결코 끝나지 않을 진행 중인 가공작업을 위한 원천이 되기도 하고, 그러한 가공작업에 의해 만들어진 인공물이 되기도 한다.

이렇듯 행위에 맞춘 초점은 유용하며, 특히 내가 서술한 바 있는 음악

---

5) 미국의 사회심리학자·철학자. 타인과의 상호관계를 통해 어떻게 자의식이 발생하는지 보여주려는 그의 시도는 상징적 상호작용론의 형성에 지대한 영향을 미쳤다. 하버트 미드, 『정신·자아·사회』, 나은영 옮김, 한길사, 2010을 참조할 것.

적 사건에 맞춘 초점과도 부합한다. 그것은 특수한 물질문화의 생태학과 미적인 생태학 안에서 (인식의 한 형태로서의) 기억의 조직과 생산에 맞춘 초점으로 통한다. 래들리가 말하듯이 그것은 기억의 인공물에 주의를 돌려 이들 인공물이 모든 측면에서 회상하기에 침범하는 방식에 관심을 집중한다. "너무나도 변하기 쉬운 대상의 가변성 속에서, 그 대상을 소비하는 일상성 속에서, 그리고 사람들이 그것을 통해 누리는 상호관계의 감각적인 풍부함 속에서 대상은 반성과 회고를 위한 물질적 이미지로서 나중에 다시 틀 지어지기 위해 짜맞추어진다."(Radley, 1990, 57, 58쪽; Urry, 1996, 50쪽에서 재인용) 짧게 말해서 이런 행위 관점은 실시간 기억 활동을 강조한다. 이런 초점은 특수한 활동과 퍼포먼스를 통해 회고와 회상하기의 생산을 따라간다. 그것은 이런 생산이 대상 및 문화매체와 관계해 발생할 때를 검토한다.

명기되지 않은 기억 실천에 맞춘 초점은 기억 연구의 두 번째 쟁점으로 통한다. 음악과 음악적 사건에 맞춘 초점은 이 두 번째 쟁점을 눈에 띄게 강조하는 데 일조할 수 있다. 그것은 음악을 의식의 양식과 잇는 연결고리에 대한 아도르노의 관심사로 우리를 도로 데려간다.

우리는 많은 것을 회상하거나 도로 생각해내고 있는데, 그중 몇 가지 측면만이 상식적인 용어로 우리가 '과거에 일어났던 사건'이라고 여기는 것이다. 기억은 이보다 훨씬 더 폭넓은 영역을 망라한다. 우리는 과거에 있었던 주요 사건만을, 가령 잔학한 행동이나 특별한 행사만을 회상하는 것이 아니라 훨씬 더 세상사적인 수준에서도 회상한다. 실시간으로 어느 특정한 날, 우리는 의식의 비품(備品)으로서 서 있게 되는 것의 여러 측면을 '회상'한다. 우리가 속한 사회세계의 유능한 구성원이 되기 위해서 우리는 행위의 다양한 숙련기술과 절차를 '기억'하도록 요구받는다. 우리는 상황, 개괄적인 시나리오, 존재양식, 태도를 취하거나 말하는 양식, 상투적인 제스처, 예절, 그리고 행위의 관습 '유형'을 회상한다. 또한 정치 지도자(국무총리나 대통령)의 이름, 우리의 국적, 뉴스와 요즘 문화적 사건과 추세, 전화번호, 혹은 근무처와 동료 같은 것도 회상하며, 질문을 받는다면 이런 것들을 되불러낼 수 있다. 아닌 게 아니라 이런 것들을 되불러낼 수 없을 때 '오늘 좀 바보 같다'거나 아주 심하면 '병에 걸린' 것으로 여길지도 모른다.

그렇다면 세상사적인 생활에서 기억은 사회현실의 '내용'(과의 친숙성)에 대한 상식적인 가정을 포함하고 있다. 그리고 사회적 의식은 이런 '내용'에 대한 자각으로 이루어져 있다. 우리는 이를테면 기억을 '되살아나게 하는' 다양한 소재에 의해 뭔가를 의식할 수도 있으며 상기할 수도 있다. 이는 상식적인 어투를 쓰자면 '정상적인' 지능이며, 이런 지능(콘너턴에게는 죄송하지만 이런 지능은 가령 사람들이 있는 데서 먹는 법을 회상하는 식사예절과 행동거지 같은 비인식적인 기억을 포함한다)을 갖고 있음을 입증하지 못한 사람은 질책을 당하거나 때때로 전문가의 보살핌을 받는다.

바로 이런 유형의 사회화야말로 아도르노가 비판에 부쳤던 것이다. 이런 유형의 사회화란 일종의 회상하기의 그물망으로서의 의식, 그러니까 주요 사건은 물론 세상사적인 사안도 회상하는 의식이라는 역사적으로 한정된 발상을 말한다. 바로 여기에서 우리는 어떻게, 그리고 왜 아도르노가 현대사회에서 음악이 의식을 배치(전유)하는 방식 때문에 음악을 비판했는지 음미할 수 있다. 아도르노가 보기에 음악은 비동일성을 위한 역량이 설 자리가 없게 만드는 방식으로 '사물들'의 파편더미(에 대한 의식인) 회상을 촉발할 수 있었다. 즉 음악은 의식을 과잉구비

(具備)할 수 있었다. 따라서 의식(과 지능)은 '존재하는 것'에 대한 기억, 달리 말해서 일종의 망각하기, 즉 사회적 사실에 대한 사물화이기도 한 '존재하는 것'에 대한 기억에 지나지 않을 정도로 저하될 수 있었다.

요컨대 음악은 기억을 돕는 장치로서 복무할 수 있었는데, 그 장치를 통해 청자는 현재의 특수한 배치들을 무한히 '상기'해냈다. 실은 바로 이것이야말로 내가 『음악과 일상생활』을 쓰기 위해 만나본 여러 응답자가 만일 정신노동을 하고 있는 동안 음악을 듣고 있었다면 덜 친숙한 음악을 선호했음을 거듭 강조한 이유다. 그들은 (당면 과제에 집중하지 못하고 산만한 방식으로) 정신을 매일의 일상생활의 이러저러한 면으로 끌어당기지 않는 음악을 선호했던 것이다. 아도르노가 볼 적에 대중음악이 관습과 클리셰를 통해 지칭한 현재의 형식은 바로 상품 물신주의를 초래한 형식이었다. 시인 로렌스 펄링게티의 글로 쓴 프리 디즈니랜드(written pre-Disneyland), 『정신의 코니아일랜드』(*A Coney Island of the Mind*) 가운데 몇 구절을 인용해본다.

> 집에서 멀리 떠나 있을 뿐
> 그들은 동일한 사람들
> 콘크리트로 된 대륙에
> 쉰 개의 차선이 있는 넓디넓은 고속도로 위로
> 행복에 대한 백치 같은 환영을 그려놓은
> 단조로운 광고 게시판이 줄줄이 늘어서 있다.
> (Ferlinghetti, 1958, 9쪽)

아도르노는 스트라빈스키를 비판하면서 (또한 대중음악 비평을 통해서도) 음악이 미리 주어진 세계, 즉 한낱 회상되어야 할, 재인식되어야할 세계 및 과거에 대한 가정에 의해 특징지어지는 의식의 양식을 유발할 수 있음을 넌지시 비쳤다. 아도르노에 따르면 이와 같은 의식은 '주어진 것'을 가정했다. 주어진 것이란 과학적 명제의 수준에서든 일대기상의 심리적 욕구나 확실성의 수준에서든 ('내가 언제나 욕망해온 것' '내가 확실히 알고 있는 것'처럼) 사실과 진실에 대한 진술을 말한다. 이런 의식은 결국엔 그 누가 혹은 그 무엇(전문가나 정치지도자와 같은 엘리트와 미디어)이 선언했든 현실의 규칙에의 사회적 종속, 예속을 위한심리학적 선행조건이었다. 음악(좀더 일반적으로 문화매체)이 존재론적안정을 유발했을 때, 그것은 동시에 비판적 심의능력의 의식을 고갈시켰으며, '현실'에 대한 미리 고안된 시각(회상)을 긍정함으로써 '존재하는' 것을 승인했다.

음악과 감성능력으로서의 기억

당시 아도르노는 이런 식으로 음악이 의식을 유발(유도)할 수 있다고믿었다. 그러나 음악은 의식의 인식적 차원 그 이상과 상당히 많이 결부되어 있으며, 바로 여기에서 우리는 다시 한 번 더 기억 개념을 확대시킬 필요가 있다. 우리는 이미 기억에 대한 사회학 연구가 어떻게 공적인사건에 대한 회상에서부터 일상에 대한 좀더 세상사적인 회상까지 확대될 수 있는지 보았다. 또 기억 연구가 어떻게 명기된 실천에 맞춘 초점에서부터 명기되지 않은 실천(행위)에 맞춘 초점으로 전환될 수 있는지도 보았다. 이 단계에서 나는 기억 연구가 또 다시 확대될 수 있다고 제언한다.

문화적으로 매개되고 충동질된 기억에 대한 연구에서 특히 흥미로운 것은 어떻게 기억이 문화매체 속에서 그리고 문화매체를 통해서 가공되는가이다. 물론 음악은 문화매체 가운데 하나일 뿐이다. 달리 말해서 어떻게 회상하기가 또한 문화적으로 매개된 '잘못 회상하기'인지, 혹은 문화적으로 매개된 '잘못 기억하기'를 수반할 수 있는지에 대해서 이야기해볼 수 있다. 셀리아 루리가 '거짓 기억 신드롬'에 대한 연구(Lury, 1996)에서 서술한 바 있듯이 말이다. 텍스트, 사진과 같은 재료를 다루는 이 연구에서 언급되지는 않지만 음악은 회상하기를 위한 가이드라인을 경험보다 더 우선하게 되는 방식으로 마련해준다.

이용 가능한, 회상하기의 인공적인 보조기술과 서로 조응하는 방식으로 사람들은 '일어났던 것'(또는 존재하는 것)을 회상한다. 이런 종류의 '거짓' 기억은 병리적인 징후로 분류되는 일이 다반사이기는 하지만, 잘못 회상하기는 사실상 일상생활에서 드물지 않다. 일상생활에서 그것은 자기동일성의 명료화(어떤 '규범'의 의미와 나란히 정렬하는 양상)를 위한 자원으로서 모습을 드러낼 수도 있고, 문화의 효과로서, 즉 개인이 경험(회상하기의 인식적 경험)을 그 경험의 모양과 형식에 대한 집단적인 재현과 나란히 정렬하도록 조절하는 문화의 효과로서 모습을 드러낼 수 있다(예컨대 누군가가 전쟁이나 사랑에 빠진 상태를 기억할 때, 재현하는 관습적인 기법을 반영하는 방식으로 회상하는 것처럼 말이다).

집단의식으로서의 음악

지금까지 본장에서 제시된 사례는 문화에 대한 개인의 경험에서 얻은 것들이었다. 그 사례들은 개인의 지식활동 및 재인·회상활동과 관계해 음악의 역할에 초점을 맞추었다. 여기에서 더 나아가 집단적 지식 형성에 대한 관심으로 이동하되, '올바른 수준'에서 계속 음악적 사건을 분석할 수 있는가? 이 물음으로 들어가는 한 가지 길은 특정 사용 공동체 안에서 어떤 노래·양식·연주자의 수용사 혹은 장르의 수용사를 따라가는 시도를 통한 길이다.

이 프로젝트와 관계해 두 가지 물음이 생긴다. 첫 번째 물음은 '어떻게 개인이 특정 노래나 음악작품에 다른 것보다 더 집착하게 되는가' 하는 물음에 관계되는데—어느 때든지 사회심리학적인 경험의 장 안에는 수많은 문화적 재료가 있으므로— 도대체 왜 이 가운데 몇몇만이 개인적인 공명을 얻게 되는가? 이 물음은 문제의 문화형식을, 예컨대 음악 텍스트의 속성을 고찰하는 것만으로는 답변할 수 없다. 그것은 '개인적 사용'과 '집단적 사용'에 대한 경험적 연구도 요한다. 실은 이와 같은 쟁점을 강구하는 것은 여러 시대마다 아이콘이 되는 문화적 재료와 동향에 맞춘 초점을 정초하는 데 기여한다. 물론 그것은 어떻게 몇몇 문화적 재료가 다른 것보다 훨씬 더 두드러진 위치에 서게 되고, 이로써 주목을 끌게 되는지 다루는 사회학을 포함한다.

마찬가지로 중요한 두 번째 물음은 행위자가 집착하는 재료(예컨대 행위자가 의미심장하게 여기는 노래)가 이번에는 미적인 행위에 영향을 미치는 변수(행위가 다음번에 되풀이될 적에 집단적 혹은 상호작용적 수준에서 행위·감정·의식의 조건)를 어떻게 제공하게 되는가 하는 물음에 관계된다. 이는 다양한 음악적 사건을 포함하는데, (예를 들면 개인이 음악을 통해 집단 정체성, 즉 자신이 어떤 집단에 소속되어 있는 느낌을 받을 때, 혹은 음악이 분위기를 조성하기 위해서 사용될 때와 같이) 두 명 이상의 개인이 어떤 음악에 다 같이 초점을 맞춤으로써 공동의 성과를

생산해내는 음악적 사건이 있다.(DeNora, 2000, 108~129쪽)

이는 아이어먼과 제이미슨이 음악과 집단운동의 연결고리에 대한 연구(Eyerman과 Jamieson, 1998)에서 내놓은 쟁점이다. 그들은 사회운동 이론이 지나치게 인식적일 뿐만 아니라 집단행동의 비인식적인 차원에 대해 설명하지 못한다고 서술한다. 예를 들면 운동이론이 활동가들을 보여줄 때면 대개 사상과 목표, 신념, 정책과 같은 유형의 의제에 의해 '동기부여'되어 있는 모습으로 그리기 십상이라는 것이다. 그와 대조적으로 아이어먼과 제이미슨은 운동 활동에는 감정이라는 구성요소가 있다고 제언하며, 이런 점에서 그들의 작업은 이른바 '네오뒤르켐주의' 운동이론을 다룬 케빈 헤더링턴의 방식(Hetherington, 1998)과 일부분 겹치기도 하고 보강되기도 한다. 헤더링턴이 네오 뒤르켐주의라고 일컬은 바 있는 운동이론은, 사회운동의 활동이 지닌 표현적인 성격, 문화의 역할과 비인식적인 것에 관심을 갖고 있으며, 운동의 활동이 동시에 '정체성의 표현'이 되는 방식에도 관심을 갖는다. 여기에서 헤더링턴이 음악의 역할을 검토하지 않은 데 반해, 음악의 역할을 검토하고 있는 아이어먼과 제이미슨의 작업은 매우 시사적이다. 그들은 음악을 일종의 패러다임적인 자원으로, 즉 범례적인 행위의 구성을 위해 사용될 매체로 드러낸다.

예를 들면 그들은 1960년대에 민주사회를 위한 학생운동연합(SDS)[6]의 회장이던 토드 기틀린이 SDS와 동일시된 밥 딜런의 음악을 어떻게 서술했는지 이야기한다.

"우리는 마치 밥 딜런이 우리 노래를 부르거나 한 것처럼 그의 발자취

---

6) 기성 좌익조직에 대항한 미국 학생운동의 하나.

를 따랐다. 우리는 그가 다음번엔 우리를 어디로 데려갈지 묻는 습관이 들었다."(Eyerman과 Jamieson, 1998, 116쪽).

그렇다면 여기서 음악적 모티프는 시간과 공간을 가로질러 행위자 집단에게 활동의 초점을 마련해줄 수 있으며, 행동하기 위한 순간적인 추진력 혹은 같은 종류의 순간적인 동일시로서 통할 법한 것을 위한 그릇을 마련해줄 수도 있다. 그리고 음악적 모티프는 '리더십'을 마련해준다(그것은 행위자들을 사회운동 활동의 다음 번 단계로 데려간다). 이런 의미에서 음악은 앞서 루시와 테드의 사례에서 서술되었듯이 (지식 편성과 인식적 실천을 위한 자원을―옮긴이) 소유하고 있으며, 사회 활동의 맥락 안에서 어떤 계획과 무슨 행위를 해야 하는지 말해주는 일종의 규범적인 장치로서 복무할 수도 있다. 음악의 구조 안에서, 음악의 지각된 내포와 감각적 변수(다이내믹, 사운드 성능, 화성, 짜임새 등) 안에서 행위자들은 이 가운데 뭔가를, (인식적으로도 감정적으로도 공히) 자기 자신을, 자신의 과거와 미래의 궤적을 '발견'할 수 있다.

이처럼 음악·기억·집단행위를 연결하려는 시도는 매우 유익하다. 그것은 음악과 같은 미적인 매체가, 우리가 '뭔가'를 명료화하고 회상하는 방식 속으로 들어설 수도 있는 몇몇 방도를 조명하는 데 기여했다. 그와 동시에 하지만 비인식적인 것에 맞춘 초점에도 불구하고 음악·기억·집단행위를 연결하려는 시도는 '기억의 테크놀로지'로서의 음악의 역할과 관계된 사회음악적인 연구의 충분한 잠재력에는 미치지 못한다. 이런 이유 때문에 그것은 기억의 체화된 특성을 활발히 불러들이지는 못한다. 그 논점에 대해서는 아도르노도 아무 말 하지 않았다(그가 실은 음악의 맥박을 통해 신체에 호소하는 스트라빈스키를 논의하기는 할지라도 말이다). 그렇지만 신체가 불러들여질 때면 그것은 언제나 잠재적으로는 퇴행의 형식과 관계가 있다는 것이 아도르노의 생각이다.

그렇다 하더라도 기억은── (앞서 지식 생산의 한 형태로 간주된─옮긴이) 회상하기의 행동은── 동시에 체화된 정서적 활동이기도 하다. 기억과 회상하기의 행동은 또한 숙련기술의 몇몇 유형도 끌어들이는데, 그중에는 의식 면에서도, 행위의 양태 면에서도 과거의 패턴을 재생산해내는 능력(예컨대 언어를 사용하는 능력, 빵을 굽는 행위처럼 숙련기술로 뭉뚱그려지는 운동신경의 행위를 반복하는 능력, 상황의 유형을 사회적으로 반복하거나 개개의 역할을 되새기는 능력)과 같은 숙련기술도 포함된다. 이런 논점은 다음 두 장에서 한결 더 상세히 고찰되겠지만, 의식으로서의 음악을 고찰하는 이곳 맥락에서는 감정이라는 화젯거리를 일단 꺼내놓는 것이 중요하다.

미적인 교정(較正)장치로서의 기억

기억의 인공물 가운데 하나로서 음악은 시간적인 성격과 비재현성 덕분에 특별한 지위를 갖는다(바로 그 덕분에 음악은 체화되고 감정적인 존재 양태와 연결되며, 바로 그 덕분에 기억과 관계해 음악의 힘은 한층더 포착하기 어려워진다). 앞에서 세상사적인 회상하기를 논의하면서 실례를 들어 보여주었듯이, 회상하기는 재인식 그 이상의 것을 수반한다. 콘너턴이 제언했듯이 회상하기는 다시 자리매김하기(repositioning)를, 때로는 체화된 마음가짐 등의 경우에서처럼 글자 그대로 다시 자리매김하기를 수반한다. 즉 회상한다는 것은 미적으로(감각적·지각적으로─옮긴이) 다시 자리매김된다는 것이다. 앞서 일라이네와 루시가 어떻게 음악이 '그들에게 도로 기억나게 했는지'를 서술할 때, 그들은 결코 제일 먼저 정신적인 프로세스를 이야기하지 않았다. 그와 대조적으로 상기하고 있다는 것은 그들이 말해주다시피 신체를 수반한다. 즉 눈물을 자아내며 표면온도 · 심장박동 · 혈압 · 기분의 변동을 수반한다. 그리고 회상한다는 것은 감정적 · 신체적으로 다시 교정되는(recalibrated) 것이다. 따라서 회상한다는 것은 동시에 감정 노동에 관여하는 것, 자아를 행위수행자로서 배치하는 것이다.

기억 연구는 어디로 가야 하는가? 사회음악적인 연구는 기억 연구를 진척시키는 데 어떤 기여를 할 수 있을까? 음악문화 연구와 꼭 마찬가지로 기억 연구는 기억이 사용하는 형식, 기억이 재현을 놓고 벌이는 투쟁, 기억 담론이 불쑥 나타나서 제도화되는 방식을 검토했다. 이들 쟁점은 제5장에서 한결 더 깊이 논의될 것이다. 현재로서는 우선 이들 쟁점이 다음을 눈에 띄게 강조한다는 점을 염두에 두도록 하자. 미적이고 감정적인 측면이 어떻게 인식의 한 측면을 이루는가, 지식을 편성하고 뭔가를 회상하는 것이 어째서 미적인 재료를 적어도 부분적으로는 수반하는 것으로 개념화될 필요가 있는가 하는 물음이 그것이다. 달리 말해서 지식활동(knowing)으로 향하는 '기예'(art)와 회상활동(remembering)으로 향하는 '공예'(craft)가 있다.

블로흐의 선현적인 청취 개념(Bloch, 1988)은 여기가 출발점이다. 이것은 음악 수용이 어떤 조건하에서는 인간의 감각적인 자각의 조건을 변모시킬 수 있다는 생각이다. 이런 주장은 기억 연구의 각별한 오해를 눈에 띄게 강조하기 때문에 중요하다. 말하자면 회상활동은 한 가지 의식의 틀 안에서 어떻게 우리가 과거'를 생각하는지'에 대한 것이 아니기 때문이다. 오히려 회상활동은 동시에 의식을 다시 자리매김하는 것이며, 주체를 다시 자리매김하는 것이다. 회상한다는 것은 변형된다는 것, 상이한 자극에 민감하다는 것, 상이한 방식으로 자각하고 살고 있다는 것을 말한다. 기억(과 회상활동)은 감성능력을 수반하며, 회고(recall)는 실상 방향전환이다. 이런 주장은 예컨대 올리버 색스(Sacks, 1990)가 서술한 한 바 있듯이 아마도 기억 회복의 가장 극적인 형태에서 가장 분명하게 밝혀질 것이다.

색스는 다년간에 걸친 다양한 작업으로 어떻게 음악이 기면성뇌염(嗜眠性腦炎) 환자를 '깨어나게' 할 수 있는지 서술했다.(Sacks, 1990) 그 환자들은 어떠한 어조나 힘을 갖고 말을 할 수는 없지만 정상적인 어조와 표현으로 크게 노래할 수는 있었다. 이와 비슷하게 음악은 파킨슨병을 앓는 사람을 되살아나게 할 수도 있다. 뇌졸중을 당한 사람의 기억이 너무나도 감퇴되어서 평범한 대상조차 알아볼 수 없을 때(『아내를 모자로 착각한 남자』)[7] 음악은 기억을 돕는 장치로서, 목욕하거나 먹는 것과 같은 행위를 동조시키고 그리하여 세상사적인 행위의 재생산을 유발하는 매체로 이용될 수 있을 것이다.

색스의 임상 사례는 극한 상황에서 음악을 회상활동과 잇는 연결고리를 실지로 예시한다. 그럼에도 그 임상 사례들은 좀더 일상적인 맥락에서 음악과 기억을 사유하는 데 유용하다. 회상활동이 행위·신체·감정을 수반하는 방식을 눈에 띄게 강조하기 때문이다. 바로 여기에 아도르노의 이론을 이해하기 위한, 특히 경험적 연구의 여지가 있는 방식으로 그의 이론을 정교하게 만들기 위한 중요한 열쇠가 놓여 있다. 만일 회상활동이 방향전환을 하는 것이라면, 음악이 기억을 여는 열쇠라면 음악

---

7) 올리버 색스의 저서 『아내를 모자로 착각한 남자』(1985)는 알츠하이머병과 정신분열증, 정신지체 등의 앓는 환자의 투병기를 소재로 한 논픽션이다.

은 행위수행을 구조화하는 장치로 이해할 수 있다. 음악은 '통제'(control)라는 용어가 온갖 변이된 형태를 띠더라도 통제와 관계해 이해할 수 있다. 가령 자아에 대한 통제, 서로서로 조율되고 동조된 방식으로 자아와 타인을 성립시키기, (조직과 공적인 공간에서처럼) 음악적으로 나란히 정렬된 익명의 개인 및 집단에 대한 통제 등이 그것이다. 이런 쟁점을 발전시키기 위해 나는 음악의 한 가지 측면과, 그 측면을 육체적인 것과 잇는 연결고리(음악을 느낌 및 감정과 잇는 연결고리)를 좀더 깊이 파헤칠 것이다. 거기서 출발해 제5장에 이르러 음악과 통제에 대한 좀더 명증한 고찰을 통해 논의를 견고히 하려고 시도할 것이다.

제4장

음악은 어떻게 감정을 유도하는가

음악은 작동하고 움직이며 사람을 변형시킨다. 그에 반해 음악은
상황과 시간에 의존하기에 동일한 것을 외연으로 갖지 않는다.
어떤 음악의, 그리고 (다른 활동과 더불어) 음악을 만들고 청취하는 사람의
공동 생산, 공동 형성은 좀더 균형 잡힌 음악사회학의 화젯거리일 수 있다.
음악이 사회학으로부터 많은 것을 배워야 하는 만큼,
사회학도 음악으로부터 많은 것을 배워야 한다.

모든 예술 가운데 음악은 가장 전형적으로 감정적 경험과 연계된다. 학문 공동체 안에서도, 일상생활에서도 감정을 표현하고 청자에게 감정을 일으키는 음악의 역량을 편드는 주장 자체가 감정적 매체로서의 음악이라는 관념을 증언한다. 바흐의 시대처럼 현대사회에서도 음악은 기분·느낌·감정·주관성과 강하게 연계되어 있다.

음악의 시간적 특성, 즉 시간이 흐르면서 펼쳐지는 음악의 전개는 흔히 음악의 감정적 힘의 열쇠로 식별되곤 한다. 조형예술이 정지된 동작을 취한 행위자들과 자연을 그려내는 것과 달리, 음악은 시간을 헤쳐나아간다. 그 다음 소설 형식과 마찬가지로 음악은 감정적 경험의 변덕스러운 차원, 느낌의 진행과정을 전달할 수 있다. 그러나 (연극과 비슷할지라도) 문학과 달리, 음악은 사회적으로 공유된 시간을 가로질러 펼쳐지는 매체이다. 음악을 생산하고 듣는 특정 상황에 관여된 모든 행위자는 동일한 양의 시간 동안 관여되어 있으며, 동일한 시간에 음악의 동일한 부분에 노출되어 있다(혹은 생산한다). 이는 심지어 우연성 음악이나 즉흥 연주된 음악의 경우에도 그러하다. 가령 (존 케이지의 '침묵' 곡인) 「4분 33초」와 같은 작품조차 여전히 일정한 시간의 틀, 소리가 일어나는 바로 그 시간의 틀 안에 청자를 다 함께 자리하게 한다.

더욱이 연극과 비교할 때 음악은 음악만이 가지고 있는 특유한 어떤 것을 한다. 음악은 (텍스트나 대본을 끌어들이지 않는다면) 비언어적이다. 이로 말미암아 음악은 흔히 감정적으로 가장 직접적인 매체, 즉 다른 미적인 매체를 능가하는 방식으로 신체와 감정에 호소하는 역량을 지닌 매체로서 경험되곤 한다. 랭어(Susan Langer)가 말한 적이 있듯이 음악이 외부세계의 측면을 직접 지시하지 않고서도 동시에 의미화하는 역량을 갖고 있다는 점은 기억해둘 만하다.

모든 음악, 작곡가, 음악 양식별 시기가 감정을 불러들이는 것을 지향하지는 않는다 해도, (곧 분명해지겠지만) 모든 청자가 감정에 영향력을 끼치는 매체로서 음악을 지향하지는 않는다 해도, 가장 많이 논의된 음악과 감정의 연관관계는 대개 음악의 시간적·추상적 특성으로 거슬러 올라가 추적되기 일쑤다. 여기에서 음악은 명시적인 시각 이미지에 의지하지 않고서도 느낌을 '기술'할 수 있으며 그 자체로 느낌 자체의 경험에 좀더 가깝다고 여겨진다. 음악 대 감정이라는 개념(음악이 감정을 재현하거나 감정을 '포착'한다는 관념)은, 음악을 느낌 및 감정과 잇는 연결고리를 개념화하는 가장 유용한 길이 아니라는 사실이 시시각각으로 분명해질 것이다. 한편 음악과 감정에 대한 사유를 특징짓는 두드러진 점을 주목할 만하다. 흔히 매우 표현적인 태도를 취하면서 그와 동시에 무어라 정의하거나 파악하기 어려운 태도를 취하곤 하는 음악은, 음악이 어떻게 그리고 왜 감정을 자아내는지 설명하려는 시도로부터 교묘히 빠져나간다는 점이 그것이다.

아리스토텔레스로부터 줄곧 음악과 감정에 대한 글쓰기는 강력한 전통을 갖고 있다. 이 전통 가운데 상당 부분이 다음의 물음에 답하고자 해왔다. 그 물음을 조야하게 제기하면 이러하다.

"무슨 음악이 어느 감정을 일으킬 법한가?"

말할 필요도 없이 이런 논제에 전념한 상당히 많은 문헌은 경험적 연구보다는 사변의 태도를 취한다. 혹자는 이 화젯거리를 음악심리학이 마땅히 다루었으리라고 생각할지도 모르지만, 그것은 최근까지도 거의 무시되어왔다. 음악 사회심리학자 저슬린과 슬로보다는 왜 인간과학, 특히 심리학이 음악과 관계해 감정을 좀처럼 고찰하지 않았는지 그 이유를 몇 가지 들었다.(Juslin과 Sloboda, 2001, 4, 5쪽)

첫째, 감정은 생생한 경험과의 관계에서 비롯되어 모양을 갖추므로 실험 조건하에 검토하기가 어렵기 때문이다. 시험관 안에서 음악에 대한 감정적 반응의 연구는, 실험실 바깥에서 음악과 감정이 어떻게 상호작용하는지 표시해줄 신뢰할 만한 눈금이 아닐지도 모른다. 둘째, (뒤에서 논의하듯이 이 점은 사회학만이 아니라 사회심리학과도 관계되어 있는데) 심리학 일반과 특히 음악심리학 안에는 어떤 인식적인 편향이 있었기 때문이다. 이는 음악 지각의 '정보처리'(information processing) 모델과 연계되었다. 감정이 음악과 연관해 연구되었을 때, 초점은 거의 다 어떻게 청자가 발췌된 음악에 어울리는 감정적 서술어구를 골라내는지에 맞춰 있었다.

셋째, 쿡(Cook, 1992)과 프리스(Frith, 1996)가 분석한 대로 서구 사회에서 음악수용의 문화 및 이데올로기는 감정에 대한 관심사를 음악 지각의 아카데믹 패러다임의 일부로 받아들이는 데 불리했다. 수용사의 일부분으로서 감정적 청취의 역사에 대한 성찰은 거의 찾아볼 수가 없었다. 엄연한 음악사 안에서 청취는 말 없이 가만히 듣는 예의 바른 청자라는 (역사적으로 특정한) 모델을 이의 없이 받아들이도록 강요함으로써 너무나도 흔히 탈역사화되어 있다. 이런 가정은 청자의 신체를 불구화한다. 그렇다 하더라도 이와 같은 청취는 고도의 신체적 규율(가령 기침, 이야기소리, 웃음소리를 제지하는 침묵)을 대단히 필요로 한다. 게다가 이런 청취 양태와 주관적 음악 경험 사이의 연결고리는 더 나아간 물음을 제기한다. 예컨대 음악 경험의 개인화에 대한 물음, 신체를 불러들이는 경험이라기보다는 '내적' 경험 내지 주관적 경험으로 집중된 음악 경험에 대한 물음, 그리고 감정, 자아, 그 밖에 다른 것 사이의 연결고리가 어떻게 음악을 듣는 것과 관계해 만들어지는지 이야기해주는 역사에 대한 물음이 그것이다.

바로 이와 같은 일련의 조건 안에서부터(from within) 바라볼 때 비로소 음악과 감정에 대한 아도르노의 관심사가 가장 잘 파악될 것이다. 의심할 여지없이 아도르노는 음악에 대한 감정적 반응에 관심을 가진 몇 안 되는 음악사회학자 가운데 한 명이었다. 그렇지만 저 논제에 다가가는 아도르노의 접근방식은 (아카데믹) 문화적 가정에 물들어 있었을 뿐만 아니라, 한결 더 인식적인 음악수용의 양태에 기울어진 편향에도 물들어 있었다. 이는 그가 배열한 음악적 태도의 이념형들의 위계질서에서 분명히 목격될 수 있다. 아도르노는 이른바 '음악적 태도의 유형'을 『음악 사회학』(1962, 영역판 1976)의 첫머리에 서술한 바 있는데, 그 유형은 다음과 같다.

유형1. 전문가

"구조적 듣기"에 종사하는 전문가는 음악의 형식적 구성요소를, 그것이 발생할 때 깨닫고 있는 "충분히 의식적인"(Adorno, 1976, 4쪽) 청자로서 곡의 전반적인 건축술을 분별할 수 있는 사람이다.

유형 2. 좋은 청자

"음악의 세부사항을 넘어서" 듣는 좋은 청자는 "자발적으로 연관관계를 만들어내며, 단지 권위 있는 평판의 범주나 자의적인 취미에 의해서가 아니라 타당한 근거를 가지고 판단한다."(Adorno, 1976, 5쪽) 전문가와 달리 좋은 청자는 음악의 구조적 형식을 충분히 의식하고 있지는 않다. "음악의 내재적 논리를 무의식적으로 통달한 좋은 청자는, 마치 자신의 언어를 비록 그 언어의 문법과 구문론에 아예 무지한 것이나 다를 바 없을지라도 이해하고 있듯이 음악을 이해한다."(Adorno, 1976, 5쪽) 아도르노에 따르면 이런 유형은 점차 위태로워져서 세 번째 유형인 '문화소비자'로 대체된다.

유형 3. 문화소비자

"매우 많이 듣는, 더러는 탐욕스러울 정도로 많이 듣는 문화소비자는 견문이 넓고 음반을 수집한다. 그는 음악을 문화적 자산으로 존중한다." (Adorno, 1976, 6쪽) 이런 유형은 음악문헌에 대한 광범위한 지식을 갖고 있을지는 모르지만, 그 지식은 곡조와 작품의 이름을 생각해내는 능력으로 이루어진 유형의 지식이다. "그가 음악과 맺는 관계는 대체로 물신적인 기미가 보인다."(Adorno, 1976, 6쪽) 이런 유형은 1980년대에 각자 취향과 사회적 구별 짓기에 대해 연구한 부르디외, 디마지오, 피터슨과 심커스(Peterson과 Simkus)의 문화사회학에서 서술된 바 있는 문화소비자 유형과 상당히 많이 흡사하다. 음악감상은 일종의 사회적 전략이 된다.

유형 4. 감정적 청자

여기서 청자는 음악이 작동하는 방식과 건축술 및 악곡의 구성요소를 거의 의식하지 못하는 반면, 도리어 음악의 영향을 가장 잘 받기 쉽다. "쉽사리 감동해서 눈물을 터트리는 감정적 청자, 그와 문화소비자의 연결고리는 끊임없이 이어진다. 문화소비자의 수집창고에도 순전히 감정적 가치에 호소하는 음악이 드물지 않으므로."(Adorno, 1976, 8쪽) 아도르노는 이런 유형의 청자가 "좀더 엄격한 문명화의 압력 때문에, 통제받을 수 없는 자신의 내적인 느낌의 영역으로 탈출할 수밖에 없는"(Adorno, 1976, 8쪽) 앵글로색슨 국가에서 가장 특징적이라고 믿었다. 아도르노는 이 유형을 "스스로 자제해야만 하는 것에 대한 보상을 그들의 삶을 침범하지 않을 영역에서 찾는 '악명 높은 피곤한 비즈니스맨들'"(Adorno, 1976, 9쪽)과 동일시한다. "때때로 이와 같은 사람들은 그들 자신의 괴로운 감정, 정신분석이론에 따르면 '자유롭게 물결치는' 감정을 쏟아내는 그릇으로 음악을 사용할지도 모른다."(Adorno, 1976, 9쪽)

유형 5. 원한의 청자

감정적 청자와 정반대되는 유형으로, 음악과 관계해 어떠한 감정적 경험도 스스로에게 허락하지 않는 청자다(실례를 들어보면 충실한 바흐 신봉자, 해석의 불충실함을 단속하기 위해 작품 연주를 감시하는 사람과 같은 이들이 이 유형에 속한다). "이 유형이 원하는 것은 (음악적 쇼맨십을 장기로 하는-옮긴이) 낭만주의적 악사(樂士)에 반대되는 것만이 아니라, 이 이미지에 맞선 가장 격렬한 정서에 의해 고무된다."(Adorno, 1976, 11쪽) 이 유형과 관계된 다음 유형으로 넘어가도록 하자.

유형 6. 재즈 청자

이 유형은 원한의 청자가 표현으로서의 음악이라는 낭만주의 구상에 대해 갖고 있는 반감을 공유한다.

유형 7. 오락 청자

아도르노에 따르면 음악을 오락으로 듣는 이 유형은 양적으로 가장 큰 비중을 차지한다. "이런 유형의 청자에 맞추어 문화산업이 만들어진다. 문화산업의 이데올로기와 일치하도록 청자가 자기를 조절하든지, 문화산업이 그런 유형을 도출, 아니 실은 창출해내든지 간에 말이다."(Adorno, 1976, 14쪽) "사회적으로 볼 때 오락 청자 유형은 오직 주관적인 의식만을 참조할 수 있는, 널리 주목받는 현상과 상관관계가 있다고 해야 할 것이다."(Adorno, 1976, 14쪽). "……이 유형은 확고하게 수동적이며, 예술작품이 그들에게 요구하는 노력을 지독히 받아들이지 않는다." (Adorno, 1976, 16쪽)

유형 8. 냉담한, 비음악적인, 반(反)음악적인 청자

이 유형은 아마도 어릴 적 경험으로 인해 일찌감치 음악을 피하고 음악을 좋아하지 않는 사람들로 이루어진다.

아도르노의 유형학은 음악의 사회적이고 문화심리적인 기능을 강조할 뿐만 아니라, 주목 양태를 충동질하는 음악의 능력 및 관계도 두드러지게 강조한다. 이런 점에서 아도르노의 작업은 앙투안 에니옹이 요약적으로 간추렸듯이, 최근까지도 잠자고 있는 사안을 그 당시에 끄집어냈다.

무엇보다도 사회적인 취미분석을 거짓된 객관적 관점——미리 한정된 기준에 따라 취미를 고작 차별적인 소비의 척도로 만드는——으로부터 잘라내는 것이 필요하다. 이런 유형의 객관성은 그저 객관성의 가상일 따름이다. 이때 측정이 가능한 이유는, 일말의 문제제기도 없이 음악애호가들이 사회적 직업의 범주를 담당하는 매개체에 불과한 것으로 사전에 미리 환원되었고, 음악은 다만 수동적인 소비자의 효용가치일 따름인 것으로 환원되어버렸기 때문이다. 이렇듯 일종의 소비재가 되어버린 음악이 관계할 만한 유일한 특성이 있다면, 그것은 그런 음악이 필요로 하는 차별적인 교육의 정도일 뿐이다.

또 다른 매개와 관계해, 음악은 작동하고 움직이며 사람을 변형시킨다. 즉 음악을 소유한 사람, 음악과 더불어 그 밖에 다른 무엇인가를 하는 사람을 변형시킨다. 그에 반해 음악은 상황과 시간에 의존하기에 동일한 것을 외연으로 갖지 않는다. 어떤 음악의, 그리고 (다른 활동과 더불어) 음악을 만들고 청취하는 사람의 공동 생산, 공동 형성(co-formation)은 좀더 균형 잡힌 어떠한 음악사회학(Hennion, 1993)의 화젯거리일 수 있다. 그곳에서는 음악이 사회학으로부터 많은 것을 배워야 하는 만큼, 사회학도 음악으로부터 많은 것을 배워야 한다.(Hennion, 2001b)

특히 아도르노는 (그의 모든 사회음악적인 작업에서) 음악생산자(작곡가)와 음악소비자(청자) 사이에 쪼개진 틈에 관심을 가졌다(실은 세 번째 유형에 대한 서술에서 명증하듯이 아도르노는 음악이 '소비'될 수 있다는 생각만을 경멸했을 뿐이다). 그가 알아보았듯이 음악구성이 점점 불가피하게 전문화됨에 따라, 유형 2의 청자들(좋은 청취자이지만 비전문적인 유형)은 더 줄어들었다. 아도르노가 보기에 이는 인식을 돕는 것은 물론이요, 그로 말미암아 비판의식을 돕는 보조물로서의 음악의 역량이 쇠잔해짐을 신호해주는 한에서 그야말로 비극적이었다. 점점 더 유형 3과 4, 7의 청취 형태가 '통상적인 일'이 되어버렸기에, 음악은 일종의 정신적 연습으로서의 기능(어떻게 '사물' 혹은 '현실'이 '함유'될 수 있는지에 대한 모델 역할)을 멈추었다. 그 대신 물신(物神), 기분 전환이나 자극제 따위를 제공하게 되었다. 더욱이 (음악을 통해 충동질된) 이성이 점점 줄어들었으나 사회세계에 방향을 맞춘 새로운 양태는 더욱 커졌기에, 사회적 통제를 위한 길이 닦였다. 감정적 청취야말로 이성의 포기에 다름 아니었으며, 그것은 바로 민주주의의 참여가 근거해 있던 자원의 포기였다는 것이 아도르노의 생각이다.

아도르노는 감정적 유형과 오락 유형의 청자가 행정감독의 작동방식을 이해하는 데 단서를 마련해주었다고 제언했을 때, 무엇인가를 발견해낼 가능성이 확실히 있었다. 이 쟁점은 제5장에서 강구된다. 그렇긴 하지만 그의 청취 이론(만일 그것이 이론이라면)이 지닌 문제점은 여러 가지가 있다. 그 문제점이 음악과 감정에 대한 경험적 탐구를 위한 얼개를 명료화하는 데 쓸모가 있으려면 아도르노의 생각은 알맞은 적응을 요한다. 더욱이 이와 같은 알맞은 적응은 아도르노의 생각을 훨씬 더 경험 연구의 여지가 있는 것으로 만들어 음악에 대해, 그리고 음악을 통제의 양태와 잇는 연결고리에 대해 경험 연구를 가능케 할 것이다.

첫째, 문화를 대하는 아도르노의 가치평가적인 입장을 없앨 필요가 있다. 아무리 아도르노가 "……하층 계급은 비합리적이게도 오락에 굴복할 테고, 상류층은 그 오락을 이상주의적으로 정신과 문화로 꾸며서 선택할 것"(Adorno, 1976, 14, 15쪽)이라고 제언할망정, 아직 감정적 청취와 오락 청취는 특정 계층만이 아니라 특정 음악 장르와 연계된다는 함의가 있다.

둘째, 바로 그 유형학은 '옳은' 음악적 주목 양태를 가정했으며, 그렇게 하면서 어떻게 음악수용이 거의 노상 음악에게 뭔가를 '하고' 있었는지 음미하지 못한다. 아도르노의 유형학은 청자의 유형뿐만 아니라 청취의 맥락도 미리 상정했다. 그런 까닭에 감정적 청취의 사회적 의의와 결과도 예단했다. 첫 번째, 두 번째 문제와 관계되어 있는 세 번째 문제는, 음악수용에 대한 아도르노의 개념구상이 청자들 개인의 음악수용이었지, 특정 청취가 놓여 있는 경우마다 상호작용적·시간적·공간적 맥락에 의해 조건 지어진 반응이 아니었다는 것이다. 달리 말해서 '한낱 이론적'이라는 사실이 그의 청취의 유형학을 방해했기에, 아도르노는 실제 청취가 '고급문화' 콘서트홀에 납품되는 청취의 이미지와 동일시될 필요가 없음을 깨닫지 못했다. 우리는 모차르트 오페라를 듣는 동안 소시지 파는 사람의 외침을 더 이상 듣지 않아도 되는 반면, 「피가로」의 음반을 청취하는 동안 '치즈 좀 건네달라'는 친구나 가족의 목소리를 듣는 일(아도르노의 눈에는 실로 불경스러웠을 가능성!)은 당연히 있을 수 있다(이 점은 최근 음악교육계에서 제기되었는데, 거기서는 음악성이라고 '간주된' 것이 크리스토퍼 스몰의 용어법으로는 평범한 사람들의 실제 '뮤지킹'(Small, 1998)과 동떨어져 있는 경우가 많다는 점이 주목받았다(Cavicchi, 2002; Green, 2001 또한 볼 것)).

마지막으로 세 번째 문제점과 관계해 아도르노의 음악에 대한 개념구상만이 아니라 음악과 감정의 연결고리에 대한 개념구상도, 흔히 쓰는 관용구대로 마치 '음악 자체'가 개인의 감정 반응을 주입시키기라도 한 것처럼 여러모로 자극-반응 모델을 생각나게 한다. 달리 말해서 음악의 작동 메커니즘에 대한 아도르노의 고찰은 음악 텍스트와 음악실천에 초점을 맞추고 있었다. 그는 이 초점을 확장시켜 이전 저작에서 내가 (좀 통속적이지만, 테크놀로지 연구를 향해 머리 숙여) '인간-음악 상호작용'이라고 서술한 것으로 나아가지 않았다. 뒤에서 서술하겠지만 음악-소비자 이분법을 버릴 필요가 있다. 즉 음악과, 음악소비자의 주관적 상태라는 두 항이 있으며, 전자가 후자를 규정한다는 생각을 버릴 필요가 있다(그 역도 마찬가지다). 이와 대조적으로 음악과 음악의 주체를, 상호 배치(配置)의 대상으로 바라보는 패러다임으로 바꿀 필요가 있다. 그 패러다임은 음악과 음악의 주체를, 음악(어떤 유형의 음악)으로서 지각되고 환호받기에 이른 것과, 관객 편에서의 '반응' 사이의 관계로 바라본다. 아도르노의 초점은 이런 성찰적인 과정으로 확장되지 않았기 때문에 음악과 감정의 연결고리에 대한 그의 설명은 제약된다.

그렇지만 아도르노의 관점은 음악학과 음악학의 사회적 연구를 결합시키는 데 도움이 되는 방식으로 정교하게 만들 수 있다. 그렇게 하기 위해서는 발전 과정 중에 있는 감정에 초점을 맞출 필요가 있다. 즉 발생하고 있는 감정이 모양을 갖추고 변화하고 안정화되는 특정 음악적 사건에 초점을 맞출 필요가 있다. 이와 같은 초점은 사회심리학적인 조사연구 프로그램과 관계해 유용하게 발전한다. 요즈음 사회학에서는 이와 같은 이론을 위한 포석이 놓이고 있는가 하면, 음악의 사회심리학에서는 음악의 세세한 사용 가운데 어떻게 사회 구조와, 그 구조가 실제로 생산될 때 동반되는 성향(性向, disposition)[1]을 알아볼 수 있는지 보여주는 새로운 작업이 시작했다.

행위 중인(행위로서의) 사회구조와 감정

사회적 결속력은 공유된 지식, 믿음, 법칙에 대한 존중 그 이상의 것에 훨씬 더 많이 기반을 두고 있다. 느낌과 감정의 영역을 강조하는 고전 사회학에는 분명한 전통이 하나 있는데, 게마인샤프트(Gemeinschaft)와 게젤샤프트(Gesellschaft)라는 퇴니스의 개념(Tönnies, 1957)은 가장 잘 알려져 있을 것이다. 이 용어는 공동체적 · 감정적 · 전통적 · 인격적 근거에 기반을 둔 사회적 결속력과, 합리적이고 행정감독적인 처리절차를 통해 생산되는 사회적 결속력을 구별하기 위해 사용한 것이다. 이러한 구별과 더불어 사회조직의 '느낌' 토대에 대한 관심사는 사회학적 관점의 범위를 가로질러 지속 · 확립되어왔다. 정감적인 행위에 대한 막스 베버의 관심사,(Weber, 1978, vol 1, 24~28쪽) 지식으로 이어지는 섬광처럼 번뜩이는 감정적 통찰에 대한 막스 셸러의 관심사,(Remmling, 1967, 33쪽) 심정(心情)과 비논리적 행위에 대한 빌프레도 파레토의 논의,(Pareto, 1963, 161쪽) 엘튼 메이요의 인간관계 경영,(Mayo, 1933) 찰스 쿨리의 거울 자아(looking glass self)[2]와 감정(거울 자아와 외적인 이미지의 상상적 공동작용의 소산으로서)에 맞춘 초점, 그리고 랜달 콜린스(Randall Collins)의 합리적 선택이론과 관계된 감정의 취급 등

---

1) 심리학의 용법으로는 생물체에서 자극의 조건이 여러 가지인데도 행동 방식에 일정한 유형을 지속시키는 기질상의 경향을 뜻한다.
2) 사회화 과정(개인이 소속 집단의 가치와 규범을 내면화해가는 과정)으로 자아의 형성과정을 설명하는 미국의 사회학자 쿨리(Charles H. Cooley, 1864~1929)의 개념. 타인과의 상호관계에서 타인에게 비춰진 자아상(自我像), 혹은 타인의 반응 가운데 형성되는 자아상을 중심으로 자아가 형성되는 것을 말한다.

은 모두 감정의 역할을 행위 및 사회구조와 관계해 눈에 띄게 강조했다.

이런 관심에도 불구하고 사회적인 인간존재의 정감적인 차원은 1980년 대를 통틀어 대부분 사회학의 변방으로 좌천되었다. 현재 감정에 할애된 미국사회학협회의 실질 부문이 있는데도, 사회학 안에서의 감정 연구는 태반이 핵심 관심사와 통합되기보다는 전문화된 논제로 한정되어 있다. 어느 관찰자가 사회학 안에서의 감정 연구에 관해 한 말을 살펴보자.

미시 연구에 한정되고 전형적으로 감정 관리의 쟁점에 초점을 맞춘 다. 그 부문의 작업이 사회학자들의 주목을 좀더 폭넓게 끄는 것이라 면, 전 분야의 사회학 작업에 대한 감정의 적실성(適實性)을 입증하는 것이 우리의 의무이다. 이는 대규모 사회 과정에서는 물론, 평소대로 라면 감정이 작동한다고 여기지 않는 사회 활동의 범위에서도 감정의 역할을 살펴보는 것을 의미한다.(Barbalet, 2002, 3쪽)

사회학이라는 학문분야의 지배적인 얼개 안에서 혁명과 전쟁, 외교, 직업, 사회적 계급경쟁, 정치 · 경제 활동, 조직적 · 제도적 행태, 사회운 동의 흥망성쇠, 사회적 통제의 행사와 같은 현상은 모두, 마치 무정한 (권력의 - 옮긴이) 통행로에서 벌어지듯 이성을 소유하기는 했지만 느끼 지 않는 행위수행자가 실행하는 것처럼 그려졌다. 그렇다 하더라도 만 일 감정에 부수하는 특성이 행동하는 성향이라면, 사회학자는 행위의 '느낌 구성요소'와, 개인을 넘어선 초개인적(supra-individual) 운동 및 과정에서 그 역할을 무시할 수는 없다.

지난 5년간 행위에 대한 좀더 섬세한 사회학적 초상화가 등장하기 시 작했다. 그와 더불어 하나의 논제로서의 감정의 지위는 드높아졌다. 여러 방면의 하위 학문분야로부터 기분, 감정, 사회적 행위에 대한 새로운 관심사가 나왔다. 이런 강조는 사회운동과 정치운동을 연구하는 사회학의 접근방식에서도 목격할 수 있다. 또 새롭게 대두한 초점, 가령 어떤 운동과의 동일시가 지닌 정감적 성격에 맞춘 초점(Melucci, 1996a, 1996b)과, 정치 활동과 운동 활동의 과정에 들어오고 채택되고 알맞게 적응될 때의 '감정의 구조'에 맞춘 초점(Hetherington, 1998)에 다가가는 접근방식에서도 목격할 수 있다. 이런 감정 르네상스는 또한 정치적 협력관계에 대한 새로운 작업, 예컨대 시민이 '소속감'을 국가로부터 지구촌 독립체로 옮기게 되는 과정에 대한 새로운 작업에서 또렷이 알 수 있다.(Berezin, 2002) 급속도로 성장하는 신체의 사회학(Featherstone, Hepworth, Turner, 1991; Turner, 1984)과 체화된 경험에 대한 사회학(Williams, 2001)은 감정 르네상스를 더욱더 부채질했다. 따라서 사회학은 이제 전통적으로 사회심리학의 시계(視界) 안에 깃들어 있던 관심사 및 논제와 한결 더 가까운 협력관계를 맺고 있다.

사회학 안에서 감정에 대한 초점을 관통해 흐르는 공통된 한줄기가 있다면, 그것은 생생한 경험의 감정과 문화형식의 상호작용에 대한 초점으로 이루어졌다. 담론에 대한 포스트구조주의 및 포스트모더니즘 이론의 강조에 의해 고무된 사회학자들은, 그와 동시에 일어난 텍스트와 인공물에 대한 강조에 의해서도 고무되었다. 이때 텍스트와 인공물은 독자, 사용자, 주체 위치(관습적으로 이해된 특수한 정서적 자세, 스타일, 혹은 생태적 지위)를 함의한다. 이런 사회학자들은 폭넓은 전문가 범위를 가로질러 어떻게 물질문화와 미적인 매체가 특정한 사회적 무대장치 안에서 감정과 느낌의 생산 및 획득을 위한 모델이나 후보 구조를 마련해준다고 이해될 법한지 하는 물음에 전념한다. 이런 초점은 욕망 및 성적인 실천의 문화적 구성에 관심이 있는 젠더 및 섹슈얼리티, (Jackson, 1999) 실시간 만남에서 주고받는 담론,(Frazer와 Cameron, 1988) 조직적 행태에 대한 연구(Witkin, 1995)에서 분명히 드러난다. 또한 물질문화의 사회학(Akrich, 1991; Latour, 1991; Law, 1994; Moore, 1997; Woolgar, 1997)과 같은 범위도 분명 초점을 감정과 문화 형식의 상호작용에 맞추고 있다.

이런 얼개 안에서 볼 때 비로소 음악의 사회학은 감정에 대한 좀더 폭넓은 사회학적 초점과 상호작용하는 것으로 보일 수 있다. 뭐니뭐니 해도 감정은 의식과 행위 사이의 지렛대이자 중심축이다. 뒤에서 제언하겠지만, 감정이야말로 사회적 행위의 현상학적이고 체화된 성격에 접근하는 방식을 탐구할 수 있게 해주는 논제이다. 감정은 행위의 비인식적 특성과 제6장에서 서술할 통제(와 그것의 좀더 중립적인 상관물인 안정성)를, 그것이 획득되는 양상의 견지에서 검토하도록 해주는 논제인 것이다. 이처럼 감정 관리(와 뒤에서 몇몇 연구를 통해 서술될 감정 성취)에 대한 미시 사회학적인 검토에 초점을 맞추는 것은 또한 감정을 빚어내는 과정(어떻게 감정이 행위 시나리오와 결부되기에 이르는지)을 조명해준다고 사료된다. 이때 행위 시나리오는 사회구조의 초석은 물론, 제도적인 배열 및 다분히 권력적인 배열의 초석이 된다.

음악, 감정 구축의 열쇠

과거 10년 동안 의미심장한 변형을 겪어온 사회음악적인 연구는 음악의 생산 및 수용에만 열중하는 대신, 사회생활에서 음악이 어떻게 소비되고 무엇을 '하는'지에 대한 관심으로 옮겨갔다. 이를 고려할 때 음악의 사회학의 발전은 여러 예술의 사회학의 발전과 좀더 폭넓게 융합된다.(Bowler, 1994) 최근 이 분야의 발전은 사회적 질서 짓기를 생산하고 지속하기 위한 수단 가운데 음악소비와 음악경험 사이의 연관관계를 검토해왔다. 이때 검토는 실시간에, 삶의 진행과정에 걸쳐서, 그리고 조직적이고 집단적인 행위 영역과 관련지어 이루어졌다. 이들 발전은 감정 구축의 탁월한 매체로서의 음악의 역할이라는 근본 물음을 강조하는 음악의 사회학을 쇄신하는 데 기여해왔다.

  짧게 말해서 이제 사회학의 연구목록 맨 꼭대기에는 감정 연구가 자리를 차지하고 있다. 음악사회학은 이 자리를 규정하는 데 기여할 수 있다. 이와 같은 프로젝트는 상당히 멀리까지 지경을 넓혀, 나아가 이제는 차별이 폐지되어 널리 일반에게 통하는 사안까지 포함한다. 가령 음악 생산 및 분배 시스템에 맞춘 초점, 조직적 생태학과 경영에 맞춘 초점, 음악매체와 관계해 배치될 때의 주관적 경험에 맞춘 초점이 그것이다. 말하자면 감정 구축의 '아웃사이드'에서 바라보면서, 나는 몇몇 사람이 사회학적으로 지엽적이라고 비판하는(본문 197쪽을 볼 것) 초점을 가지고 시작한다. 그 초점은 미시 사회학적인 맥락에서 감정 관리에 맞춘 초점과, 일상생활에서 감정적 자세·스타일·상태의 생산 및 자기생산을 위한 자원으로서의 음악, 감정 상태를 회상하기 위한 자원으로서의 음악의 역할에 맞춘 초점을 말한다. 이 작업은 사회심리학 분야의 선구자적인 작업, 예컨대 일상의 청취 가운데 음악과 감정에 초점을 맞춘 일련의 작업과 연관된다.(De Las Heras, 1997; Neilly, 1995; Sloboda, 1992; Sloboda와 O'Neill, 2001) 사회학 안에서부터 보자면, 이 작업은 동일시될 수 있는 행위수행자로서 행위자가 어떻게 스스로를 생산하며, 이런 생산이 미적 성찰의 실천을 통해 어떻게 성취되는지에 대한 작업

(Lash와 Urry, 1994)과 수렴된다. 이들 연구는 민속지학의 방법을 끌어들이는 한에서 매체 사회학 및 여러 예술 사회학의 발전과 상호작용한다.(Press, 1994; Radway, 1988; Tota, 1997을 볼 것)

음악과 감정 노동—일상생활에서 느낌을 생산하기

이 논점을 실지로 예시하는 데 세 가지 연구를 사용할 수 있다. 첫째, 에밀리 고마르와 앙투안 에니옹의 연구.(Gomart와 Hennion, 1999) 둘째, 내 자신의 연구.(DeNora, 1999, 2000) 셋째, (제5장에서 다시 고찰할) 마이클 불의 연구(Bull, 2000)가 그것이다. 방법론적으로 볼 때 이 세 연구는 모두 음악 청취의 실천에 초점을 맞춘 심층면접을 활용했다. 이들 연구는 어떻게 행위자가 그들의 감정 상태가 변화를 겪는 상황을 예비(豫備)하기 위해서 음악을 사용하는 것으로 보일 수 있는지 서술한다.

음악에 대한 애착을 마약복용에 대한 애착과 비교한 고마르와 에니옹 (Gomart와 Hennion, 1999)은 음악애호가 및 마약중독자와의 심층면접에 의지하는 한 대목에서 집착의 형태를 생산하는 '예비의 테크닉'(techniques of preparation)에 관여할 때의 행위자들을 따라가면서 '성향'을 생산하는 메커니즘을 실지로 예시한다. 그렇게 하면서 고마르와 에니옹은 '행위자 네트워크 이론'이라는 특정 이론적 설득의 초점을 다음과 같이 전환시킨다. 즉 행위로부터(네트워크의 건설과 동맹관계의 견고화로부터) 사람과 사물의 상호작용 연구로 전환시키며, 이런 전환과 동시에 그들은 지나치게 일반적인 범주인 '행위'에서 물러나 좀더 특정한 개념인 '사건', 그것의 현상학적인 내용과 공들인 직조(crafting)로 함께 움직인다. 고마르와 에니옹은 음악적 (혹은 마약중독) 경험의 일부로서, 자아가 '단념'되거나 감각 및(또는) 감정에 빠져 있을 때 '일어난 것'에 스포트라이트를 비춘다. 어떻게 음악적 '정열'이 생산되는지에 대한 민속지학적인 사회학이야말로 그들이 관심을 갖고 있는 것이다.

고마르와 에니옹은, '넋을 잃는' 경험을 위한 길을 닦는 갖가지 상이한 일련의 실천에 음악애호가·중독자가 어떻게 관여하는지 있는 그대로 묘사한다. 이는 특수한 효과를 획득하도록 상황을 채비시키고 사물을 결합하는 것으로 이루어진다. 예를 들면 면접자는 귀로 듣고 신체가 반응하도록 '머릿속에서 준비'되어 있다고 서술하거나,(Gomart와 Hennion, 1999, 232쪽) 더 선호하거나 기대하던 방식으로 반응할 준비를 하기 위해 어떻게 특수한 청취 전략과 리듬을 활용하는지 서술한다. 이런 과정은 매우 정교한 실천을 통해서, 어떤 신호(信號)의 힘(신호를 수신한 사람에게 끼치는 영향)과 명료성에 '보조를 맞추는 것' 혹은 그것을 생산하려 시도하는 것과 유사하다. 고마르와 에니옹은 제언하기를, 청자는 마약 사용자와 마찬가지로 "꼼꼼히 조건들을 확립한다. 감동을 받기 위해서는 능동적인 작업이 행해져야만 한다."(Gomart와 Hennion, 1999, 227쪽, 원문대로 강조) 청자는 결코 음악에 의해서 그저 '감명'을 받는 것이 아니라 오히려 음악에 대한 '수동성'(감동을 당하는 능력)을 구축하는 데 능동적이다. 따라서 음악 '사용자'는 감정 반응의 생산자로서 깊이 가담되어 있다.

[음악 사용자는] 잠재적으로 외적인 원인이 되는 힘이 자신을 사로잡아 점령하도록 내버려둘 조건을 충족시키려고 이래저래 애쓰는 사람이다. 그렇다면 수동성은 무위(無爲)의 한 계기도 아니요, 돌연 충

분한 주체이기를 저버리는 사용자의 의지 결여도 아니다. 오히려 행동을 증가시키며 행동을 잠재력화한다.(Gomart와 Hennion, 1999, 243쪽)

따라서 고마르와 에니옹은 어떻게 음악적 정열과 감정 반응의 '사건'(음악에 의해 '점령당해' 있음)이 음악 애호가에 의해 성찰적으로 달성되는가 하는 물음에 관계하고 있었다(DeNora, 2000, 특히 제3장을 볼 것). 유사하게도 나의 조사연구는 미국·영국의 여성이 그날그날 감정의 성질과 수준을 규제하고 고양시키고 바꾸기 위해 음악을 사용할 때 그 음악의 역할을 다루었다. 그중 거의 모든 여성이 '개인적인' 수준에서 질서 짓기 장치로서의 음악, 즉 주관적·인식적·신체적·자아 개념적인 상태를 창출·고양·지속시키기 위한 수단으로서의 음악의 역할에 대해 터놓고 말했다. 음악훈련의 수준이 가지가지임에도, 응답자들은 서로 다른 상황에서 서로 다른 시간에 공들여 만든 음악 프로그래밍 실천의 정밀한 레퍼토리에 의지해서, 들을 '필요'가 있었던 음악에 대한 상당한 인식을 보여주었다. 뿐만 아니라 응답자들은 그들 자신의 측면과 자아 개념에 도달하고 고양시키고 변경하기 위해서 음악을 동원하는 법을 예리하게 자각하고 있었다. '올바른' 음악에 대한 그들의 기준은, 음악이 그들이 획득하고자 한 상황의 목적에 얼마나 '적합'했는지 혹은 잘 맞았는지, 아니면 개개의 감정 상태를 획득하는 데 얼마나 적합했는지 혹은 잘 맞았는지가 그 일부에 속했다(Sloboda와 O'Neill, 2001에서 '적합'에 대한 논의를 볼 것).

음악적 사건의 도식적 얼개로 되돌아오도록 하자. 응답자들은 기분을 전환시키거나 기쁨이나 슬픔 같은 특수한 감정을 느끼려고, 어떻게 그들이 특수한 음악적 사건을 능동적으로 공들여 직조했는지 서술했다. 시간을 따로 제쳐놓고서 본다면, 마음을 가라앉히거나 슬픔에 잠기거나 저녁 외출에 앞서 적당히 활력을 얻거나 기운을 돋우기 위해 음악을 청취하는 것, 이 모든 활동은 응답자들이 예사로이 언급하던 활동이다. 그들에게 음악은 일종의 자아 테크놀로지였다.

예컨대 응답자는 흔히 그들의 기분을 반영한 음악을 선택했는데, 이 사례에서 그들은 때때로 특수한 감정 상태를 한층 더 강화시켜줄 음악을, 그 상태를 넘어서기 위해 선택했다. 이런 점에서 음악은 특수한(슬픈) 기분이 최고조에 이른 상태에 도달하기 위한 기폭제였다. 음악은 저 기분에 집중해서 그것을 증폭시킨 다음 떨쳐버릴 수도 있게 하는 매체를 마련해주었던 것이다. 다음의 응답자가 서술하고 있듯이 이런 종류의 활동은 단연코 감정 노동임에 틀림없다. 그녀는 음악을 청취하기 위해서 시간을 내어 긴 안락의자에 앉아 있다. 그녀는 자신이 청취하는 대로 악보를 따라가면서, 어떤 특수한 감정의 틀에 스스로를 맡길 마음의 준비를 하고 있다. 물론 그녀는 어떤 유형의 과제를 위해서 어느 음악이 이용되는지 알고 있다.

그것은 당신이 어떤 기분인지에 달려 있어요. 왜냐하면 저는 명랑한 어떤 것을 하고 싶다고 느낀다면 「애니」나 「키스 미 케이트」 따위의 것, 혹은 「오클라호마」와 같은 명랑한 것을 들을 수도 있기 때문입니다. 그때 제가 좀더 많이 느끼고 있지만 않다면 말입니다. 자, 보세요. 저는 어떤 뮤지컬을 청취할 때 긴 안락의자에 앉아서 그저 듣기만 하는 경향이 있는데, 그땐 보통 가사나 제재도 살펴보면서 주로 그런 것에만 집중합니다. 그러나 ……만일 제가 뭐랄까, 좀 비참한 느낌이 들면 「레미제라블」을 청취할 수도 있죠. 그럴 때 저는 「지저스 크라이스트 슈퍼스타」를 청취할 때가 아주 많습니다. 그것이 굉장히 감정적이기 때문이죠. ……간혹 당신은 그저 거기 앉아 있고만 싶고 그저 비참하기만 할 때가 있습니다. 그러면 제 친구와 저는 이런 농담을 합니다. 뭐, 저 같은 사람은 스스로를 더욱 비참하게 만들기 위해서 비참해지고 싶고, 뭐랄까 거울 속에서 비참한 자기 자신을 바라보고 싶은 거라고 말입니다. 우리가 하는 게 늘 그렇습니다(웃음).

이들 사건은 세심하게 공들여 직조되었다. 달리 말해서 응답자들은 요망된 감정 상태와 음악의 사이에서 또박또박 명료화했다. 응답자들은 음악을 어떤 감정적 상관물에 대한 준거점, 모델, 혹은 상기시키는 것으로 사용했으며, 서로 다른 여건하에서 그들에게 '효력'이 있을 법한 음악이 무엇인지에 대해 사고했다. 이런 실천은 가깝고 먼 요인, 음악 곡이나 스타일 및 관습적인 연상(예를 들어 낭만적인 음악이나 슬픈 음악)과 연합된 전기적인 연상 및 사건, 음악의 물리적 속성(예컨대 리듬·속도·음량), 그리고 이전의 사용 패턴(예를 들어 특수한 경우에 무엇이 '효력'이 있을지에 대한 지식)에 의해 성립되었다.

응답자들은 하루 중 어느 때에만 청취하거나, 특수한 방이나 각별한 사건 동안에만 청취하거나(예를 들어 목욕을 하는 동안에만, 부엌에서는 아니고), 헤드폰으로만 청취하거나, 아주 크게만 틀거나, 앉아 있는 동안에만 듣거나, 아님 가사노동을 하면서 이리저리 움직이는 동안 듣거나, 촛불을 킨 채 듣거나, 햇살 아래에서 듣거나 등등, 음악을 다른 다양한 재료·실천·마음가짐과 짝을 짓게 마련이다. 이런 유형의 활동에 해당하는 가장 광범위한 사례 가운데 하나는 제3장에 서술된 응답자 루시에게서 비롯된다. 『음악과 일상생활』에서(DeNora, 2000, 16, 41~43쪽) 제시된 바 있는 루시는 인터뷰가 있는 아침에 "아주 '스트레스를 받는' 느낌"이 들었는데, "[그 이유인즉] 한창 집을 옮기는 중이어서 ……그랬다는" 사연을 들려주었다. 루시는 멈추어서 음악을 청취하기로 "능동적으로 결정했다." "저는 그 음악을 필요로 했어요. 아시다시피 그것은 겨우 10분 남짓이잖아요. 저는 그것을 모두 청취하지는 않았고, ……제가 원한 바로 거기까지만……."(루시의 경험은 하나의 음악적 사건의 세부사항을 서술하기 위해서 도식을 사용해 도표화할 수 있다. 도표 5를 보라)

『음악과 일상생활』에서 서술되었듯이 루시는 음악이 그녀'에게' 효력을 다할 수 있도록 상황을 공들여 직조했다. 예를 들면 이 진정시키는 음악을 물질문화의 맥락 속에 놓은 점, 가령 등받이 없는 높은 의자나 타이피스트 의자에 앉는 것이 아니라 흔들의자에 앉은 점은 의미심장했다. 이 흔들의자의 내포는 보살핌을 받는 것, 요람 속 갓난아이처럼 흔들리는 것, 자신의 집처럼 아늑함 등을 포함한다.

그렇다면 이런 내포는 이 곡이 루시에게 지닌 의미, 그녀의 개인사와 결부되었던 방식과 공명했다. 그녀의 아버지가 저녁식사 이후 틀었던 곡들은 그녀가 밤에 침대로 들어갔을 때 계단을 타고 들려왔을 테고, 또 해질녘 침대에 들기 전 난롯가에서 부모님과 함께 귀 기울였을 곡이다. 따라서 루시는 이 음악을 보살피는 가정적인 맥락, 즉 이 차분한 음악의 보살피고 진정시키는 성질—그녀가 그런 성질을 지각했기에 하는 말이다—을 고조시키는 청취의 맥락 속에 놓았다. 앞에서 서술했듯이 이런 실천은 그녀가 당시 '반응했던' 신호를 잘 조율하는 한 방식이었다.

도표 5. 슈베르트 즉흥곡과 루시

시간 1—사건 이전(사건이 일어나기 전 행위자(들) A에게 의미 있는 모든 역사)

전제조건
"스트레스를 받음" "아버지가 좋아하는 것" "제가 어렸을 적에 ……저는 회상해요" "아버지는 ……제가 막 자려 갈 때 연주했어요" "저 음악은 평생 저를 도와주었고, 저를 진정시켜주었습니다"

시간 2—효력이 나타나기 시작하기 10~15분 전

  A 행위자(들) 루시
  B 음악 슈베르트, 짧은 피아노 소품들을 선곡함
  C 음악과의 교호작용 행동 가만히 앉아서 스스로 마음을 가라앉히려는 목적으로 청취하고 있음
  D 행동 C의 현지 조건 스트레스를 받는다고 느껴서 슈베르트를 골랐는데, 그 이유는 '실망하지 않으리라는 것을 스스로 알고' 있기 때문. 특히 그녀가 듣고 싶었던 바로 그 대목을 고름
  E 환경 응접실, 평소 벽난로가 있던 곳에서 양쪽에 스피커가 놓인 흔들의자, 집이 아닌 그 밖의 다른 곳

시간 3—사건 이후

성과 마음이 좀더 가라앉고 스트레스를 덜 받는다고 느낌

이 사례들은 어떻게 감정적 획득이 일종의 실천적 지식(프랑스·영국·미국의 응답자들이 공히 〔흔히 암묵적인〕 음악실천에 대해 설명하면서 거듭 드러내던 지식과 숙련기술)을 끌어들이는지를 실지로 예시한다. 이런 실천을 통해서 응답자는 일관성 있는 사회적 존재요, 사회적으로 훈육된 존재로서 스스로를 만들어냈다. 응답자는 모두 그들을 '감동시킬' 수 있을 어떤 음악적 사건에 '보조를 맞추고', 그 사건을 생산하는 다양한 실천에 예사로이 관여했다. 음악에 직면해 이런 수동성의 생산

과 그것이 차후에 낳은 감정적 '효과'는 음악실천의 조립을 통해서, 즉 음반·볼륨 레벨의 선택은 물론, 물질문화적 및 시간적인 청취 환경의 선택(예컨대 침대에서, 흔들의자에서, 저녁에 욕실에서, 아침에 나갈 준비를 하는 동안 욕실에서 청취하기로 선택하는 것)을 통해 획득되었다. 또한 음악작품, 기억, 예전과 지금의 듣기 맥락을 접합시킴으로써 획득되었다. 그래서 응답자들은 스스로를 디스크자키로 여길 수 있을 것이다(자신을 그렇게 이야기한 응답자도 있었다).

짧게 말해서 감정 상태 및 사건의 획득과 관계해 이들 음악연구는 현실의 사회적 무대장치에서, 행위자가 이용하는 하나의 장치로서의 음악 사용법을 시사한다. 이때 행위자는 음악을 사용해 느낌의 흐름이 그리는 일정한 경로를 동조시키고 구조화한다. 음악은 행위수행자가 그날그날 미적인 행위수행자로서, 즉 느끼고 사유하고 행동하는 존재로서 자기 자신을 규제하기 위해 기대는 자원이다. 이런 규제를 획득하는 것은 높은 정도의 실천적 성찰성을 요한다. 프랑스의 사례연구와 영미의 사례연구에서 공히 응답자들은 어떻게 행위자가 흔히 이런 규제에 대한 '필요'를 지각하고 자율 감정 노동(auto-emotion work)의 기법을 알고 있는지 보여준다. 이들 기법은 무심코 발견될지도 모른다(어떤 것이 일단 결부되어 '효력'이 있으면 그것은 나중에 반복되어 한 개인의 레퍼토리에 속하게 된다). 아니면 자율 감정 노동의 기법들은 문화와 미디어를 통해 시사될 수도 있거나(적어도 맨 처음엔 모방적이다), 동료나 친구로부터 전수받을 수도 있거나(그렇게 집단이나 패밀리 문화의 일부로서 존재한다), 혹은 애초에 어떤 사회적 무대장치에서 맞닥뜨릴 수도 있다. 이 모든 기법의 소재지는 응답자들이 언급했던 것이다.

더욱이 느낌 상태가 식별되고 '표현되는' 과정(즉 시간이 지나면서 자아나 타인에게 실행되는 과정)의 자연사는 발전되어야 할 논제이다. 이 논제는 '어떻게 미적인 행위수행이 실시간에 배치되는가' 하는 물음에 관계되어 있는 만큼, 정열이 안무(按舞)되고 동조되는 만큼, 발전되어야 할 논제인 것이다. 이 논제를 계속 붙잡고 있되, 개인의 문화적 경험으로부터(그리고 문화적 재료 속에서 문화적 재료와의 관련을 통해 이루어지는 주관성의 사회적 규제로부터) 집단행위의 조직 및 그것의 감정적 구성요소와 관계된 음악의 역할로 확대시키는 것은, 다만 이 프로그램의 바로 다음 발걸음일 따름이다.

음악은 사회학자 앨리 혹실드가 일컬은 '감정 노동'(Hochschild, 1983)에 종사하기 위한 장치이다.[3] 감정 노동(emotional work)이란 노동자들이 물질적 재화나 서비스만을 생산해내는 것이 아니라, 스스로를 문화의 조직적 후원 아래 행동하는 감정적 행위수행자의 유형으로서 생산해내는 작업장 안에서 벌어지는 다양한 실천을 지칭하는 용어이다(이는 찰스 쿨리의 거울 자아에 대한 논의(본문 196쪽을 볼 것)에서 등장하는 감정 구축이라는 개념구상과 매우 유사하다). 원래 용법 때문에, 감정 노동 개념은 감정을 "이미지·사고·기억과의 신체적 공동작용——개인이 자각하고 있는 공동작용"(Hochschild, 1979, 551쪽; Williams, 1996, 129쪽에서 재인용)이라고 여기는 사회학에서 좀더 폭넓게 채택

---

3) 상징적 상호작용론을 적용한 영향력 있는 책으로 꼽히는 혹실드(Arile Russel Hochschild)의 『관리된 마음: 인간 감정의 상품화』(*The Managed Heart-Commercialization of Human Feeling*, 1983)에서 제시된 개념. 배우가 연기하듯 실제 감정과 상관없이 직업상 다른 얼굴과 표정, 몸가짐을 만들어내기 위해 감정을 관리하고 통제해야 하는 노동을 의미한다. 앨리 러셀 혹실드, 『감정노동』, 이가람 옮김, 이매진, 2009를 참조할 것.

되어왔다. 응답자들은 그들이 기분과 에너지 수치(긴장이완·흥분 등)를 규제하기 위해서, 바람직하지 않은 감정 상태(스트레스·피로 등)를 줄이거나 완화시키기 위해서 어떻게 음악을 예사로이 그리고 이례적인 여건에서 공히 사용했는지 서술했다.

달리 말해서 응답자들은 한편으로는 음악작품·스타일·재료와, 다른 한편으로는 바람직한 행위수행 양태 사이에서 또박또박 명료화했다. 그런 다음 음악을 사용해 저 행위수행의 양태와, 그와 연합된 감정 형태를 예감하거나 고무시키거나 정교하게 만들거나 스스로 상기했다. 이때 음악은 아도르노의 의미에서, 행위자가 스스로를 부추겨 특수한 주관적 상태와 주관적 방향설정으로까지 나아가게 하는 장치이다. 응답자가 음악을 자아를 돌보는 보살핌의 일부로 선택했을 때 그들은 자신들에게 '효력'이 있을 법한 음악에 대해 앞서 생각하면서 흔히 자기의식적인 명료화 작업에 관여했다. 그리고 그들의 명료화는 음악이 유발한다고 그들이 지각했던 것에 기초해 이루어졌다. 이런 지각은 결국엔 일련의 사안에 의해 성립되었다. 일련의 사안 중에는 응답자들이 특정 음악재료와 기타 사항(가령 전기적인 것이나 상황적인 것) 사이에 만들던 이전의 연상 작용이 있으며, 음악의 관습적인 장치·장르·스타일의 감정적 함의에 대한 그들의 이해도 있다. 또한 그들이 지각했던, 음악적 재료·과정과 사회적 혹은 물리적 재료·과정 사이의 평행관계(상동관계)도 있다.

세 번째로 마이클 불(Bull, 2002)의 연구는 휴대용 스테레오의 사용을 검토했다. 불의 논문은 이들 논점을 증폭시키는 데 뿐만 아니라, 그 논점을 주체(그/그녀가 공적 공간을 지나갈 때)에 관한 이론과 연관시키는 데 도움이 된다. 이런 점에서 불의 작업은 초점을 감정으로부터 질서 짓기 활동으로 전환시키는 중심축으로 간주될 수 있다. 대략 60건의 심층 면접에 나오는 응답자들은 어떻게 휴대용 스테레오의 사용이 별의별 목 적을 망라하는지 서술한다. 음악은 그중에서도 특히 '원치 않는' 느낌을 통제하고, 그렇지 않을 경우 기분을 규제하기 위해 사용되는데, 그 방식 은 프랑스와 영미의 연구에서 서술된 전략과 비슷한 방식이다. 불은 뭇 사람들이 있는 공적 장소에서 이루어진 사적인 음악 청취가 어떻게 도 시에 거주하는 데 필요한 능란한 기술의 일부인지 서술한다. 개인은 도 시 환경에서, 특히 대중 교통수단으로 이동할 때 시달리는 피로 가운데 매일의 존재 패턴을 영위하고, 익명의 사람들로 붐비는 환경에서 기분 과 자아정체성을 유지하기 위해 휴대용 스테레오로 들리는 음악을 사용 한다.

불의 연구는 음악 테크놀로지의 역할에 초점을 맞추고 있다는 점에서 독보적이다. 더 나아가 그의 연구는 그 자체로 아도르노의 말대로 '감 정을 유도하는' 음악의 능력이 음악을 듣기 위한 물질문화 장비와 결부 되어 있는 방식을 조명해준다.

이런 점에서 불의 작업은 프랑스의 음악사회학자 소피 메조네브 (Sophie Maisonneuve)의 작업과 겹친다. 그녀 역시 주관성의 음악적 배치에 관심을 가졌는데, 역사적 각도에서 볼 때 일정시간 동안 음악적 주체의 재배치와 그것이 관계되어 있음을 감지했다. 메조네브는 녹음기 술의 진화발전과, 그 발전과 음악적 주목 양태의 상호작용을 검토한다. 그녀의 작업은 아도르노의 작업을 보충하고 확장시키는 것으로 읽힐 수 있을지언정, 음악 테크놀로지에 대한 아도르노의 저작(예컨대 Adorno, 2002, 271~283쪽)을 명시적으로 언급하지는 않는다. 메조네브는 축음 기의 도입, 그와 인접한 개념인 음반 수집이 어떻게 음악소비의 경험을 위한 가능성에 영향력을 행사하게 되었는지, 특히 어떻게 이 인공물이 음악은 물론 아마추어 '음악사랑' 둘 다에 대한 새로운, 좀더 강렬한 개인적 경험 양태에 길을 열어주었는지를 보여준다.

특히 메조네브는 논하기를, 예의 인공물은 미적으로 성찰적인 사용자, 즉 능동적으로 자신의 취미를 구성하는 데 관여할 뿐만 아니라, 동시에 자아의 반응을 스스로 모니터링하는 데 관여하는 청자를 촉진했다. 메조네브는 20세기 동안 음악배포에서 일어난 두 가지 기술 혁명을 비교하는데, 이는 각각의 혁명 동안 어떻게 청자·청취·음악청취 주체의 사회적 실천과 개념이 변형되었는지 서술하기 위한 것이다. 메조네브에게서 주체는 그녀가 청취 '설비체제'(set-up)라고 칭한 것과 관계해 배치된다. 이 개념은 이제껏 발전시켜온 음악적 사건을 분석하기 위한 도식과 굉장히 잘 맞아떨어지는 개념이다. 이 설비체제는 테크놀로지 장치, 청취가 일어난 물질문화의 환경, 다양한 물질적·텍스트적 인공물—음반에 딸려 나오는 음악 해설과 연주자 해설, 음악 리뷰, 축음기나 CD 플레이어 등 청취 도구를 뭉뚱그린—로 이루어진 복합체이다. 따라서 청자를 사람과 인공물의 연결망 안에서 하나의 마디 내지 매듭으로 여긴다. 그리고 이 두 가지 혁명 동안 이런 연결망의 변형이 야기한 가장 의미심장한 결과 가운데 하나는, 당시 '위대한' 작곡가, '위대한' 작품의 음악적 정전과 관계해 청자가 자리매김되는 양상이다. 메조네브는 말한다.

따라서 우리는 '클래식 음악'이 본질적으로 불변하는 작품들의 견고한 기념비가 아님을 안다. 즉 음악은 일정시간 동안, 그리고 음악의 생산 및 향유에 참여하는 대상과 행위수행자 들에 따라 늘 재배치되는 설비체제 속에서 언제든지 새롭게 일어나는 대상과 실천 덕분에 존재한다. ……다음의 사실을 깨닫는 것이 중요하다. 음악과의 상호 관계는 음악을 존재하도록 만드는 테크닉·대상·행위수행자에 따라 진화하는 물질문화에 뿌리내리고 있다는 사실을 말이다. 음악의 바로 그 물질적 실재와, 또한 그로부터 유래하는 미적인 잠재성은 이런 물질적 설비체제에 의해 한정·수정된다.(Maisonneuve, 2001, 105쪽)

메조네브의 작업은 음악과 주관성에 대한 연구를, 상황 속에 놓고 본 듣기의 계기라는 지반 위에다 확고히 정초하도록 만든다. 그녀가 볼 적에 음악은 이 무대장치에 의해 배치되기도 하고, 또 그것을 배치하는 데 기여하기도 한다. 청자의 주관적 반응은 저 무대장치의 속성 속에서, 그리고 그 속성과 관련지어 모습을 갖추는 인공적인 것으로 여길 수 있겠다.

이는 (악곡의 속성, 음색, 관습적 장치 같은) 음악의 재료가 감정과 결부되는 방식에 아무런 역할도 하지 않는다고 제언하는 것이 아니다. 그와 반대로 그렇게 제언하는 것은 음악의 물질성에 대한 관심사를 단념하는 것이요, 음악학자와 사회과학자를 결합시켜야 하는 골자를 박탈하는 움직임이리라. 오히려 그것은 음악이 어떻게 '같은 것'(the same)이 아닌지 지적하는 것이다. 즉 미리 규정된 방식으로 주체에게 영향을 끼치는 객관적인 '자극물'이 아님을 지적하는 것이다.

이 쟁점은 더 나아간 고찰을, 추상적으로도 또 몇몇 사례를 통해서도 요한다. 이런 고찰은 다른 것과 달리 바로 '음악의 무엇이 감정을 유발하게 될 법한가' 하는 물음에 초점을 맞추는 것을 포함한다. 예의 개인들이 감정 관리에 관여할 때 기댔던 것은 시도 회화도 드라마도 아닌 바로 음악이었다는 사실을 간과하지 않는 것이 중요하기 때문이다.

그렇다면 음악을 아도르노의 말대로 '감정을 유도하는' 데 특히 이바지하게 만들 법한 것은 도대체 음악의 무엇인가? 이어지는 절은 결코 남김 없는 목록을 제공하지 않으며, 논제의 배열도 임의적이다. 실은 그 목록을 체계화하려고 시도하는 데 논점이 있지 않다. 궁극적으로는 음악을 듣는 사람의 감정 환기와 관계해, **경험적으로 유의미한** 음악의 특성만이 특정 음악적 사건 안에서, 실제 듣는 사람들에 의해 만들어지고 재인되는 것이므로 그렇다. 철학자 스테판 데이비스는 다음과 같이 말한다.

음악의 표현성을 전문적인 세부사항과 작곡 장치의 카탈로그로 환원시키려 시도하는 일은 하지 않을 것이다. 만일 단조로 된 음악은 모두, 그리고 그것만이 슬프게 들린다는 것이 사실이라 하더라도 '슬프게 들린다'는 '단조로 되어 있다'를 **의미할 수 없다.** ……음악적 특성은 음악의 표현성을 정초하며, 그것이 무슨 특성인지 발견하는 것은 흥미롭다. 그렇지만 그것을 식별하는 것은 기껏해야 유익한 정보를 주는 음악적 표현성 이론을 향한 첫걸음일 뿐이다.(Davies, 2001, 28쪽)

그 밖의 다른 모든 것은 다만 저런 몇몇 연결고리가 무엇일 수 있겠는지를 예견한 것일 따름이다(아마도 그중 많은 것이 어느 정도 정확히 예견될 수 있을 텐데, 청취는 어떤 특이체질적인 개인의 활동이 아니라 불가피하게 **문화적 활동**일 수밖에 없기 때문이다). 논점은 음악을 감정과 잇는 연결고리(감정 반응을 이끌어내고, 환기하고, 유도하고, 재현하고, 일으키기 위한 장치로서 음악의 역할)를 해결할 단서를 마련해줄 법한, 음악의 음악적 성격이 지닌 몇 가지 측면을 성찰해보는 것뿐이다.

음악의 무엇이 감정적 반응을 낳는가

음악을 감정과 잇는 실제 연결고리는 음악적 사건 안에서부터, 즉 개개의 음악실천과 음악소비(사용)의 맥락 안에서부터 비로소 특정화되어 상론될 수 있다. 그렇긴 해도 가정컨대, 음악의 어느 측면이 감정을 일으키는 음악의 역량으로 시사될 수 있을지, 그 요인은 여러 가지가 있다. 그 요인들은 다음을 포함한다.

물질성

아마도 음악의 물질성(materiality)이 가장 명백한 출발점일 것이다. 청각 매체로서의 물질성은 물론, 음악을 듣는 사람의 물질성과 관계해서도 그렇다. 음악은 물리적 속성을 갖고 있기 때문이다. 음악은 소리, 그것도 (가청범위를 넘어서는—옮긴이) 초음파와 초저주파를 포함한 소리이기 때문이다. 음악은 빠르거나 느리고, 규칙적이거나 일정치 않다. 음악은 시끄럽거나 부드럽다. 음악의 음은 다양한 수단으로 생산될 수 있으며, 이 음은 밀접히 무리를 이루도록 조직될 수도 있거나(그리하여 '충돌하는' 것으로 지각될 수도 있고, '빡빡하게 짜인' 것으로 지각될 수 있다) 아니면 하나의 음이 한번에 들리도록 조직될 수 있다. 이런 음은 다양한 수단에 의해 생산될 수 있다. 만일 서양의 표준 오케스트라와 합창단이 이용할 수 있는 수단만을 고찰한다면, 그 수단은 가령 현악기의 줄, 발성기관인 성대, 리드악기의 갈대, 관악기의 호각(號角) 등 서로 다른 물리적·물질적 기법을 포괄할 수도 있다.

이런 물리적 속성은 모두 인간의 신체 행위와 (적어도 잠재적으로는) 신체적 반작용을 끌어들인다. 후자를 고려할 때 음악의 물리적 매체(소리)는 그것이 신체에 끼친 내적인 영향력(과 잠재력)의 견지에서 사고되어야만 한다. 존 셰퍼드와 피터 위케가 제언했듯이,(Shepherd와 Wicke, 1997) 그 밖에도 셰퍼드가 관찰했듯이(Shepherd, 2002; DeNora, 2002a를 볼 것) 말이다. 예를 들면 어떤 사람은 총주(總奏, tutti)의 '힘'이 소리의 '벽'이라고 느낄지도 모르며, 어떤 사람은 자신의 가장 높은 음역의 한계를 간신히 버티고 있는 가수의 고음을 들을 때 마치 자기 목구멍이 바싹 죄는 듯이 공감할지도 모른다.

그래서 음악은 연주하거나 음악에 맞춰 춤추려고 외면화될 때의 신체를 수반하기도 한다. 금관악기의 연주는 부는 구멍과 잇닿아 있는 입술의 떨림을 수반한다. 높은 음표를 노래하는 것은 모종의 근육과 호흡을 쓰는 기법을 수반한다. 오랫동안 현악기를 연주하는 것은 오른팔을 욱신욱신 쑤시게 만들 수도 있다. 플루트를 복절법(複切法)[4]으로 연주하는 것은 바이올린으로 비트라토를 만들어낼 때 그러하듯이, 몇 가지 균형 잡힌 동작의 세세한 숙련기술을 수반한다. 이런 것은 모두 신체적 기법이며, 신체적 기법은 결국엔 그것이 지각되는 방식에 책임이 있을 수 있다. 또한 (아마도 좀더 중요하게는, 본장 처음에 서술된 '정보처리' 모델에서 멀리 떨어져) 이런 것을 듣는 사람이 그것에 반응하는 방식에 책임이 있을 수 있다.

더욱이 리처드 레퍼트가 관찰했듯이 이들 기법은 또한 많은 경우에 '사운드의 시각'을 포괄한다. 우리는 바이올린 연주자가 '톱질하는' 것 따위를 관찰할 수 있을 것이다(음반을 청취할 때조차 사람들은 자기가

---

4) 관악기로 빠른 템포의 스타카토 악절을 연주할 때 혀를 가볍고 빠르게 움직여서 소리 내는 방법.

듣고 있는 소리의 유형을 생산할 때 보통 함께 일어나거나 나타나는 수많은 이미지를 마음의 눈으로 '볼' 수도 있다). 이를테면 소프라노 가수가 아주 높은 피아노시모 음을 손쉽고 우아하게, 더구나 한 악구의 끝에서 내서 지속시킬 수 있는 연주를 들으면서 우리는 순전한 희열과 같은 것을 느낄 수도 있다. 이렇게 힘든 일에 어떠한 노력이 들어가는지를 신체적으로 '알기' 때문이다.

이러한 소리, 즉 개개의 악기의 순전한 음질 및 음색은 상황과 무대장치의 특정한 물질적이고 물체적인 측면 안에서 그것이 무엇일 것 같은지에 대한 느낌을 내포하고 아마도 환기할지도 모른다. 예컨대 호른의 소리는 전원과 사냥을 내포할 수도 있다. 아닌 게 아니라 호른은 이런 목적을 위해 일부분 사용되었는데, 그 이유는 멀리서도 들릴 수 있는 악기인데다가 (다른 손으로는 고삐를 움켜잡고 있는 동안) 한 손으로 연주할 수 있는 악기였기 때문이다. 목관악기의 리드족(族)은 주변에 물이 있는 환경을 내포할 수도 있다(예를 들어 「백조의 호수」의 시작 부분). 다시 한 번 더, 갈대로 만든 리드와 물 사이의 물리적 연결고리가 있음을 주목하자.

좀더 낮은 음역의 금관, 베이스 현악기, 베이스 목소리는 강하고 장중한 느낌, 중량감과 안정감을 환기할 수도 있는데, 그 이유는 부분적으로 서양 문화에서는 낮은 음높이를 깊이와 연합시키기 때문이다. 그러나 또한 그것이 쉽게 유발하는 사운드의 종류(견고한 움직임과 음량, 가령 우리가 '무거운 금관'과 같은 개념을 사고한다는 점에서) 때문이기도 하거니와, 그것이 어렵게만 겨우 유발하는 사운드의 종류 때문이기도 하다(예를 들어 우리는 튜바가 '자못 잘도 해내는' 듯 보이는 본 윌리엄스 협주곡에서 튜바가 할 수 있는 것에 즐거워하는데, 이 곡에서 평소 튜바가 연주하는 것, 결국엔 튜바가 유발하는 것에 기초한 기대에 어긋나는 듯 보일 수도 있다).

짧게 말해서 이런 것의 분류법을, 그것이 어떻게 경험되는지에 앞서 선험적으로 시도하는 것은 무익하겠지만(비록 음악치료사는 개개의 환자를 치료하는 잠재적인 전략과 관계해 바로 저 분류법을 시도하기를 바랄 수는 있겠지만) 그럼에도 사운드 생산과 신체 과정(특히 촉각과 신체적 행동거지의 양태) 사이에는 연합작용이 있다. 상이한 유형의 음악가들이 걸리기 쉬운 병이야말로 이를 눈에 띄게 강조하는 데 도움을 준다. 그리고 청자는 베이스 음성이 자신의 음역 맨 밑바닥에서 울리는 깊은 사운드에 반응할 때처럼, 흔히 공감적으로(sympathetically) 이 과정에 반응하는 경우가 많이 있을 법하다. 청자는 또한 가령 칠판을 손톱으로 긁는 소리에 몇몇 청자가 반응할 때처럼(혹은 지금 지면상에서 이와 같은 소리를 암시한 것만으로도) 무심결에 비자발적으로(involuntarily) 반응할 법하다.

이런 반응의 역량은 인간의 신체도 하나의 악기라는 사실(혹은 그 자체를 악기로 여길 수 있다는 사실)에 의거하는데, 그것도 악기라는 바로 그 용어의 상식적인 의미에서 노래하거나 음악을 연주하는 역량을 훨씬 더 능가하는 방식으로 의거한다. 하나의 악기로서 신체는 사운드 환경에 '보조를 맞추고' 그와 '충돌'하고 '공명'한다. 신체의 '음악'은 맥박(심장박동), 템포(빨라지거나 느려진 심장박동), 진동(맥박의 속도를 갑자기 더 빠르게 하기)을 포함한다.

신체의 '음악'은 단지 우리가 살아가는 동안 비자발적으로나 자발적으로 만들어내는 소리(우는 어린아이와 달콤하게 속삭이는 어머니, 흉부 감염에 걸린 사람의 목에서 나는 가르랑거리는 소리, 대화 소리, 바로 그

소리의 음높이 · 리듬 · 음량 · 템포)를 포함한다. 이와 같은 것들은 간과될지언정 음악의 듣기와 결부된 중요한 사안이다. 왜냐하면 인체 바깥의 어떠한 사운드도 어떤 형태로든 인체와 관계를 맺고 있기 때문이다.

이런 잠재력에 대한 사례를 좀 빤하지만 하나만 내놓자면, 빠른 댄스 음악이 어떻게 분당 60~70번 뛰는 심장박동을 훌쩍 넘은 템포에서 움직이는 존재 양태를 듣는 사람의 신체에게 '보여주는지', 아니면 (느리고 이완된) '아다지오'라고 표시된 음악이 어떻게 듣는 사람에게 꽤 다른 신체적 기회를 제안하는지 고찰해보라. 음악과 감정의 연결고리에 대한 어떠한 고찰도 어떻게 음악이 시간적 기회 및 배치를 보여주거나 마련해주는지, 이를 보여주면서 어떻게 음악은 개인적 · 집단적 체화가 발견 · 구축될 수도 있는 배경 구조를 마련해주는지에 대해 사유하는 데서 상당한 유익을 얻을 수 있다.

도상성

음악은 흔히 그것이 재현하는 듯 보이는 것과 구조적 특성을 공유한다. 예를 들면 눈물을 자아내는 다울랜드의 애절한 곡은 선율적으로 볼 때, 그것이 서술하는 눈물과 같이, 그것이 환기할 수도 있는 눈물과 같이 아래로 향해 흐른다. 정감이론(Affektenlehre)[5]에 관계된, J. S. 바흐와 같은 바로크 작곡가들이 발전시키던 것이 바로 이와 같은 자원이

---

5) 음악의 목적이 정서의 표현이나 환기라고 보는 바로크 후기 음악이론. 고대 그리스 로마에서 수사학 기법을 사용해 청중의 마음을 움직이는 웅변술이 발달했던 것처럼, 고전 수사학의 영향 아래 일종의 감정의 언어로 여겨진 음악은 적당한 음악적 처리방식이나 장치를 통해 청자에게 무심결에 감정적 반응을 야기할 수 있다고 주장한다.

존 다울랜드의 「흘러라 눈물이여」

다(제5장을 볼 것).

어떤 청자가 음악의 도상성(iconicity)[6]을 맞닥뜨릴 때, 그 사람은 어떤 음악적 · 도상적인 과정과 아주 유사한 감정을 가상적 · 공감적으로 느낄지도 모른다. 데노라(DeNora, 2000)에서 보고된 에어로빅 연구는 재삼재사 예시했는데, 어떤 사람은 '무거운' 금관악기가 어떤 주제를 인계받았을 때(강함의 발동) 혹은 그 주제가 '위를 향해' 전조되었을 때(에너지를 더 늘려 높이기), 갑작스레 '느끼고' 좀더 '강하게' 마음이 움직일 수도 있다. 여기에서 우리는 음악이 느낌과 감정의 구성(composition) 속으로 들어서는 것만을 알아볼 수 있는 것이 아니다. 우리는 또한 음악이 어떻게 사회적 의식을 촉진하는 매체인지 알아볼 수도 있다. 어떤 사람은 감정적이고 체화된 과정과 아주 유사한 점을 음악에서 '재인'할지도 모른다.

관습

여기서 우리는 음악의 상징적 의미 영역으로 옮겨간다. 이 영역은 앞서 논의된 두 가지 측면(물질성 및 도상성)과 결코 따로 분리되지는 않지만, 서로 다른 유형의 사운드와 사운드 조합이 과거에 쓰이던 용법을 참조시키는 데 사용되곤 한다. 여기서 양식, 장르, 그 밖의 범주에 준한 개념과 같은 음악사적인 발상이 크게 부상한다. 애도가와 비가(悲歌), 말하자면 특정 조, 템포, 짜임새, 선율 양식을 취급하는 이전의 관습적인 방식은 모두 의미를 축적한다. 예를 들면 B단조 미사 가운데 "십자가에 못 박히심"(Crucifixus)은 바흐한테는 십자가라는 제재(題材)와 연합된 조인 마단조로 작곡되어 있다. 여기서 오랜 경험은 (특수한 전통에 푹 빠져 지낸 청자의 편에서는 특히) 결국엔 청자의 습관, 즉 음악이 불러낼 법한 상징적 연상에 대한 반응 패턴이 되고 말 것이다. 어떤 사람

---

6) 기능언어학 · 인지언어학 · 기호학에서 기호(언어적 기호든 다른 무엇이든)의 형식과 그 의미 사이에 자의성과 정반대로 유사성 내지 유비가 있다는 생각을 반영한 용어.

이 모차르트 '스타일의' 합창곡이나 지미 헨드릭스 '스타일의' 기타 리프(guitar riff)를 들을 때처럼 말이다.

시간성

음악은 시간을 헤쳐 나아가는 형식이다. 음악의 물체성(corporality)과 도상성은 시간성이라는 특성과 결부되어 있다. 감정과 관계해 음악의 힘은 아마도 부분적으로 음악의 변덕스러운 성질, 즉 주관적 상태라기보다는 주관적 '과정'을 도상적으로,[7] 상징적으로, 혹은 물질적으로 그려내는 음악의 능력에서 비롯된다. 예를 들면 음악이 '클라이맥스'를 향해 '위쪽'으로 움직일 때면 느낌은 강화된 다음 떨쳐버려진다. 셰퍼드와 위케는 이러한 음악의 측면을 소리 안장(Shepherd와 Wick, 1997, 159쪽)[8]이라는 주커칸들(Victor Zuckerkandl)의 개념과 관계해 논의했다. 소리 안장은, 사운드가 듣는 사람에게 부단히 펼쳐지는 현재에 제시될 때 사운드의 촉각적인 차원을 의미한다. 분석자가 안장의 다양한 음악 구문론적인 '순간'을, 청자가 그것을 지각(반응)하게 되는 방식과 동형 구조를 갖는 방식으로 정의할 수 있다고 인정하는 것은 잘못된 생각(음악분석적인 우선성으로의 잘못된 회귀)이겠지만, 그럼에도 그 개념은 시간이 흐르면서 전개되는 음악의 성격(따라서 음악의 명시적인 시간

---

7) 원문 'ironically'는 문맥상 'iconically'의 오기로 보인다.
8) 음악 매체가 "외부 세계의 한 측면, 즉 청각적 시공간의 사운드로서 발생"할 때 부단히 펼쳐지는 "사운드 이미지"(Shepherd와 Wicke, 1997, 160쪽)다. 이때 사운드의 촉각적 차원(tactile dimension)이 중시된다. 또한 소리 안장이 매체에 의해 가능케 된 경험적 현상이라는 점이 중시된다. 셰퍼드와 위케에 따르면 음악적 의미의 명료화 과정에서 소리 안장이 차지하는 위치는 언어를 통한 의미의 명료화 과정에서 기표가 차지하는 위치와 유사하다.

차원)을 감정적 매체로서의 음악의 역량과 결부된 하나의 특징으로 눈에 띄게 강조한다.

기대

레너드 마이어(Leonard Meyer)는 해결되지 않은 화성이나 또 다른 음악적 유예가 그러하듯이, 청자의 반응이 억제될 때 감정이 야기된다는 이론을 발전시켰다. 이런 관점은 비판을 받았는데,(Cook과 Dibben, 2001, 58, 59쪽) 비판의 근거는 그 관점이 기쁨 대 슬픔과 같이 세분화되지 않은 느낌은 설명하지만 특정 느낌을 설명하지 않으며, 감정을 발생시킨다고 예측될 수 있는 것(가령 앞서 논의한 대로 음악의 관습적인 특성)보다는 예측될 수 없는 것의 역할을 지나치게 강조한다는 데 있다.

비(非)재현성

재현을 누락시키는 음악의 역량은 또한 감정 반응을 유발할 수도 있는 특성이다. 이런 이유 때문에 음악은 일정시간 동안 느낌의 구조, 즉 청자가 육체적으로 혹은 인지적으로 동일시할 법한 것, 그리하여 '그들 자신'의 느낌의 '표현' 내지 재현을 발견할 법한 것을 마련해줄 수도 있다. 나는 이전 저작(DeNora, 2000)에서 어떻게 루시가 이런 순간 안에서 '그녀 자신' 혹은 그녀의 삶의 역할을 '알아볼' 수 있었기 때문에 윤택한 화음을 듣는 데서 기쁨을 발견했는지 서술했다(제3장 참조). 그래서 또한 아도르노가 쇤베르크와 관련지어 말했듯이 "정념은 더 이상 자극되지 않고 ……[그러나]…… 꾸밈없이 기재(記載)된다."(Adorno, 1973, 38, 39쪽)

작은 조각과 편린

『음악과 일상생활』에서 나는 어떻게 음악의 세세한 측면이 흔히 감정적으로 유의미한지 서술했다. 예를 들면 '차-차' 리듬, 혹은 바이올린 라인이 극히 높은 소리 층으로 급상승한 순간이나, 성부들이 한 섹션이나 개개의 음형——필립 탁이 '의미소'(museme)[9]라고 지칭한 것(Tagg, 1991)——의 끝에서 장3화음으로 합쳐지는 순간은 듣는 사람에게 감정적이고 체화된 반응을 촉발할 수도 있다.

맥락 속의 음악——청취와 그 틀

지금까지 살펴본 것들은 왜 음악이 감정 반응과 결부되기에 이르는지에 대한 몇 가지 잠재적이고 특별히 음악적인 이유일 뿐이다. 그렇다면 이제 이것이 어떻게 모습을 드러내는지, 청자가 어떻게 이것에 주목하게 되는지——메조네브의 용어로는 음악이 틀 지어질 수 있을 법한 개개의 설비체제——또한 고찰해야만 한다. 여기서 레너드 마이어의 저작, 이번엔『음악, 여러 예술과 이념들』(Meyer, 1967)에 나오는 또 다른 측면이 유용하다. 마이어는 연주회장에 대해서 쓰고 있지만 그의 논점은 여느 청취 무대장치에도 어울리도록 손쉽게 번안될 수 있다(이는 DeNora, 1986b에서 논의된다). 마이어는 음악청취가 어떻게 프로그램

---

9) 언어학에서 뜻을 나타내는 최소 단위인 형태소와 유사한, 음악적 의미의 최소 단위를 가리키는 음악기호학 용어. 시거(Charles Seeger)의 저작에서 유래된 이 용어는 스웨덴의 음악학자 탁(Philip Tagg)에 의해 유명해졌다. "하나의 주어진 음악체계의 얼개 안에서 의미의 파괴 없이 더 이상 나눌 수 없는 음악적 표현의 기본 단위"(Middleton, 1990, 189쪽 재인용)를 가리킨다.

노트, 연주자와 작곡가의 평판에 대한 지식, 예상, 비평가들의 보고와 같은 다양한 재료에 의해 동반되는 일이 다반사인지 서술한다. 이것을 마이어는 음악 지각의 '예비적 세트'(preparatory set)의 일부로서, 청자에게 저런 방식이 아니라 굳이 이런 방식으로 들음으로써 반응할 마음이 내키게 할 법한 것들이라고 언급한다.

예를 들면 리하르트 슈트라우스의 마지막 가곡을 공연한 펠리시티 로트의 연주해석이 BBC의 라디오 3 프로그램, 「라이브러리 세우기」(Building a Library)에서 '골든'으로 서술된 반면에, 또 다른 소프라노의 목소리(거의 차이가 나지 않을 정도로 동등한 애호품)는 성격상 '실버'로 서술될 때, 우리는 그때 당시 들리는 것을 지각하는 방식에 이런 틀 짓기를 개입시키지 않을 수가 없을 것이다. 바로 이것이야말로 음악이 들릴 때 일어나도록 야기할 법한 것, 또는 음악이 재현하거나 의미화하는 것을 음악분석이 연역하고자 할 때 범하기 쉬운 과실이다. 왜냐하면 음악은 너무나도 많은 반응과 해석의 가능성을 제공해서 어떤 특수한 반응이 개개의 듣기마다 곧 오리라는 보증이 없기 때문이다. 이런 논점은 스테판 데이비스의 경고, 즉 음악이 '야기'할 법한 감정이 무엇인지 미리 카탈로그를 만들 수 없다는 경고를 다시금 경청하도록 만든다.

실은 바로 그 청취의 이데올로기, 제1장에서 논의된 바 있는 작품 개념, 게다가 음악이 감정을 표현한다거나 환기한다는 바로 그 관념도 예비적 세트의 일부이다. 우리는 음악적 사건으로부터 되밟아가야 한다. 그 이유는 음악의 기호학적·감정적 힘이 음악적 사건들 안에서부터, 그리고 음악이 생산되는 설비체제와 음악의 상호작용의 연금술적인 과정 안에서부터 생산되기 때문이다. 음악에 반응하면서 우리는 느끼는 주체로서의 우리 자신과, 우리에게 느낌을 일으킬 수 있는 매체로서의 음악을 동시에 수행하기만 하는 것이 아니다. 우리는 또한 상황 속에 놓인 시간과 공간에서 어떤 것(반응, 음악의 가치, 효과 등)을 생산하고자 여러 것을 함께 모은 혼합물이라고 가장 잘 여길 수 있는 방식으로 음악, 해석적 장치와 테크놀로지, 그리고 우리 자신을 밀집시키고도 있다.

그 밖에 또 다른 세 가지 논점

이제까지 논의는 두 가지 핵심 논제를 중심으로 하고 있었다. 첫 번째 논제는 개인의 감정 관리라고까지 이해된 감정 구축이다. 두 번째 논제는 '도대체 음악의 무엇이 듣는 사람의 감정에 이바지할 법한가' 하는 물음을 다룬 좀더 추상적인 관심사였다.

그렇지만 더 고찰할 것이 상당히 많으며, 바로 다음 절부터 더 나아간 세 가지 논제를 떠맡기로 한다. 첫째, 감정의 개념을 명료히 하도록 한다. 둘째, 이들 사안에 대한 고찰이 어떻게, 그리고 왜 개인 수준에서 나아가 초개인적(supra-individual) 수준을 끌어들일 필요가 있는지, 또 개인과 집단이 느끼는 것에 맞춘 초점에서 나아가, 이 느낌 형태들이 행위와 결부되기에 이르는 양상에 맞춘 초점을 끌어들일 필요가 있는지 서술하도록 한다. 셋째, 감정의 '인사이드'(음악과 관계해 감정에 대한 현상학적 경험)가 감정의 '아웃사이드'(감정 관리를 통해 자아·타인에 대한 감정적 경험을 공들여 직조하기)와 접속되는 인터페이스를 탐구하는 법을 고찰하도록 한다. 세 번째 논점은 어떤 음악적 사건에 대한 또 다른 사례연구를 통해 발전될 것이다.

감정의 몇 가지 변형

이제껏 감정은 은연중에 기분으로 개념화되었다. 이제 그것을 좀더 정확하게 구분할 때다. 심리학자들은 그들이 감정(emotion)을 언급할 때, 감정을 전형적으로 느낌(feeling), 기분(mood)과 구별하며, 어떻게 감정과 기분이 전형적으로 유인성(誘引性, valence)[10]과 결부되는지 눈에 띄게 강조한다. 유인성이라 함은 "경험되거나 진행되고 있는 어떤 것에다가 상이한 정도의 긍정성 또는 부정성을 덧붙이는 경향"(Juslin과 Sloboda, 2001, 4쪽)을 의미하는데, 그것은 결국엔 한 개인의 반응력과 결부된다. 이런 구별은 음악이 '감정을 유발하는' 상이한 방도에 대해 사유하는 데 도움이 된다.

파킨슨 등이 '변화하는 기분'에 대한 연구(Parkinson, 1996)에서 서술하듯이 '기분'이라는 용어는 비교적 안정적인 느낌 상태, 즉 어떠한 특정 대상이나 일어난 일을 지향하지 않기 쉬운 느낌 상태를 서술하는 데 사용되든가, 일을 처리해 나아가는 개인의 존재에게 배경으로 이해될 수 있는 느낌 상태를 서술하는 데 사용되곤 한다. 가령 어떤 사람은 좋은 기분이나 나쁜 기분으로 일하러 갈 수도 있을 것이다. 어떤 사람은 아침이나 오후, 혹은 주간 내내 쾌활한 기분이나 슬픈 기분을 느낄 수도 있을 것이다. 기분은 행위 및 존재의 주관적인 배경막 내지 색조라고 이해될 수 있다.

다른 한편 감정은 전형적으로 대상을 향해 있으며 좀더 짧은 시간적

---

10) 심리학에서 남과 서로 반응하거나 영향을 주고받는 사람의 포용력, 한 개인이 특정 사태에 대해 느끼는 끌림이나 혐오.

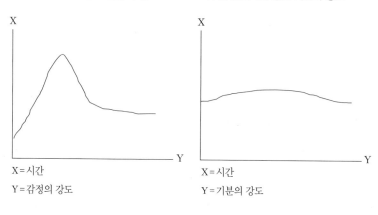

도표 6. 일정시간 동안 감정의 강도

X

X=시간
Y=감정의 강도

도표 7. 일정시간 동안 기분의 강도

X

X=시간
Y=기분의 강도

진로에 의해 특징지어진다. 어떤 감정의 발동은 좀더 갑작스러우며, 그 감정의 진로는 강렬한 발동과 급격한 소멸에 의해 특징지어진다. 이를테면 감정은 확 타오르는 느낌이며, 호흡 수 · 심장박동 · 혈압 · 신경 기능 · 근육긴장 · 체온뿐만 아니라 얼굴모양과 몸가짐과 같은 생리학적 특성을 급격히 전환시킬 수도 있다. 파킨슨(Parkinson, 1996) 등은 만일 우리가 일정시간 동안 느낌의 강도를 그래프로 만들 수 있다면 감정에 대한 곡선은 도표 6처럼 보이겠지만, 기분은 도표 7처럼 일정시간 동안 좀더 안정적이고 덜 강렬하다고 제언한다.

스테판 데이비스는 원초성(primitiveness)의 정도가 감정을 특징지을 수 있다고 제언한 바 있다.(Davies, 2001, 27쪽) 예를 들면 혐오는 애국심의 격동보다 더 기본적일 수 있다(불수의근처럼 의지와 관계없이 더 무심결에 일어날 수도 있다). 슬로보다와 저슬린은 더 나아가, 감정은 적응적 행태와 결부되어 있는 데 반해, 기분은 우리의 결정 · 회상 · 판단에 영향을 끼치는 방식으로 정보처리 양태와 결부되어 있다고 제언한다. 그들이 말하듯이 "따라서 감정은 기분이 마련해주는 으뜸조의 정감적 배경 위에 겹친, 흔들리는 마음의 변하기 쉬운 한 국면으로 간주될 수 있다." (Sloboda와 Juslin, 2000, 75쪽) 끝으로 감정은 환기의 양상, 즉 (충동적으로 사전 숙고 없이 작용하는) 거의 타고난 경향성과 결부될 수도 있다. 이런 개념은 결국엔 한낱 감각작용, (강렬함의 정도에 의해서 변할 수 있는) 느낌과 구별된다.

개인에서 집단으로, 아웃사이드에서 인사이드까지

대체로 심리학자들은 감정에 대한 개인적 경험에 영향을 미치는 메커니즘에 관계하는 경향이 있어왔다. 사회학자한테 감정은 감정의 사회문화적 구조화라는 견지에서 탐구되어야 할 논제이다. 이는 흔히 감정 형태와 그것이 배당받은 특정한 사회적 무대장치에 초점을 맞추는 것을 의미한다. 이런 점에서 아도르노는 전형적인 사회학자였다. 아도르노 (와 프랑크푸르트학파 동료)를 그 당시 미국의 '주류' 사회학과 구별시키는 차이는, 바로 그의 비판적 초점이 행위의 문화심리적인 토대에 맞춰 있었다는 사실이다. 아도르노는 이런 점에서 개척자였으며, 그의 작업은 구조로서의 문화(행위를 위한 관계망이기만 한 것이 아니라 행위의 '인사이드', 바로 주관적 경험, 감정적 방향설정을 위한 관계망으로서의 문화)를 시사했다. 아도르노는 이 감정적 방향설정이 인식의 습관과, 현실을 지각·처리하는 방식과 결부되어 있다고 믿었다.

이런 생각을 경험적 연구의 여지가 있는 방식으로 발전시키기 위해서는, 음악이 감정을 구조화하는 것으로 보일 수 있는 현실의 상황이라는 맥락에 그 방식을 세워둘 필요가 있다. 우리는 앞서 서술된 몇 가지 사례에서 이미 이런 경우를 살펴보았다. 이때 개인은 감정적으로 스스로를 다시 교정(較正)하기 위해, 에너지 수치와 사회적 방향설정을 재배치하기 위해 음악을 사용한다. 그렇지만 아도르노의 작업과 결부된 비판적 물음은 주관성을 나란히 정렬하는 데 음악의 (심리학적이기보다는) 사회학적 역할에 초점을 맞춘 조사연구의 프로그램을 끌어들인다.

짧게 말해서 음악은 집단 수준에서 어떻게 개인에게 작동하는가? 음악은 서로 전혀 다른 개인을 잠재적으로 어떻게 질서 있는 집단으로 만드는가? 이와 같은 물음은 (앞 장에서 아이어먼과 제이미슨의 작업을 통해 서술했듯이) 사회운동과 같은 사안에 관련되지만 또한 그 사회운동과 반대되는 것, 즉 그 운동에 외적인 몇몇 목적과 관계해 어느 집단의 질서 짓기와 같은 사안에도 관련된다. 달리 말해서 어떻게 우리는 음악과 행정감독의 연결고리를 연구할 수 있겠는가, 어떻게 우리는 한편으로는 음악과 감정, 또 다른 한편으로는 행정감독상의 의제들, 이 둘 사이의 연결고리를 추적할 수 있겠는가? 이런 논제는 이어지는 제5장에서 자세히 탐구된다. 그렇지만 여기서는 음악과, 음악을 감정과 잇는 연결고리를 고찰하는 맥락에서 손대면 가장 좋은 몇몇 방법론적 쟁점과 이론적인 쟁점이 있다. 좀더 자세히 말하자면 다음 절은 사례연구를 통해 이 주제를 연구하기 위한 대안적인 방법에 대한 필요를, 특히 깐깐하게 '미시적인' 상호작용의 렌즈에 대한 필요를 강조하고자 한다.

『음악과 일상생활』에서 나는 조직의 관리자가 사내(社內) 운영을 조건 짓기 위해 문화적 장치를 사용하는 경우가 자주 있음을 제언했다. 이어지는 내용은 저 책의 장면으로 되돌아가서, 문화적(음악적) 관리를 탐구하기 위한 몇몇 방법론적 전략을 예시하도록 한다. 이 방법은 정치(精緻)한 이야깃거리 분석, 연구자 성찰(즉 예의 사건에 연루되어 있는 것이 무엇'같이 느껴지는지'에 대한 연구자의 성찰), 그리고 행위의 한 국면에 대한 실시간 녹음을 결합시킨다. 이어지는 절에서 나는 사회음악적인 분석을 위한 몇몇 새로운 방법을 가장 초보적인 형태로 제시한다. 이 사례에서 사용된 실제 '데이터'와 그에 대한 서술은 스스로 발견케 하는(heuristic) 목적을 위해 사용되고 있는데, 이는 실시간에 서로 횡단하는 음악과 감정적 행위의 몇몇 교차점을 캐낼 수 있을 법한 조사연구를 서술하기 위한 것이다.

미시적 관찰의 몇 가지 뜻밖의 발견, 아네트와 티아

진작부터 우리는 소매점 연구(DeNora, 2000)에서 그림자 기법(shadowing technique)이라고 지칭한 방법론적 전략을 활용했다. 지원자 쇼핑객과 함께 작업하면서(도청장치를 착용했는데, 칼라 깃에 클립으로 고정시킨 소형 마이크를 달고 카세트 녹음기를 지니고 있었다) 우리는 지원자에게 소매점을 구경하는 일에 힘쓰면서 마이크에다 '그저 생각나는 대로 말하도록' 요청했다. 그동안에 우리 조사자(나와 프로젝트 연구조교 소피 벨처) 또한 도청장치를 착용했다. 우리는 결례가 되지 않을 정도로 거리를 둔 채 지원자의 뒤를 밟으면서 그들이 행동하는 방식에 대해 논평할 심산이었다.

두 개의 테이프는 동일한 사운드트랙을 공유하도록 했는데, 그런 한에서 테이프를 녹취할 적에 지원자의 행태의 '외적인' 속성에 대한 우리의 논평과, 지원자의 논평이 시간적으로 나란히 일치될 수 있을 터였다. 우리의 바람은 이것이 매장 내 활동(in-store activity)의 '인사이드'에 어떻게든 접근할 방도를 제공해주면서, 그와 동시에 스무 걸음 떨어진

도표 8. 실험에 앞서 마음속에 그려본 그림자 기법

1. 지원자 쇼핑객과 연구자는 둘 다 마이크가 장착된 테이프 녹음기를 의복에 붙여 휴대하고 있다.
2. 지원자 쇼핑객은 매장을 여기저기 돌아다닐 때 '생각나는 대로 말하도록' 요청 받는다.
3. 역시 테이프 녹음기와 결부되어 쇼핑객의 활동에 대해 이러니저러니 의견을 말하는 연구자가 지원자 쇼핑객을 '그림자처럼 뒤를 따라다닌다.' 지원자가 무엇을 들여다보고 있는지, 얼마나 빨리 걷고 있는지, 얼마나 오래 한 물품을 들여다보는지, 얼마나 오래 주어진 매장이나 구역에 있는지 살핀다.
4. 테이프는 공통의 음악 사운드트랙을 참작함으로써 시간상 일치하도록 되어 있다.
5. 2인 1조의 쇼핑객·연구자의 숫자는, 공간이 허락하면 공간적·시간적 무대장치 안에 몇 쌍이든 위치할 수 있다.

거리에서 그것이 무엇처럼 보이는지에 대한 데이터를 제공해주리라는 것이었다. (대개 가방 안에 쏙 들어가는) 카세트 녹음기와 (칼라 깃에 클립으로 고정시킨) 마이크는 비디오카메라보다 훨씬 덜 눈에 거슬리므로 잊기 쉬운 것들이었다(카메라를 사용할 경우 우리는 훨씬 더 가까운 거리에서 응답자의 뒤를 밟을 수밖에 없을 것이고, 이는 응답자에게 그동안 죽 자신이 '촬영'되고 있었음을 상기시킬 것이다).

나는 맨 처음에 수련 중인 사설탐정처럼 온갖 열성을 다해 이 답사에 착수했다. 말하자면 새러 패러츠키의 소설 속 매몰찬 여성 탐정(V. I. 워쇼스키) 스타일로 지원자의 온갖 움직임을 샅샅이 보고하겠다 작정하고 나갔던 것이다(그 무렵에 나는 다소 굵고 낮은 퉁명스러운 목소리를 지닌 캐서린 터너가 어느 패러츠키 스토리의 주역을 맡았다고 전하는 BBC 라디오 방송을 들었다). 그러나 계획은 실패할 때가 종종 있으며 이 계획이 바로 그랬다. 되돌아보건대 그 기법은 하나의 조사도구로서 조명받은 성공보다는 실패로 인해 더욱 유용했다.

232

도표 9. 1998년 1월, 이니그마 녹취록 중에서

1998. 1. 24(금) 오후 12시 30분 영국의 한 작은 도시의 고급 체인점		
시간(초 단위)	쇼핑객(아네트, 24세)	관찰연구자(티아)
0	꽤 마음이 느긋한데	······아마 아닐지도
2		
4	이것들 좋군	
6		
8	그래도 돈깨나 들겠구먼	
10		
12		
14	너무 길잖아	
16		
18		
20		
22	**오우, 때깔 좋은**	**확실히, 나는**
24	**점퍼다!**	**나중에 여기 다시**
26		**돌아오고 싶다!**
28		
30		
32	음, 65파운드	
34		
36		
38	검정색도	
40		
42		
44	음, 틀림없이	
46	조지 마이클이야	

테이프를 녹취하면서, '이니그마'라는 가명(假名)의 매장에 방문한 동안 일어났던, 간간이 꽤 많은 빈 여백(도표 9에서 보다시피 시간을 나란히 맞추어본 녹취록과 같이)을 발견하고서 처음엔 당황했다.

염탐하는 사설탐정 배역을 자처한 내 자신을 놓고 볼 때, 십중팔구 '연구자 실패'의 수준은 훨씬 더 놀라웠다. 그렇지만 이어지는 절에서 제언하건대, 이런 실패의 골자에는 사회음악적인 관점에서 볼 때 흥미로운 점이 있었다. 이 경우는 (연구대상이라기보다는 연구자로서의 직무를 맡기로 되어 있던) 내가 어떻게 스타일상의 반응 속으로 편입했는지, 그리고 어느 순간엔 특별히 음악적으로 발생된, 소매점 공간에 대한 감정 반응 속으로 편입했는지를 보여주는 한 사례였다.

자서전의 사용에 관하여 — 연구대상으로서의 연구자

이니그마에서 무엇이 잘못되었는가? 이 쇼핑 실험의 경우 관찰자로서 내 자신의 실패는, 연구자 본인이 어떻게 '다시 또 다른' 연구거리로 되돌아갔는지 하는 것과 결부되었다고 믿는다. 나는 어떤 때는 아네트에 대해 보고하고, 또 어떤 때는 공상에 사로잡히면서 역할을 오락가락 바꾸었다. 사건이 끝난 다음, 연구를 분석하는 동안 비로소 깨달았다. 이 실패는 사실상 몇몇 흥미로운 쟁점으로의 길을 활짝 열어주고 있음을 말이다.

우리가 방문했던 이전의 매장과 대조적으로 (우리 가운데 누구도 이전의 매장을 마음에 들어 하지 않는데, 젊은 여성의 구미에 맞추는 경향이 있었기 때문이다) 이번에 이니그마에 도착했을 땐 나와 아네트 둘 다 매장과 매장 환경 및 물건에 끌렸다. 이런 끌림은 상점의 주변 분위기와 물건에 대한 아네트의 긍정적인 논평에서 공공연히 엿들을 수 있었다(아네트는 상점이 마음을 느긋하게 해준다고 서술하며 특정 물건에 대해 긍정적으로 논평한다). 더군다나 나는 (가끔 테이프에 참조된) 매장에 대한 내 자신의 반응을 회고할 수 있다. 그 매장이 이전의 매장들과 대조적으로 쾌적하다고 생각했던 것이다. 아닌 게 아니라 도표 9에서 볼 수 있듯이 그곳을 재차 방문하고 싶다고 말하기까지 했다!

음악과 적합, 알맞은 적응을 생산하기

이니그마는 공들여 꾸민 '인위적인' 공간이다. 그곳의 브랜드 매니저는 번화한 시내 중심가의 보통 체인점보다 훨씬 더 '분위기'에 노력을 기울이면서 매장 내 환경 요인을 주의 깊게 신경 쓰고 있다. 물론 이는 비용이 든다. 어느 이니그마 아울렛도 다 나무로 된(결코 실리적인 플라스틱이 아닌) 옷걸이, 단단한 나무 바닥, 백합이 가득 찬 엄청 큰 꽃병, 약 1.5×1.8미터 크기의 금테 거울, 혼잡스럽지 않은 여유(거기엔 뒤죽박죽된 물품이 잔뜩 쌓인 판매대가 거의 없으며, 본점과 주력 지점에는 전혀 없다), 그리고 우리가 방문했을 땐 (당시 유행했던) 핑크색과 산딸기 같은 색깔(이것도 유의미한 요소이다)로 잘 진열된 옷가지(우리가 방문했을 때가 밸런타인데이를 2주 정도 앞두고 있었음을 역시 주목할 것)를 갖추고 있었다. 이 모든 대상과 속성은 전부 **잠재적 의미**(예를 들어 거울의 금테, 핑크색 같은 '여성적' 색깔)를 담지하고 있으며, 그 가운데 대부분은 체화된 태도방식의 양태를 함의하기도 한다.

자, 이제 매장은 우리가 거기에 들어갔을 때 무엇처럼 들렸을까? 우리가 방문한 시간 동안 들린 음악은 침묵의 여운을 남기는 노래로 이루어졌다. 그 노래는 조지 마이클의 노래 「기다림(반복구)」이었는데, 우리가 방문한 날 처음 듣는 노래였다. 엘튼 존의 작품을 상기시키는 것처럼 들릴 수도 있는 발라드 노래의 가사는 잃어버린 사랑을 애틋해하면서 반복의 가능성, 즉 이전 관계를 되찾을 가능성을 헤아리는 내용이다. 가수는 그 노래의 수용자에게 그가 부르는 노래 가운데 그의 삶의 한 해가 있음을, 그리고 노래 가운데 몇몇이 수용자에 대한 것임을 말해준다. 노래가 끝날 무렵 단지 "나 여기 있소"(here I am)라고 말하면서 조지 마이클은 계속해서 '다시 해보기'(try again)를 부탁한다.

그 노래는 서두르지 않은 보폭으로 나아가며, 반주는 어쿠스틱 기타와 낮은 목소리(sotto voce)의 코러스를 포함하고 있다. 음악적으로 말해서 그것은 반복을 통해 기다림을 '행하고' 있다. 클라이맥스로 서서히 조금씩 상승해가면서 말이다(본문 241쪽을 볼 것). 이전에 우리가 방문했던 매장에서는 만날 들리는 인기순위 40위권의 음악을 감사히(그런 맥락이라서 차라리 훨씬 더 감사하게도) 경청했다(덧붙여 말하건대 그때 내가 연주회장에서 경청할라 치면 어땠을까!). 무엇이 앞서 있었는지를 맥락 속에 놓고 비교해보면, 조지 마이클의 「기다림(반복구)」은 '마음을 느긋하게 해주는' 것으로 보인다. 앞서 다른 매장의 좀더 빠른 템포의 사운드에 대한 아주 반가운 해독제라고나 할까. 아네트는 그 음악에 친숙했으며(그것이 무엇인지를 완전히 회상해낼 수는 없었지만) 그녀가 어떻게 그 아티스트를 재인식한다고 생각했는지에 대해서 간헐적으로 논평을 했다(드디어 끝에 가서 그녀는 생각해낸다). 우리는 음악이, 좀더 일반적으로는 분위기가 마음을 느긋하게 해준다고 생각한다고 논평했다. 우리는 둘 다, 바로 그때 (약간은 반의식적인 수준에서) 무대장치에 의해 끌리게 되었으며 그 무대장치 속으로 끌려들어갔다.

그 공간은 우리 모두에게 주의 깊게 설계된 듯한 인상을 주었으며, 우리는 이를 테이프에 남겨두었다. 우리는 거기에서 일종의 미적인 '논리'를 발견했다고 제언해도 괜찮다는 생각이 든다. 여러 것(물건·실내장식·음악)이 꼭 '맞는' 것으로 보인다. 음악의 감각적인 세부사항조차 여기에서 '효력'이 있어 보인다. 예를 들면 지판(指板)을 따라 미끄러지는 기타리스트의 손에서 울리는 사운드와, 바르트(Roland Barthes)의 의미에서 가수의 목소리의 결과 호흡, 가령 's' 자 앞에 기음(氣音) 'h'를 함께 내는 마이클의 'hs' 발음, 이 모든 것은 (나무 바닥과 나무 옷걸이의 글자 그대로의 결을 포함해) 또 다른 물질의 자연적인 결과 '잘 어울리고', 또 붐비지 않는 공간의 무대장치와도 잘 어울려 보였다. 이런 음악적·물질적 무대장치가 '무엇'을 '일어나게 할' 것인지에 대해서 내가 일반적인 진술을 하려고 시도하지 않으리라는 사실을 유의해서 볼만하다. 오히려 나는 이 음악에 대한 두 사람의 반응, 즉 내 자신의 반응과 아네트의 반응을 서술하고자 하고 있다(이런 반응 전부 혹은 몇몇을 다른 사람이 우리와 공유하지 않을지도 모르겠다고 제언하려는 것은 아니다). 사람들이 이런 것을 좋아하든 아니든, 그것은 아네트와 나, 우리 둘에겐 바로 그때 바로 그 장소에서(예컨대 그것보다 선행했던 것을 맥락으로 놓고 볼 때) 눈을 떼려야 뗄 수 없는 없는 것으로 보인다.

수 년 전에 미셸 칼롱이 제시한 관심 끌기(Callon, 1986)[11]는 행위자

---

11) ANT 이론가 미셸 칼롱이 제시한 번역의 네 단계, '문제제기' '관심끌기' '등록하기' '동원하기' 가운데 다른 행위자를 기존 네트워크에서 분리하고 이들의 관심을 끌면서 새로운 협상을 진행하는 단계를 말한다. ANT에서 번역은 행위자의 설득 과정과, 이를 통한 네트워크 건설 과정을 지칭하는 핵심 개념이다. 칼롱의 논문(Callon, 1986)은 브뤼노 라투르 외, 『인간·사물·동맹』, 홍성욱 엮음, 이음, 2010, 57~94쪽을 참조할 것.

가 두 개의 주관적 진로 사이에서 하나로 끌려들어가든가, 다른 하나로 끌려들어갈 수도 있음을──어떻게 행위자가 공간·장면·상황·계획에 '관심'을 갖게 될 수 있는지를── 서술하기 위한 것이다. 관심 끌기는 이 사례에서 내게 무슨 일이 일어났는지 이해하는 데 유용하다고 생각한다. 나는(이 경우엔 연구자) 두 가지 연기(演技, acting) 양태 사이에 끼어 있는 것으로 이해할 수 있다. 첫 번째는 내가 무대장치로 가져갔던 연기 양태(탐정·관찰자)요, 두 번째는 내가 무대장치에 들어간 다음 매장 환경에 관심을 갖게 된 이후에 착수했던 연기 양태다. 공간과의 관계 속에서, 저 공간에 의해 함의·유발되었던 그 어떠한 태도방식과의 관계 속에서 나는 적응적 행태에 관여했다(이는 제5장에서 중요하게 다룰 것이다).

이런 알맞은 적응의 한 가지 측면은 말하는 스타일이었으며, 이는 녹음 테이프에서 포착되었다. 이니그마에서 내 목소리는 (당시엔 미처 알지 못한) 새로운 성질을 띠었다. 고작 "그녀는 노란색 점퍼를 찾고 있군"이라고 말하고 있을지라도, 이런 것을 말하는 목소리는 내가 이니그마에 도착할 때까지 썼던 어둡고 굵고 똑 부러지는 모노톤(V. I. 워쇼스키?)보다 더 부드럽고 더 높은 음높이에다가 좀더 전형적으로 여성적이었다. 심지어 나는 단어를 질질 끌며 구절의 끝을 차츰 잦아들게 하거나 말꼬리를 들어올리기 시작했다. 요컨대 내 목소리는 특수한 미적인 공간의 기조(基調)에 어울리도록 적응했으며, 여기서 말투와 신체적 스타일에 대한 미시적 분석은, 혹실드의 말로는 '감정 노동'을 이야기하는 것이 무엇을 의미하는지 좀더 잘 이해하도록 도와줄지도 모른다고 제언하고 싶다. 달리 말해서 여기서 나는 행위자(내 자신)의 태도가 어떤 미적인 공간과 서로 조화를 이루는 '협조'(協調) 가운데 바뀐 특정한 순간,

현실에 입각한 바로 그 순간을 지적할 수 있다.

달리 말해 여기에서 (아네트의 움직임을 자세히 서술하려는) 유사 의식적인 목표를 갖고 무대장면에 등장했던 행위자(3인칭 나)는 그런 목표와, 행위의 배역 혹은 스타일(사립 탐정)을 연합시켰다. 무대장치에 들어간 이후의 순간부터 이런 사전 행동방침은 둘 다 포기되었다. '탐정'은 침묵하게 되었고, 탐정의 목소리는 정말이지 평소 탐정이라고 할 때 전혀 연상되지 않는 스타일상의 상이한 새로운 변수를 떠맡았다.

사회언어학 안에서 대화 스타일이라는 관념에 몰두한 긴 전통이 있다(예컨대 Deborah Tannen). 이 전통은 행위자가 특수한 상황과 무대장치 안에서 서로 다른 대화 상대자와 함께 어떻게 목소리나 의사소통 스타일(전화 목소리, 저명인사를 만나거나 어린이에게 이야기하는 목소리, 친밀한 목소리 등)을 취할 법한지 눈에 띄게 강조한다. 여기에서 어린애 같은, 당당한, 우렁찬, 내밀한, 공감적인, 유창한, 친밀한 등 그 어떤 이름표도 억양이 **변한** 말투라는 관념보다 더 적실한 것은 없다. 스타일은 행위의 상이한 문화적 레퍼토리를 활용하는 행위자를 말해주며, 이 관념은 제5장에서 논의된다.

요컨대 이번에 이 공간에서는 내가 발언했던 목소리와 말에서, 공간적·미적으로 함의된 페르소나, 즉 좀더 '여성적인' 유형의 행위자에 대해 스스로 느꼈던 즐거움을 녹음 테이프로 들을 수 있었다고 사료된다. 제언하건대 나는 이 참에 한 존재 유형을 '행하는' 감정 노동에 종사하고 있는 내 자신을 성찰할 수 있었다. 이 경우 상투적인 여성성(소매업자의 목표와 합치되는, 다분히 감정적으로 체화된 행위의 스타일)이라는 존재 유형을 말이다. 이런 실행은 내가 문제의 공간을 유심히 들여다보고 반응하게 되었던 방식에 의해서 촉진되었다고(일으켰다고?) 여겨

도표 10. 이니그마에서 스피커로 흘러나오는 조지 마이클의 노래

시간 1—사건 이전

전제조건

이전 매장에 대한 부정적 혹은 중립적 가치평가, 30대 여성을 겨냥한 좀더 '고급스런 상점'으로서 이니그마에 대한 가치평가, 핑크색 옷을 진열한 '여성적인' 윈도우 디스플레이. 이런 스펙트럼에서 매장 실내장식과 이니그마의 장소를 이해하기

시간 2—사건이 일어나는 동안(몇 초에서 몇 년까지 어떠한 지속시간도 가능)

사건의 구성요소와 특징

  A **행위자(들)** 연구자

  B **음악** 조지 마이클의 「기다림(반복구)」

  C **음악과의 교호작용 행동** 매장 주변을 돌아다니기, 지원자 쇼핑객을 그림자처럼 따라다니기, 매장·다른 고객·물건을 들여다보기, '마음을 느긋하게 해주는' 혹은 '낭만적인' 배경음악을 알아보기

  D **행동 C의 현지 조건** 매장 내 음악의 역할에 명시적으로 목표를 맞춘 조사연구 출장 중, '사설탐정'의 배역을 맡아 지원자 쇼핑객에 대해 논평하려는 의도. 이 음악을 전에 들어본 적이 없었지만 현장에서 그것을 '좋아했음'

  E **환경** 나무 바닥, 나무 옷걸이, 주의 깊게 진열된 물건, 꽃, 방향제로 이루어진 매장 실내장식, 근처 번화한 중심가의 매장보다 더 비싼 물품

시간 3—사건 이후

성과 매장을 다시 방문하는 데 관심을 갖게 되었음, 매장 내 시간이 즐거웠음, 목소리의 말투와 스타일이 바뀌었음(좀더 여성스럽게?). 좀더 긍정적인 기분을, 아마도 사전 매장 방문보다 더 마음이 느긋해지고 활력이 생기는 기분을 느꼈음

진다. 이 사건은 제2장에서 소개된 음악적 사건을 위한 도식에 따라서 도표화될 수 있다(도표 10을 볼 것).

구매 순간에 이르러—음악과 감정

음악은 어떤 점에서 단지 공간 안에 있는 또 하나의 미적 재료일 따름이다. 그러나 또 다른 점에서 음악은 다른 공간적 '비품', 조명이나 온도조절과 '비슷하지' 않다. 음악은 시간을 헤쳐 나아가기 때문이다. 첫째, 음악(적어도 전자적으로 재생된 음악)은 스위치를 껐다 켰다 함으로써 부가되거나 제거되거나 변화될 수 있다. 둘째, 앞에서 논의했듯이 특별히 음악의 무엇이 감정에 이바지하는지 견지에서 볼 때, 음악은 움직여 나아가며, 이 움직임은 그 자체로 감정적 의미에서 '움직여'지도록(일정 시간 동안 정서 변화를 경험하도록) 할 수도 있는 매체이다. 이는 사회음악적인 연구의 한결 더 관습적인 방법론을 통해서는 탐구하기가 가장 어려운 논제 가운데 하나일 것이다.

이니그마 방문을 녹음한 테이프상에서 아네트와 나 자신 사이에 흥미로운 동시발생 순간이 있었다(우리가 매장 내에서 따로 떨어져 있었음을 잊지 말자). 이 순간에 우리가 각자 발언한 것은, 의심할 나위 없이 전체 실습과정 동안 우리 둘 가운데 한 사람이 한 논평에서 가장 열광적인 것이었다(도표 9의 강조 부분을 볼 것). 나는 다음번에 매장에 다시 찾아오고 싶다고 외쳤으며, 아네트의 목소리는 "때깔 좋은 점퍼다!"라고 외쳤을 때 음높이와 성량이 올라갔다. 이런 발언은 그 노래의 선율적 악구와 특수한 구조적 국면과 일치한다. 바로 이 지점에서 합리적으로 사회화된 청자는 이 노래가 조지 마이클의 목소리가 높은 음에서 약간 갈라지는 '클라이맥스'를 향해 움직이고 있음을 '알' 터이다(그 노래는 노래 관습에 참여하고 있기 때문에, 이들 관습에 친숙한 사람이라면 전에 이 음악을 들어본 적이 없더라도 클라이맥스가 임박했음을 '알고' 있을 것이다).

아네트가 '때깔 좋은' 점퍼에 대해 논평을 하고 내가 매장에 다시 찾아오고 싶다고 외친 것은 바로 클라이맥스로 가까이 다가갔을 때였다. 일종의 에너지 증폭, 감정적 격동을 경험했던 순간이 우리 둘 모두에겐 있다. 몸은 따로 떨어져 있지만 동시발생을 이룬 이 순간이야말로 바로 그 지점에서 음악에 귀속될 수도 있다고 생각한다. 우리는 둘 다 틀림없이 음악에 유념하고 있었으며 매장은 붐비지 않고 조용했다. 우리는 그저 되는 대로 이 구역 저 구역을 움직이고 있었고, 나는 아네트를 따라가고 있었다. 앞에서 논의된 기분과 감정의 구별로 되돌아가서, 우리가 경험했던 것은 음악적으로 충동질된 감정의 격동이며, 결국엔 매장에 대한 열광, 아네트의 경우 팔려고 내놓은 물건 가운데 하나에 대한 열광으로 객관화되기에 이르렀다고 제언하는 바이다.

달리 말해서 음악적으로 생성된 일정치 않은 감정은 우리가 있는 곳과, 그곳에서 이용 가능한 '대상'과의 관계 속에서 상황적으로 특정화되어 상론되기에 이르렀다. 나는 매장을 다시 찾아가기로 마음속으로 기약했으며, 아네트는 금방이라도 구매를 결정할 태세였다(가격을 고려해 본 다음 그녀는 어느 것을 철회하는가 하면, 음악적 클라이맥스 이후 일어난 결정을 철회했다). 아마도 매장이 소비자에게서 감정적 격동——대상(매장 물건)에 대한 욕망으로서 배치되기에 이를 법한——을 충동질하고자 하는 것은 놀랄 일이 아닐 것이다.

이 쟁점을 사유하는 것은 음악과 감정에 대한 다소 새로운 사유방식을 열어젖힌다. 그것이 지향하는 개개의 음형·제스처·기법, 또 다른 미시적 음악 현상의 분석은 순간순간 행해지는 주관성의 구성 안에서, 셰퍼드와 위케가 말하듯이 '소리 안장' 안에서(Shepherd와 Wicke,

도표 11. 감정적인 순간(음악적 시간 속에서)

시간 1—사건 이전(마음이 느긋해진다고 느끼며 매장 환경을 즐김)

전제조건
앞서 몇 분에 걸쳐 탐색될 때의 매장 환경, 매장 분위기에 보조를 맞추기, 이 순간이 있기 전 음악(「기다림〔반복구〕」 가운데 앞의 섹션)

시간 2—사건이 일어나는 동안(몇 초에서 몇 년까지 어떠한 지속시간도 가능)

사건의 구성요소와 특징
  A **행위자(들)** 연구자, 지원자 쇼핑객
  B **음악** 조지 마이클의 「기다림(반복구)」
  C **음악과의 교호작용 행동**(연구자에게만 알려진) 음악이 선율적 클라이맥스를 향해 움직임에 따라 느껴진 즐거운 감정
  D **행동 C의 현지 조건** 이 지점까지 음악을 '좋아'했는데 그 이유는 그것이 마음을 느긋하게 해주었으며 무대장치에 꼭 '맞았기' 때문. 그것은 '낭만적'이었고 여성스런 공간·의복에 꼭 맞았음. 공간과 청각적 환경에 어떤 '논리'가 있는 것으로 보였음
  E **환경** 나무 바닥, 나무 옷걸이, 주의 깊게 진열된 물건·꽃·방향제로 이루어진 매장 실내장식, 근처 번화한 중심가의 매장보다 더 비싼 물품

시간 3—사건 이후
성과 매장에 대한 감정의 격동과 열광, 미래에 다시 찾아오겠다는 약속으로 표현됨

1997, 159~168쪽) 적실한 것으로 보인다. 이 음형은 좀더 폭넓은 음악적 논리 안에서 그것이 위치한 입지와 관계해 유의미할 수도 있고 아닐 수도 있다. 또한 호른으로 연주되는 사냥나팔 소리와 같이 단독으로 서 있을 수 있다. 각각의 경우에 우리는 시간 속의 음악(music in time)과, 그것을 시간 속의 주관성(subjectivity in time)과 잇는 연결고리에 대해 이야기할 수 있다. 다시 말해서 음악은 감정 상태(달리 말하자면 느끼고 존재하고 행하는 안정된 패턴)와, 또 우리가 하나의 상태에서 다른 상태

로 바뀌는 양상하고만 관계가 있는 것이 아니다. 음악은 주관성의 끊임 없는 진동에, 느낌을 고조시키고 감소시키는 것에, 그리고 시간 속의 주관성이 지닌 변덕스러운 성격에 가담한다. 요컨대 음악은 경험의 체화된 특성과 결부되어 있으며, 그것의 사회적 조직화의 흐름과 결부되어 있다. 공간의 또 다른 특성과 결합된 음악은 식별 가능한 특수한 행위 양상과 결부될 수도 있다.

주관성과 행정감독

이렇게 생각해보면 사회적 무대장치·공간·장면의 상황 속에 놓고 본, 음악과 감정의 연결고리에 대한 연구는 이른바 개인적 주관성의 '사적인' 영역에서부터 고찰해나가게 마련이다. 그것은 음악과 감정의 논제가 결국엔 어떻게 사회학의 기본 논제, 즉 어떻게 사회현실이, 그와 더불어 느낌의 형태 및 관계가 실시간에 특정한 사회적 주변 환경 안에서 생산되는지 하는 논제와 결부되는지를 눈에 띄게 강조한다. 여기서 절실한 것은 아도르노가 열중하던 쟁점이며, 그 쟁점은 현대사회에서 음악의 역할에 관계된다. 즉 행위수행의 생산을 유발하게 되는 미적인 환경이 그 자체로 어떻게 생산되는지 하는 사안이 그것이다.

이렇게 소비에 대한 연구는 한 바퀴 빙 돌아 상호보완적인 기획으로서 생산과 보급에 대한 연구로 되돌아온다. 특히 행위수행이 생산되는 '공적인' 공간과 연관해, 음악의 역할은 지난 20년 동안 엄청나게 증대해왔다. 음악이 사회적 질서 짓기의 장치라면, 또 (그것의 전유 방식 속에서 그리고 그 전유 방식을 통해서) 행위와 경험의 보유 형식, 본보기, 변수가 벼리어지는 자원이라면, 음악이 몸·마음·정신에 '영향을 끼칠 수 있는 것으로 보인다면, 그렇다면 사회적 공간 속의 음악이라는 사안은 사회적 통제와 사회적 저항에 대한 연구에서 더할 나위 없이 절실하다. 이는 다음 장의 논제이다.

제5장

음악과 통제

아도르노의 문제는 음악이 지닌 구조화하는 힘이 어떻게 실제로
음악적 사건의 실시간과 공간에서 작동할 법한지를 단언하기만 하고
특정화하지 않는다는 데 있다. 음악적 결정론으로 들어가는 것은 잘못일 것이다.
아도르노의 선구자적인 연구에 의지하는, 통제에 대한
새로운 사유방식이 있을 법하다. 경험적 연구는
통제의 물음을 탐구하려고 할 경우 어떻게 배치되어야 하는가?

대중음악¹⁾은 객관적으로 비(非)진리이며 그 음악에 빠진 사람의 의
식을 불구화시키는 데 도움을 준다.(Adorno, 1976, 37, 38쪽)

그렇지만 조야한 단순성 때문에, 가벼운 음악의 표준화는 음악 내적
으로 해석되기보다는 사회학적으로 해석되어야만 한다. 그 음악은 표
준화된 반작용을 겨냥하고 있으며, 그것의 성공은(특히 광신도들이 그
와 다른 무엇에 대해 갖고 있는 격렬한 반감은) 적중했음을 입증한다.
듣기를 조작하는 사람은 제작하고 배포하는 이해 당사자만이 아니다.
음악 자체, 말하자면 음악의 내재적 특성에 의해서도 조작된다. 그 음악
은 그것의 희생자 안에 조건반사 시스템을 들어앉히며, 원초적인 것과
반대되는 것조차도, 차별화된 것과 반대되는 것조차도 결정적이지 않
다. 단순성 그 자체는 장점도 결점도 아니다. 그러나 이름값을 하는 예
술음악에서는 모든 세부사항이, 가장 단순한 세부사항조차도 그 자체
로 있지, 자의적으로 상호 교체가능하지 않을 것이다.(Adorno, 1976,
29쪽)

아도르노가 음악과 "표준화된 반작용"의 연결고리에 대해 이야기할

---

1) 대중음악(popular music)으로 영역된 독일어 가벼운 음악(leichte Musik)은, 아도
르노의 용법에 따르면 오락 목적의 가볍고 통속적인 대중음악, 즉 경음악이나 유행
가만을 지칭하는 것이 아니라 순응주의를 주입시키는 퇴행적인 클래식 음악도 포
함한다.

때, 음악이 "그것의 희생자 안에 조건반사 시스템을 들어앉힌다"고 할 때 그가 말하는 음악은 '잘못된' 종류의 음악이다. 엄연한 대중음악, 또한 그가 인정하지 않는 클래식 작곡가(그 목록은 쉽게 확장될 수 있으련마는 라흐마니노프 · 차이코프스키 · 스트라빈스키 등)와 작품 모두가 잘못된 종류의 음악이다. 그가 보기에 이런 형태의 음악은 순응주의를 주입시키며, 그야말로 사회적 통제의 메커니즘에 다름 아니다. 아도르노가 일컬는 대로, 나쁜 음악의 희생자는 음악 사례를 통해 (아닌 게 아니라 여기에서 그가 말하듯이 조건반사를 일으키게 함으로써) 자동적인 방식으로 반응하도록 길들여진다. 좀더 자세히 말하자면 이런 '잘못된' 반응 양태의 핵심에 놓여 있는 것은 아도르노의 말대로 '상호 교체가능'을 위한 역량이다. 즉 '차이'에 대한 특수한, 상세한 느낌의 상실, 특정성에 대한 느낌의 상실이 그것이다. 아도르노의 관점에서 보면 대중음악은 특수한 것이 개괄적인 것으로 내려앉은 문화심리적인 붕괴를 주입시키며, 그와 동시에 조건반사를 일으키게 하는 과정을 통해서 의식을 무너뜨려, 다른 곳에서 그가 말한 대로 '단지 존재하는 것' 속으로 붕괴시키도록 만든다.

아도르노의 어휘가 지닌 문제는 (제1장에서 서술했듯이) 가치판단의 성격과는 별도로, 음악이 지닌 구조화하는 힘이 어떻게 실제로 음악적 사건의 실시간과 공간에서 작동할 법한지 단언하기만 하고 특정화하지 않는다는 데 있다. 음악적 결정론의 담론으로 미끄러져 들어가는 것은 잘못일 것이다. 기실 그렇게 하는 것은 두 가지 형태의 불만족스런 결정론, 즉 음악의 힘을 서술하면서 그 힘을 사회적 사용에 의해 모조리 결정되는 것으로 서술하든지, 음악의 힘이 사회적 사용 및 반응을 모조리 결정하는 것으로 서술하든지 양자 가운데 하나로 전락하는 것일 테다.

이것들은 똑같이 조야하다. 나는 이전 저작에서 그에 맞선 논변을 일일이 열거한 바 있다.(DeNora, 2000, 제2장)

만일 우리가 음악과 사회적 '통제'(통제라는 관념 자체가 좀더 특정화를 요하므로 그 뜻을 한정해야만 하는데)라는 사안에 대한 아도르노의 결정론적 담론을 넘어서려 시도하지 않는다면, 음악의 효과의 '블랙박스'를 여는 것은 불가능하다. 이번 장에서는 아도르노의 선구자적인 연구에 의지하는, 통제에 대한 새로운 사유방식이 있을 법하다고 제언할 것이다. 이는 음악이 어떻게 행위를 구조화하기에 이를 법한가, 좀더 폭넓게는 행위수행이 어떻게 문화와 관계해 개념화될 법한가에 대한 우리의 이해를 발전시키기 위한 것이다. 이런 복잡한 지형으로 들어가는 한 가지 길은 '문화적 레퍼토리'에 초점을 맞추는 문화사회학을 통해 발견될 수 있다. 이 새로운 작업은 문화매체에 대한 정태적인 '읽기'에서 벗어나(사회구조의 위치를 나타내는 하나의 표시물로서의 문화에서 벗어나) 문화이론을 행위와 퍼포먼스에 대한 관심사로 이동시킨다. 이 새로운 작업이 특히 초점을 맞추는 것은 '사회적 퍼포먼스가 어떻게 (이용 가능한) 자원을 동원하는가'이다. 그 자원에는 사회적으로 배포된 자원도 있고 또 (상황에 처한) 현지에서 이용 가능한 자원도 있다. 행위 전략 및 행위 레퍼토리와 같이 말이다.

음악의 논제로 되돌아오면, 레퍼토리에 대한 관심은 또 다른 사회적 상황 및 무대장치의 특성과 고립시켜 음악을 사유하는 것(음악학이 음악을 개념화하는 전통적인 길)에서 벗어나 다른 길로 나아간다. 그와 반대로 대부분의 음악 지각이 발생하는 곳은 콘서트홀에서 멀리 벗어나 있다. 그것은 진행 중인 상호작용과 사회적 무대장치가 씨줄과 날줄로 짜여 있는 직물 속으로 통합된다. 반드시 현실에 입각해 있을 수밖에 없는 이 논제와, 그 논제가 초점을 맞추고 있는 사회적 퍼포먼스에 주의를 기울임으로써, 통제의 테크놀로지로서의 음악에 대한 물음을 그 메커니즘의 견지에서 제기하되, 실시간과 공간에서 접근해볼 수 있다. 공간이라는 용어는 바로 다음 절에서 긴요해진다.

행위 중인 문화라는 관념과 사회 질서

음악(음악의 생산과 수용)은 불가피하게 어딘가에 위치하고 있다. 이때 '어딘가'(음악적으로 배치된 공간)는 우리가 통제의 테크놀로지로서 음악을 상황 속에 놓고 보기 시작할 수 있는 곳이다. 음악을 상황 속에 놓고 보는 것은 제2장에서 서술한 음악적 사건 패러다임의 소관으로 논제를 데려간다. 공간에 관계된 문화지리학자와 그 밖의 사람들이 우리에게 상기시키도록 도왔듯이, 공간은 정체성의 생산에서 중요한 역할을 한다. 공간은 행위가(그리고 행위를 위한 역량으로 이해된 행위수행이) 생산되도록 하는 재료를 제공하는 것으로 이해될 수 있다. 그러하다면 공간이 어떻게 행위를 일러주거나 구조화할 법한지의 견지에서 공간을 이야기해볼 수 있다. 즉 행위자에게 행위를 위한 가능성, 행위의 유형과 스타일을 유발하는 것으로서 공간을 이야기해볼 수 있다. 그렇다면 음악은 공간의 배치에서 무슨 역할을 하는가? 그로 말미암아 상황에 처한 행위에서는 또 무슨 역할을 하는가?

상황에 처한 행위에 초점을 맞추는 것은 사회적 퍼포먼스에 대한 관심사로 귀착된다. 미국의 사회학은 상호작용 연구와 정체성 퍼포먼스 연구를 연관시키는 데 더욱더 관심을 증대시켜왔다. 이때 좀더 구조적인 초점은 문화 매체와 문화 전략의 사회적 배포에 맞춰 있었다.

이렇듯 문화와 행위수행의 유대관계에 초점을 맞추는 것은 문화적 레퍼토리(Cultural Repertoires, CR)라는 관점으로 잘 알려져 있다. CR의 창시자 가운데 한 사람인 앤 스위들러의 말을 빌리자면(Swidler, 1986) 그것은 문화가 어떻게 '행위 중인' 것으로 보일 수 있는지를 조명했다. 스위들러의 원래 논문은 행위를 위한 도구상자(tool kit)[2]로서의 문화를 제안했다. 달리 말해서 문화는 행위를 생산하기 위한 수단을 마련해주었으며, 그렇지 않을 경우 특정화되지 않거나 행위자들에게 문제를 제안한 채 남아 있는 제도적 관계(구조)의 측면을 메우는 수단을 마련해주었다. CR 패러다임은 (부르디외와 기든스에 의지한) 윌리엄 슈얼(William Sewell)의 맹아적인 작업에서 더욱더 착상을 얻었다. 슈얼의 작업은 문화의 구조적이고 도식적인 속성, 문화가 행위와 관계해 보유하고 있는 논리적인 함의, 따라서 원인이 되는 인과적인 함의에 대한 것이었다. 예컨대 행위의 길잡이 역할을 할 수도 있는 사고의 패턴이나 원리에 대한 것이었다.

간단한 사례를 하나 들면 그것은 이 본문의 이전 꼭지 「자서전의 사용에 관하여」에서 서술한 사회언어학의 쟁점으로 더듬어 올라간 사례인데, 우리는 상이한 유형의 사회적 행위자에게 이야기하면서 문화언어적인 도구에 의지한다. 가령 매일 일상생활에서 마주치는 상이한 유형의 사회적 행위자(배역)를 대할 때 관습적인 소통 양식과 패턴(예를 들어

---

2) 「행위 중인 문화: 상징과 전략」(Swidler, 1986)에서 제안한 문화 개념에 대한 은유적 표현. 일상생활에 필요한 도구를 모아놓은 도구상자처럼 문화는 그것을 사용하는 사람에게 행위를 위한 수단이 된다는 발상이다. 데노라는 이와 같은 문화 개념을 수용 · 발전시켜 (수단 내지 방편이라기보다는) '행위를 구조화하는 매체'로서의 문화(음악)의 역량을 입증하고자 한다.

어린이 또는 직장 상관에게 이야기하는 전형적인 방식)에 의지한다. 우리는 우리가 관찰해온 온갖 전략과, 매개된 다양한 방식으로 모방해온 갖가지 전략(이성의 환심을 사려는 구애의 실천을 학습하는 것을 생각해보라)에 의지한다(이런 논점을 보여주는 실례는, 어쩌면 가장 지긋지긋하게 보여주는 실례일지도 모르지만 '평범한 사람'이 자신 또는 그들과 가장 가까운 사람에 대해서, 더러는 견딜 수 없이 개괄적인 방식으로 '털어놓도록' 장려되는 텔레비전 토론, 아니 잡담 쇼일 것이다. 행위자들이 어떻게 실시간 상호작용에서 관습적인 여러 갈래의 담론에 의지하는지, 어떻게 이런 담론이 의문형의 전략에 의해 촉발될 수도 있는지에 대해서는 Frazer과 Cameron, 1988을 볼 것).

이런 전략은 모든 행위 유형을 생산할 적에 레퍼토리가 될 정도까지 시간이 흐르면서 알맞게 적응되고 연마될 수 있다. 이런 의미에서 문화적 레퍼토리라는 수단에 의해 사회구조가 표현되기도 하고 쇄신되기도 하는 것으로 이해할 수 있다. 이런 관점은 구조의 개념을 역동적인 어떤 것, 수행되는 어떤 것으로 변환시키기 때문에 매우 유용하다(구조는 우리가 사회적 상호작용을 행하고 완수하기 위해서 동원하는 어떤 것이 된다). 따라서 이런 관점은 그렇지 않을 경우 거추장스러운 행위수행·구조의 이분법을 불필요하게 만든다.

스위들러의 원래 논문(Swidler, 1986)은 그 후 두 가지 주된 근거로 비판을 받았다. 첫째, 그것은 문화의 도구상자를, 어떻게 내적으로 구조화되고 외적으로 배포되는지의 견지에서 특징짓지 않았다. 그것은 문화에 의해 제공된 도구들이 어떻게 서로 관계되어 있고, 그로 말미암아 도구들의 흡수율을 **구조화**하는 것으로 이해될 수 있는지의 물음을 다루지 않았다.

예를 들면 어떤 사람은 '계란이 햄과 어울리지만 초콜릿 소스와는 어울리지 않기에 초콜릿으로 바꾸기 전에 계란 및(또는) 햄을 먹어야만 한다'고 제언할지도 모른다. 그렇게 하는 것은 요리상의 분류체계(무엇과 무엇이 어울리는지), 문법(무엇이 첫 번째, 두 번째, 세 번째 오는지), 감성능력(특히 요리상의 배열이 내포를 전달할 수도 있으며 미적인 경향성과 공명할 수도 있음)이란 것이 있다는 취지로 말을 한 것이다. 물론 어떤 체계도 견고하고 단단하지 않으며, 예외는 관습·실천·방향설정에 따라서 허락될 뿐만이 아니라 **모색되고** 계발되는 경우가 많다. 달리 말해서 어떤 사람은 계란을 초콜릿과 결합시킨 식사를 만들어낼 수도 있으며(초콜릿 몰레 소스〔molé sauce〕나 초콜릿 무스에 들어간 계란, 초콜릿을 주요 요리 전에 혹은 함께 먹어도 되는 비형식적인 식사에 들어간 계란), 이런 혁신은 시간이 흐르면서 '정상적인' 실천으로 확보될 수도 있다.

이와 관계해 스위들러의 기존 이론이 비판을 받은 두 번째 근거는, 어떻게 문화적 도구가 다시금 사용을 구조화하는 방식으로 사회적으로 배**포될** 수 있는지의 물음을 다루지 않았기 때문이다. 계란과 초콜릿 사례로 되돌아오자면 요리상의 숙련기술과 지식(과 특수한 조리법과 식사계획 스타일의 흡수율)은 오랫동안 사회적 공간 속의 지위라는 것과 연합되어 있었던 바, 이는 부르디외의 『구별 짓기』(Bourdieu, 1984)가 강조한 유명한 논점이다.

좀더 최근에는 세 가지 누락된 긴요한 점을 스위들러가 스스로 논구하였다.(Swidler, 2002, 10쪽) 그녀는 다음과 같이 제언했다. 문화가 지닌 인과적 속성에 관계한 문화사회학자의 핵심 과제는, 이제 문화적 실천에 고착될 수도 있는 위계 관계를 식별하는 것이다. 예컨대 또 다른 실천/담론 영역이 그 주위를 돌 수도 있는 중핵(中核) 내지 정박시키는 실천(anchoring practices)을 탐색하는 것이다. 그래서 가령 어떤 조건(예컨대 어느 월스트리트 경영간부의 아침식사, 어느 항의 시위)하에서 예의 사건이라는 바로 그 개념이 연합된 실천(어떻게 말을 하며, 무엇을 먹는지, 무엇을 입는지 등)을 '정박시킬' 수 있는지 탐색하는 것이다.

정박시키는 실천이라는 개념은, 한 상황(좀더 역동적으로는 상호작용의 정조(情調) 및 스타일상 변수)이 어떠한 핵심 실천을 통해, 특히 대상이나 미적인 매체의 실천적인 안배를 통해 정의될 수 있다는 관념을 시사하는 한에서, 장래가 매우 촉망되는 사회학적인 개념이다. 이 쟁점은 비판적 경영이론 안에서 논의되어왔다. 예를 들면 영국 대학의 경영학과 부문 연구에서 프리처드(Prichard, 2000)는 어느 새로운 (여성) 부총장이 나이 많은 경영진과의 첫 회의에 쿠키를 가져갔던 경우를 서술하는데, 쿠키를 나누어줌으로써 앞으로 다가올 여러 회의의 문화를 어떻게든 바꾸었다고 한다(쿠키는 좀더 가정적이고 비공식적인 행위 스타일을 대변하고 함의했다).

러몬트(Lamont, 2000)는 스위들러의 1986년도 도구상자 이론에 정교한 설명을 덧붙였다. 러몬트는 문화적 레퍼토리에 대해 두 가지 '층'에서 사유하는 것이 가능하다고 제언한다. 즉 레퍼토리가 거시적인 것이거나 원거리에 위치한 것이라면, 도구상자는 곁에 가까이 있는 것이다. 이때 첫 번째 범주는 두 번째 범주를 성립시키는 것으로 보인다. 이와 상당히 유사하게도, 부르디외의 저작에서 아비투스——특수한 도구나 전략(에의 판독접근(read access)[3])의 '선택'을 좌우하는 개인의 거의 암묵적인 성향과 기대 지평——는, 문화자본으로 축적된 문화적 실천, 취향, 습관이라는 원거리 사회적 공간(사회적 배포)의 가까운 버전이다.

여기서 문화 요소(의 의미보다는) 사이의 상호관계에 오랫동안 관심을 가져온 로버트 우드나우의 저작이 선례가 된다. 그것은 문화연구 안에서 사회학적인 충동을 유지하고자 하는 중요성을 강조한다.

우드나우가 관찰한 바 있듯이, 의미는 '우리 자신에 대한 형식적 사유'가 일어날 수 있는 '범주'를 마련해주는 문화체계와 장에서 창발한다. 이런 관점은 적어도 은연중에는 문화적 재료와 교호작용하며 그것을 동원할 때의 행위자(즉 특수한 문화적 장을 헤쳐 나아가고, 그리하여 스스로를 의식적인 행위수행자로 배치할 때의 행위자)에 초점을 맞추도록 요구할 것이다. 그렇다면 원칙적으로 문화적 레퍼토리가 갖는 관심사는 행위의 개념(특히 문화적 동원의 구조·과정·결과의 개념)이 그 안에서 보존되는 관심사이다. 이런 점에서 문화적 레퍼토리라는 발상은 조직연구 안에서, 구조화와 행위수행에 맞춘 초점을 보완한다. 예컨대 디마지오의 저작(DiMaggio, 1982)은 조직의 생산자 및 재생산자로서의 행위수행자에 초점을 맞춘다. 디마지오가 관찰한 바 있듯이 "사람들이 문화를 사용하는 법"(DiMaggio, 1997, 392쪽)으로의 전환은 행위 중인 문화(culture in action), 행위에 대한 원인이 되는 문화의 인과적 속성을 탐구하기 위한 수단을 마련해준다.

음악(디마지오의 초기 작업은 그렇다 치고, 행위와 관계해 거의 탐구되지 않은 채 등한시되어왔던 논제)과 관련해, '행위 중인 문화'라는 관점이 얼마나 유용한지 알아보도록 하자. 그 효용성은 (해독되고 수용되어야 할 대상인) 의미로서의 문화 및 텍스트로서의 문화(와 따라서 기호학적인 읽기 및〔또는〕수용연구로 환원된 조사연구의 프로그램)로부터

---

3) 기억 장치상에 있는 자료를 읽기 위해 접근하는 행위.

주목을 옮겨서 '행위를 구조화하는 매체로서의 문화'에 초점을 맞추는 프로그램으로 바꾸는 방식과 결부되어 있다. 특히 행위 중인 문화의 관점은 음악이 다음과 같은 일련의 '단서'를 제공하는 것으로 본다는 데 그 효용성이 있다. 즉 상이한 문화적 틀이 상황 안에서 불러들여질 수 있을 때 그 상이한 문화적 틀을 위한 일련의 '단서'를 음악이 제공한다는 것이다. 이 후자의 초점은 제도·권력·구조화에 대한 연구에 공헌할 뿐만 아니라 이와 같은 연구를 선도하기도 하는 일종의 강한 문화사회학을 초래한다.

도구상자와 레퍼토리에 대한 작업은 미국 사회학의 맥락에서 볼 때, 미국사회학협회 내 문화사회학의 지위를 진일보시킨다는 의미에서 돌파구이다. 이는 행위를 '가능케 하기도 하고 제약하기도 하는' 문화의 역량(문화가 관계적인 사안을 정교하게 만들거나 메우는 데 소용되는 방식 속에서, 그리고 그 방식을 통해서 행위를 구조화하는 역량)을 도구상자와 레퍼토리에 대한 작업이 입증하고자 하는 방식에 기인한다(이때 스위들러의 사례는 '사랑'에 대한 문화적 배치가 어떻게 흔히 문제적인 결혼 제도를 실행하는 데 사용되는가, 그래서 결혼 제도 안에서 받아들여진 행위 진로가 어떻게 문화적으로 '야기된' 것으로 이해될 수 있는가를 보여주는 사례이다). 이를 다르게 말하자면 스위들러의 작업은 제도가 단지 규범과 규칙을 통해서만 재생산되는 것이 아니라(특히 규칙은 제도를 실행·재생산하려는 목적에는 흔히 불충분하거나 비효율적이기 때문에) 문화적 장치의 사용을 통해서, 그리고 행위자가 문화적 레퍼토리에 의존하는 방식을 통해서 재생산된다고 제언한다.

이런 명백한 장점에도 불구하고 CR 패러다임이 발전시킬 수 있을, 아직 그 충분한 잠재성이 탐구되지 못한 지대(地帶)가 있다. 다음 절에서 서술되겠지만, 이런 탐구에 방해가 되는 한 가지 장애물은 CR 초점이 은연중에 인식적이고 구조적인 물음에 전념하고 있다는 점, 그리하여 행위의 비인식적이고 미적인 차원을 회피하는 경향이 있다는 점이다. 그렇지만 비인식적인 것을 탐구하는 것은 CR 이론의 설명적인 가치를 크게 향상시킨다. 특히 그것은 문화적 레퍼토리의 유사 의식적 사용(문화적 레퍼토리에 맞춘 방향설정)을 눈에 띄게 강조한다(이 주제는 이미 CR 접근방식에 함축되어 있다). 이런 과제를 위해서 음악은 생각거리를 제공하는 탁월한 매체이다.

문화적 레퍼토리에 대한 두 가지 수정사항

다음과 같은 스위들러의 진술을 고찰해보자.

만일 우리가 개인의 머릿속에 있는 것을 이해하려고 노력함으로써 문화를 살펴본다면 사람들이 문화를 사용하고 있는 것보다 훨씬 더 많이 '알고' 있음을 발견할 것이다. ……사람들은 행위의 문제에 근거하여 그들의 레퍼토리 가운데 선택을 한다. 사람들은 상이한 구조를 지닌 상이한 종류의 문제에 직면하기 때문에 다양한, 때로는 조화롭지 않은 숙련기술·역량·습관 들을 언제든지 이용할 수 있도록 간직하고 있다. ……한 사람이 이제껏 읽을 수 있는 것보다 훨씬 더 많은 책을 소장하고 있는 도서관처럼, 문화는 사람들이 상이한 방식으로 의지할 수 있는 즐비한 자원을 담고 있다.(Swidler, 2002, 7쪽)

여기에서 '정보처리'의 시학(詩學)을 못 알아들을 리가 없다. '머리'

'알기' '선택' '책' '문제', 동원되어야 할 자원으로서의 문화라는 관념, 이런 것들은 '문제'와 '상이한 구조'에 직면해서 의식으로서의 행위와 선택으로서의 행위 모델을 지향하는 사회학의 언어적 구성요소이다. 그렇다 하더라도 수많은 결정(무엇을 입을까, 무슨 음식을 차려낼까, 난감하거나 민감한 정황에서 뭐라고 말할까)은 느낌이나 직관에 의해 이루어지며, 그 자체로서 '전략'이나 '숙련기술', 혹은 '선택'과 같은 용어에 의해서는 잘 서술되지 않는다. 오히려 이른바 이와 같은 수많은 '결정'은 (의식적이라기보다는) 체화된 혹은 감정적 수준에서 내려진다(아닌 게 아니라, 즐비한 문화적 자원을 동원하는 능력에 따른 사회적 계층화가 있다. 20세기 말엽 미국 사회에서 문화적 소비 · 숙련기술의 양태를 옴니보어〔잡식성〕 및 유니보어〔편식성〕[4]라는 개념으로 규정한 피터슨과 심커스〔Peterson과 Simkus, 1992〕는 이 논점을 뛰어나게 포착한 바 있다).

요컨대 문화적 행동은 반드시 숙고 끝에 내린 문제해결 활동인 것만은 아니다. 어떤 사람이 얼마만큼 단단히 문화적 형태에 묶여 있는지의 정도는 가지각색일 것이다. 어떤 사람은 '선택'할 수 없을 수도 있다. 어떤 사람은 인식 · 숙고를 생략하는 방식으로 문화에 반응하거나 문화를 안배할 수도 있다. 이런 논점은 우리가 문화적 도구로서의 음악이라는 논제로 돌아올 때, 특히 행위가 벌어지고 있는 바로 그 현장에서 음악의 역할을 고찰할 때 실지로 잘 예시된다.

---

4) 음악취향과 직업별 신분 집단 사이의 관계에 대한 연구(Peterson과 Simkus, 1992)에서, 고급문화를 소비하는 하이브로(highbrow)와 저급문화를 소비하는 로브로(lowbrow)라는 구분(Bourdieu, 1984)을 수정하기 위해 제안된 용어. 고급예술에서 대중예술까지 다양한 문화적 대상을 소비하는 '옴니보어'와, 몇몇 대중적 형태만을 소비하는 '유니보어'로 구분할 것을 제안했다.

얼마나 많은 음악이 잘해야 반(半)의식적이고 대개는 암묵적인 방식으로 소비되고 작용하고 있는가. 지금까지 논점은 CR 모델이 문화와 행위의 '인과적' 연관관계를 눈에 띄게 강조하는 데 유용하기는 하지만, 동시에 문화의 핵심 속성 가운데 하나, 바로 문화의 미적인(비인식적인) 차원에 대한 고찰을 얼버무려 넘긴다는 것이었다. 달리 말해서 미학은 규범·규칙·제도(사회 구조라고 관습적으로 일컫는 것)와의 관계 속에서 굴종적인 역할로부터 구제될 필요가 있다.

문화적 레퍼토리라는 초점은 이제껏 다음과 같은 물음을 다루는 데 활용되어왔다. 행위자는 '문제'를 제시받을 때 어떻게 제도적 배열을 실행하기로 작정하는가, 어떻게 저 배열을 실천적으로 '효력' 있게 만드는가 하는 물음이 그것이다. 민속방법론의 용어로는 행위자는 어떻게 상황 및 행위수행의 '유형' 속에서, 그리고 그 유형으로서 '완수'하거나 '통과'하는가 하는 물음이 그것이다.

가령 스위들러의 핵심 사례에 따르면 CR 접근방식은 행위자가 결혼을 효력 있게 만들기 위해, 고용자—피고용자 또는 의사—환자 상호작용을 행하기 위해, 그렇지 않으면 상황에 처한 행위의 재인식 가능한 형태를 달성하기 위해 어떻게 사회적으로 배포된 문화적 도구에 의지하는지를 검토할 것이다. 이때 스위들러의 1986년도 논문을 쉽게 풀어 이야기하자면 우리는 '행위 중인' 문화를 따라간다. 즉 문화가 어떻게 행위의 도식 내지 각본, 진행절차, 행위 노선 따위가 되거나 그런 것을 마련해주는지 따라가본다. 그 밖에도 문화가 어떻게 시나리오와 제도화된 관계에 살을 붙이거나 구비(具備)하는 방식을 마련해주는지 따라가본다. 여기서 문화는 이런 관계가 수행되게끔 (그리하여 지속되게끔) 하는 매체이기도 하고 또 이런 관계가 특정화되어 상론되게끔 하는 매체이기도 하다. 문화는 합리적인 혹은 유사 합리적인 행위(에 함의되어 있는 바)와 함께 일어나거나 나타나는 '부수물'(Swidler, 2002, 7쪽) 내지 수반물이다.

예를 들면 스위들러는 미디어·문학·대중 담론을 통해서 수만 가지 모습으로 묘사되어온 '사랑'이라는 사회적 구성물과 같지 않게, '결혼' 관념은 어떻게 상대적·역사적으로 정교한 문화를 별로 누리지 못했는지 서술한다. 그렇지만 결혼이 "더욱 문제적이 되어버린"(Swidler, 2002, 7쪽) 우리 시대에 상호관계는 (가령 소통·타협·서약과 같은 발상을 통해서처럼) 정교한 문화로 다듬어지지 않으면 안 된다. 스위들러의 논점은 "개인의 행위를 조직하는" 문화가 "제도들이 남겨놓은 간극에서 발현한다"(Swidler, 2002, 7쪽)는 것이다. 달리 말해서 구조의 실행은 문제를 해결하고 자원을 배당하는 행동이 된다.

이런 진술은 구조(행위의 관계와 패턴, 이런 패턴과 연합된 규범)가 CR 모델 안에서 여전히 행위의 궁극적인 출처(와 결정요소)로 남아 있음을 함의한다. 그런 논리에 의해서 문화는 구조가 안출되게끔 하는 수단이다. 이는 결국엔 문화는 그 자체로 구조가 창출되게끔 하는 매체가 아님을 함의한다. 그러나 이런 견해는 너무나도 재빨리, 의도적으로는 아닐지언정 문화의 힘을 얕잡아보는 것인가?

CR 모델은 구조를 은연중에 주어진 어떤 것(예를 들면 결혼 제도)으로 정립하면서도, 동시에 구조가 어떻게 수행되는지 보여주고자 한다. 구조를 수행된 것으로 이야기하는 것은 구조를 행위의 회고적인 축적물로서, 반복될 때조차도 끊임없이 쇄신된다고 정의하는 것이다. 달리 말해서 구조는 한낱 역사 현상일 따름이다. 구조는 현재를 재구성하기 위한 자원을 마련해줄 축적된 행위 패턴을 통해 획득된다.

스위들러가 사례로 든 결혼을 고찰해보자. 국가의 법률기구와 종교적 결혼 제도는 모두 결혼 제도를 안정시키는 일에 얽혀 있다고는 하지만 (예를 들면 이중결혼이 발각될 때, 혹은 이혼으로 말미암아 재산 분배를 하지 않으면 안 될 때) 이런 요인은 대개 그날그날 경험되는 결혼에서는 대부분 전경(前景)에 드러나지 않는다. 구조를 사물화한다고 비난받은 바 있는 기든스조차도(King, 1999, 2004) "사회적 태도의 형식이 시간과 공간을 가로질러 버릇처럼 상습적으로 재생산되는 한에서만 사회 체계의 구조적 속성이 존재한다"(Giddens, 1984, xxi쪽)고 관찰했다.

그래서 문화는 그저 미리 주어진 구조를 깨닫게 하는 매체가 아니다. 이와 관계된 점 하나 더, 문화는 흔히 행위의 **목표**가 아니다. 사람들은 (가족 또는 상호관계 규범에 대한 가정처럼) 기존하거나 상정된 구조를 '행하기'(깨닫기, 재생산하기) 위해 단지 문화를 사용하기만 하는 것도 아닐 뿐더러, 또한 어떠한 목표·열망·목적을 성취하기 위해서 '주어진' 구조라고 여긴 것을 손질할 수도 있다(예를 들면 어떤 미적인 대안은 친밀한 관계의 조직을 포함한, 사회적·제도적 배열을 혁신적으로 몰아갈 수도 있다).

이런 이유로 문화의 매체는 그저 행위의 방편이 아니라, 행위의 매체로서 탐구될 필요가 있다. 다시 말해서 (음악뿐만 아니라 요리 관습, 패션, 그 밖의 다른 물질문화의 실천 같은) 문화매체는 그저 구조적 목표에 대한 '수단'(도구)이 아니다. 실은 CR 모델이 문화사회학에게 가장 전도유망한 약속을 드러내는 것은 바로 이런 논제에 관해서이다. 이로써 우리는 **문화가 주도적 위치를 차지하는** 사건·시대·장면·상황을 식별할 수 있을 것이다. 가령 1960년대에 로큰롤에 대한 반작용이나 제2차 세계대전 이후 '뉴 룩'(New Look)[5]이라는 새로운 여성복 스타일에 대한 반작용, 혹은 20세기 초의 큐비즘에 대한 반작용을 생각해보라. 이 모든 것은 정령 행위자에게 새로운 존재방식과 새로운 사회적 배열을 허락(유발)했다. 바로 그렇기 때문에 이 모든 것에 대한 반작용은 대단히 양극화되었던 것이다.

여러 말할 것 없이 CR 관점은, 특히 비인식적인 것을 아우를 여지가 있을 때 문화를 진지하게 (문화의 사용자를 사용하는 도구로서, 매개하는 매체로서) 받아들인다. 이와 같은 관점은 문화가 어떻게 행위 '속으로 접어드는지', 우리가 행하고 상상하고 느끼는 것이 어떻게 문화매체 속에서, 문화매체를 통해서 모습을 갖추는지 눈에 띄게 강조하는 데 기여한다. 이는 결국엔 문화적으로 상승세에 있는 입장을 허락하는데, 그 입장에서 문화매체 연구는 사회구조의 기원 및 유지에 대한 사회학의 중심 관심사로 들어가는 통로를 제공한다(실은 이런 문화적 상승세는 원래의 CR 정식화 속에 겨냥되어 있다).

문화를 '인과적'인 것으로 설정하는 것은 일군의 이론가에 의해서 개설된 바 있는 네오뒤르켐주의의 관점과 연관을 맺는 것인데,(Hetherington, 1998; Hennion, 1992) 그들은 행위를 문화적 관계망 안에서 거주하면서 모습을 갖추는 것으로서 이론화하는 중요성을 눈에 띄게 강조한다. 그런 연관관계 속에서 행위의 비인식적인 차원과 미적인 차원을 이론화하기 위한 장소가 재확립된다. 바로 이곳에서 비로소 우리는 네오뒤르켐주의, CR 이론, 아도르노를 공통의 프로젝트로 집합시키기 시작할 수 있다. 그 프로젝트는 이제 곧 행위의 미적인 매체로서의 음악에 대한 논의를 통해서 실지로 예시될 수 있다. 아도르노는 문화(음악)가 어떻게

---

5) 여성미를 부각시키는 스타일. 자연스럽게 내려오는 어깨선과 매우 가늘게 강조된 허리, 무릎 밑까지 길게 내려와 폭이 넓어지는 플레어 롱스커트가 특징적이다.

행위자를 태도의 노선과 진로로 끌어당길 수 있는지에 관심을 가졌으며, 또 개개의 특정 행위자로 하여금 특정적이지 않은 개괄적인 행위 양상과 나란히 정렬하도록 하면서, 음악이 통제의 테크놀로지를 제공하는 것을 어떻게 알아볼 수 있는지에 관심을 가졌다(어떤 사람은 여기서 좀더 중립적으로 '질서 짓기'를 이야기할지도 모르겠지만, 그렇게 하는 것은 아도르노의 비판적인, 그리고 역사적으로 운위된 분석적인 날을 지우는 것이리라).

이런 쟁점은 문화(음악)가 어떻게 사용자—소비자를 배치할 수 있는지 이야기하는 것이다. 이런 쟁점은 음악 사용자가 음악적으로 매개된 무대장치—특수한(조직적 · 제도적 · 정치적으로 합치한) 방식으로 공공연히 태도를 매개하려고 애쓸 법한 참여자의 부분집합에 의해서 틀지어진— 속으로 들어설 때 비판적 주안점을 획득한다. 그 반대도 역시 같다. 가령 다음에 논의될 안티 무자크 조직, 파이프다운(Pipedown)[6]의 경우에서처럼 음악적으로 배치된 무대장치의 사회적 함의에 저항하기 위해서 개인이나 집단에 맞춘 초점도 마찬가지다.

타인에 대한 '통제'가 음악을 통해 모색될 때, 음악이 '정박시키는' 매체(다른 문화적 레퍼토리 · 실천이 그 주위로 나란히 정렬되기에 이를 중력 중심을 제공할 법한 매체)를 마련해주는 것으로 이야기할 수 있다. 이 점을 란차가 잠깐 언급했는데,(Lanza, 1994, 11쪽) 그는 "음악이 다른 모든 것의 참된 본성과 맺는 깊은 관계"라는 쇼펜하우어의 발상을 서술한다. 그것은 또한 쇼펜하우어에 따르면 "……어떠한 행위, 사건, 혹은

---

6) 일명 '무자크'로 알려진 사업장 음악(piped music)에서 벗어나기 위한 캠페인 집단. 사업장 음악과 무자크에 대해서는 제5장의 각주 12를 참조할 것.

주위환경에 적합한 음악은 우리에게 가장 비밀스런 의미를 개시(開示)하는 것으로 보이며, 그에 대한 가장 정확하고 뚜렷한 해설로서 등장한다"(쇼펜하우어, Lanza에서 재인용)는 사실을 설명해주기도 한다.

란차가 (쇼펜하우어를 통해서) 시사한 쟁점은 음악이 맥락화하는 장치로 기능할 수 있다는 점이다. 음악은 사회적이고 환경적인 공간을 틀 짓는 일을 할 수 있다. 이와 같은 틀 짓기를 이야기하는 것은, 문화적 레퍼토리 이론의 언어로는 음악이 '정박시키는 장치'가 된다고 말하는 것이다. 이때 '도대체 어떻게 음악이 이와 같은 정박 장치를 마련하게 되는가'를 탐구할 필요가 있다. 달리 말해서 음악적 구성물을 어떤 무대장치 내지 공간에 둔다고 이야기하는 것은 가능한 일인가? 그것도 저 공간에 중력장의 '구심력'——구조화하는 속성을 갖는——을 제공할 수도 있는 방식으로 말이다.

CR 패러다임에 추가할 사항

행위자가 특수한 제도적 배열을 달성하려고 특수한 음악적 장치를 안배한다 해도 좋다. 이전 장에서 나는 개개인의 삶 가운데 감정 노동을 수행하려고 음악을 동원할 때의 행위자를 서술한 바 있다(사랑 관계에 얽힌 행위자들이 '우리 노래' 음악을 통해서든, 어떤 특수한 스타일로 둘만의 상호작용을 위한 음악을 통해서든, 어떻게 음악을 사용해서 어떤 특수한 장면의 미적인 변수를 메우거나 확립할 수 있는지에 관한 논의는 DeNora, 2002b 또한 볼 것). 그러나 CR 패러다임에는 비전략적 행위자에 대한 명시적인 탐구도 없거니와, 무대장치의 '도구'로서 이미 확립된 문화매체를 (기껏해야 살짝 의식적으로) 마주 대하게 되는 특수한 장면에 우연히 맞닥뜨린 행위자에 대한 명시적인 탐구도 없다(더욱이 행위자들은 타인이 그들의 행위 진로를 '통제'하고자 하고 있음을 '알' 수도 있고 이를 성찰적으로 논평하며, 그러면서도 여전히 음악적으로 함의된 스타일과 합치되는 태도의 패턴 속으로 빠져 들어갈 수도 있다. 제4장에서 서술했듯이 바로 이것이야말로 내가 특수한 소매점 장면에 음악적으로 '관심'을 갖게 되었을 때 발생한 일이다).

요컨대 CR 모델은 어떠한 '도구'를 탐색하고 선택하는 행위수행자를 상정하면서 인식적 사회학의 모델로 계속 남아 있는 한, 상호작용의 가장 다루기 힘든 특성 가운데 하나를 생략한다. 그 특성은, 상호작용의 무대 장치는 대부분 텅 비어 있는 것이 아니라 오히려 정반대로 주변 분위기의 실용적인 특성이 미리 존재하도록 완비돼 있다는 것이며, 이런 상황에서 사람들은 공간적·조직적으로 규정된 상황특정적인 도구를 동원해 '용무를 보도록' 강제될 수도 있다는 것이다. 더욱이 우리는 심사숙고를 좀체 불러들이거나 요하지 않는 방식으로 행동한다 해도 좋겠다.

하여간에 공적인 공간은 미적으로 과잉 결정되는 일이 흔하다. 따라서 공간적으로 제공된 미적인 매체의 흡수율을 검토하는 것은 '통제'에 대한 비판적인 조직연구의 과제이다. 바로 여기에서 집단 행태의 관리와 같은 논제와 관계해 음악을 다루는 연구가 본령을 발휘한다. 이어지는 내용은 문화적 재료의 한 유형으로서 음악에 대한 연구와, 이론가의 한 유형으로서 아도르노에 대한 연구가 둘 다, CR 모델에서 빠뜨린 몇몇 생략과 간극을 시정하는 데 기여한다고 제언한다. 양자는 때로는 무의식적이거나 반의식적 행위의 차원, 때로는 비인식적이고 정서적인 행위의 차원을 눈에 띄게 강조할 뿐만 아니라, 더러는 이런 차원을 통해서 행위가 '구조화'되는 방식도 눈에 띄게 강조한다.

소리 공간과 퍼포먼스로서의 행위

문화지리학자와 공간과 관계된 다른 사람들이 상기시켜왔듯이 공간은 정체성의 생산에서 중요한 역할을 담당한다.(Hetherington, 1998; Bennett, 2000) 이렇듯 행위를 위한 관계망으로서의 공간에 맞춘 초점이 사회학적으로 강력한 이유는, 그것이 행위에 대한 개인주의적인 개념구상에서 멀리 벗어난 움직임이기 때문이다. 동시에 (적어도 부분적으로는) 행위가 실시간에 모습을 갖추는 양상에 대한 정보처리 모델, 즉 인식에 입각한 모델에서도 멀리 벗어난 움직임이기 때문이다.

어떤 수준에서 보면 문화적 공간이 행위에 끼친 영향력(문화적 공간이 갖는 '인과적' 성격)은 명약관화하다. 예를 들면 상이한 유형의 공간 안에서 수행하도록 강제된다거나 제약된다고 느껴질 법한 모종의 행위 유형이 있게 마련인데, 심지어 그런 공간에 행위자가 갖춰져 있지 않을 때조차도 어떻게 그런 유형이 있게 되는지 한 번 생각해보자. '공적인' 공간 대 '사적인' 공간, '신성한' 공간 대 '세속적인' 공간, 자연스레 소맷자락을 둘둘 말아올리거나 넥타이를 끄를 법한 공간, 비공식적으로 말하기보다는 공식적으로 말해야 할 법한 공간 등등. 이렇듯 경험적 수준에서 행위자는 흔히 공간과 그 공간의 함의(공간이 행위와 관계해 있음)를 그저 체화된 수준에서일지라도 자각하고 있다.

일상에서 사용되는 휴대용 스테레오에 대한 연구에서 마이클 불은 도시 경험에 대한 앙리 르페브르(Henri Lefebvre)의 공간 분석 작업을 논의함으로써[7] 이런 점들에 주의를 환기시켰다.

재현 공간은 공간에 따르게 마련인 이미지와 상징을 통해서 체험된

268

공간, 즉 '주민' '사용자'의…… 공간이다. ……재현 공간은 자생하며 스스로에게 말을 건다. ……침대, 방, 거처 혹은 집, 광장, 교회, 묘지 등으로 이루어져 있다는 말이다. 재현 공간은 정열을 위한 장소, 행동하기 위한 장소, 체험된 상황 등을 지니고 있으며, …… 본질적으로 질적이고 유동적이며 움직임을 부여받았다.(르페브르, Bull, 2000, 126쪽에서 재인용)

자기만의 개인 공간이나 친밀한 공간의 구성에 관한 영역과 같이 어떤 생활 영역에서 우리는 공간과, 그 공간이 행위에 끼친 영향력을 상당한 정도로 통제하고 있을지도 모른다. 윌슨 코박(Wilson-Kovacs)의 조사연구는 어떻게 행위자가 특수한 스타일로 배치된, 친밀한 태도와 친밀한 문화(기억을 포함해)를 위한 교두보가 되는 시간·공간 환경을 공들여 직조하는 데 깊이 몰두하는지 보여준다. 그러한 작업에서 우리는 '행위 중인' 문화의 주도적인 역할과 중요성을 분명히 알아본다. 그것은 친밀성과 연합된 사회적·문화적·심리학적 활동을 위한 관계망의 일부이기 때문이다. 그렇지만 또 다른 상황에서 행위자는 공간을 수정하기 위한 선택권이 가장 적은 공간의 미적인 비품(간혹 미적인 것을 배척한다고 지각되는 비품)으로 하는 수 없이 '꾸려나갈' 수도 있다.

---

7) 불은 『사운딩 아웃 더 시티』(*Sounding out the City*, 2000)에서 도시 경험에 대한 르페브르의 공간 분석을 끌어들여, 사회적 공간과 연합된 관계적인 성질을 다룬다. 휴대용 스테레오의 사용이 사용자와 도시 공간 사이의 관계를 변형시킨다고 할 때, 불은 이 관계를 르페브르의 재현 공간 개념과 결부시킨다. 재현 공간은 "지배를 받는 공간, 즉 상상력이 변화시키고 자기 것으로 길들이려 시도하는 공간"을 말한다. 앙리 르페브르, 『공간의 생산』, 양영란 옮김, 에코리브르, 2011, 87~92쪽을 참조할 것.

르페브르의 작업은 공간 조직이라는 관념(거주자들을 행위의 리듬 및 진로 속으로 감싸 안는 것으로 공간 조직을 보는 관념)에 주의를 환기시켰던 한에서, 문화적 공간 연구에게 착상이 되었다. 그러나 동시에 르페브르의 작업은 이런 쟁점을 경험적으로 탐구하기 위한 수단을 마련해주지는 않는다. 실은 비평가들이 올바르게 제언한 바 있듯이(Bull, 2000) 르페브르의 작업은 결정론을 향해 부지중에 '떠내려가는' 경향이 있다.

그렇다면 우리는 미적이고 상징적인 공간이 행위의 생산에 부닥칠 때 그 공간을 어떻게 조명할 수 있는가? 어떻게 이런 작동 메커니즘을 설명할 것인가? 하여 곧바로 나는 공간과 행위가 결부되는 두 가지 핵심 의미를 가지고 시작하겠다.

첫 번째 의미에서(이는 스위들러의 '정보처리' 메타포와 여전히 합치되는 의미이기는 하지만, 공간에 대한 정보처리와 해석적 방향설정이 의식적 자각이나 숙고를 수반하지 않을 수도 있는 경우에다가 예의 정보처리 모델을 적용한 것이다) 공간은 문화적 레퍼토리가 쓰도록 내놓은 재료를 통해, 분위기 · 대상, 그 밖의 장면적 특성을 통해, 그리고 이들 재료가 사용자 · 거주자로 하여금 공간 안에서 '적절한' 행태의 반응을 하도록 정보를 마련해줄 수도 있는 방식을 통해 특수한 문화적 레퍼토리의 사용을 조장할 수 있다. 두 번째 의미에서 공간은 또한 문화적 레퍼토리의 정보처리 내포를 넘어, 나아가 기억 · 신체 · 감각에 호소하는 방식을 통해 덜 합리적인 적응 행위의 형태를 유발할 수 있다. 이 두 가지 의미와 관련해 열쇠는 음악, 좀더 폭넓게는 소리이다. 아마도 공간(미적인 공간)은 흔히, 아니 언제나 청각적이기 때문이다(반향이 없는 실내공간에서의 존 케이지의 실험[Cage, 1961, 8쪽]을 참조할 것).

정보의 비가시적 원천?

음악의 사회심리학자들은 주로 실험과 준실험에 의한 연구방법을 통해 소리와 행위의 경험적 증거자료에 관심을 가져왔다. 이런 맥락에서 탐구된 가장 비근한 '공간' 가운데 하나는 이것저것 구매하고 구경 다니는 행태에 음악이 영향을 미치려고 계획적으로 안배되어 있는 소매점 공간이다(DeNora, 2000, 제5장을 볼 것).

소매점 공간은 스스로 발견케 하는 데 딱 맞는 유용한 사례다. 분명한 조직 목표 및 하위 목표—물자 조달과 이윤 축적, 명성의 형태로 된 상징자본의 축적('근사한' '최신 유행의' 혹은 '신뢰할 만한'과 같이)—와 결부된 무대장치는 특수한 행위형식, 조직적으로 선호되는 행위형식을 유발하도록 공간을 구조화하는 것이 가능한지 여부를 감안하고 있다.

예를 들면 와인 저장실에서 실시된 한 연구에서(Areni와 Kim, 1993) 음악은 구매 행태와 결부되어 있었는데, 이는 와인의 판매량보다는 개인의 구매액과 결부되었다. 클래식 음악이 연주되었을 때 고객이 인기순위 40위 음악이 연주되었을 때보다 더 비싼 와인을 구매했던 것이다. 음악과 광고에 초점을 맞춘 매키니스와 파크(MacInnis와 Park, 1991)의 좀더 이른 작업으로 다시 돌아가면서, 아레니와 킴은 고객이 지각된 주변 분위기에 구매 행태를 꼭 '맞추기' 위해서 구매 행태를 알맞게 적응시켰다고 제언했다. 좀더 자세히 말하자면 고객은 음악에 의해 제공된 상황적인 단서에 반응했다. 음악은 사회적 무대장치 안에서 의미 만들기(sense-making)를 위한 자원을 마련해주었다는 말이다. 음악은 특수한 행위 전략과 진로에 꼭 맞는 공간으로 공간을 배치하는 데 기여했으며, 음악의 구조화하는 힘은 이런 역량으로 태도 가운데 '드러났다'.

추론해보건대, 어떤 와인 매장에서 배경음악으로 모차르트가 흘러나오건마는 과연 큼직한 '매드 도그(Mad Dog) 20/20'한 병을 점원에게 달라고 할 자리가 아닌 듯 위화감을 느낄 법하도다! 행위자가 모종의 방식으로 음악과 상통하고 연관관계를 맺는다면 음악은 행태(behaviour)가 '행위'(action)인 한에서, 즉 진행과정에서 의미 있게 지향된 행위인 한에서 행태를 가능케 할 수도 있고 제약할 수도 있다.

꼭 맞는 '적합' 개념은 행위자가 특수한 단서를 가늠해보며 적절해 보이는 것에 따라 행태를 조절할 때 문화적 레퍼토리가 어떻게 소환되기에 이르는지 눈에 띄게 강조하는 데 기여하는 개념이다. 이런 점에서 음악은 또다시 특별하다. 왜냐하면 어떤 주어진 공간의 특정 지역에 한정된 대상과 같지 않게 음악은 주변 온도, 조명이나 향기처럼 공간 곳곳에 두루두루 스며들어 있기 때문이다. 그렇다면 음악은 계속 들리는 한에서, 공간의 **총괄적인 조건**이다.

이런 의미에서 음악은 공간 지각을 틀 짓는 데 도움을 줄 수 있다. 아레니와 킴이 서술한 연구에서 그랬듯이 말이다. 음악은 행위자가 맨 처음엔 덜 명백한, 공간의 또 다른 특성, 예컨대 소매점의 경우 공간 곳곳에 진열과 구매를 위해 배분된 물건에 유념하는 방식을 미리 **가르쳐놓을** 수도 있다. 그래서 고급문화를 내포한 음악은 고급스런 상점으로서의 공간과 물건을 '고지'할 수도 있는 것이다. 따라서 공간의 미적인 배치는 정보를 마련해준다. 공간의 미적인 배치는 행동의 유형과 스타일에 대해 단서를 제공하며, 매장과 슈퍼마켓에서 실시된 여러 다양한 사회심리학 실험은 인간 존재들이 선택 또는 경쟁 노선의 태도를 끌어들이는 행태에 관여할 때, 어떻게 흔히 알지 못하는 사이에 이 단서에 방향을 맞추는지를 밝혀주는 것으로 보인다.

음악 양식과 장르는 그것들이 전파되는 공간에 대한 단서를 마련해준다. 이와 같은 단서가 태도의 수정 또는 편성과 결부되는 것으로 해석되고 간주될 수 있는 한에서, 음악을 행위의 한 조건으로 이야기해볼 수 있다. 여기서 태도의 수정 또는 편성 사례는 다음과 같은 상호 관계된 사항을 포함한다. 태도 양식의 변경(예를 들어 조용하거나 음울한 양식 대 시끌벅적하고 기운찬 양식), 행태적인 수정(큰소리를 내며 방으로 들어오다가 재빨리 자신의 말소리 크기를 줄이는 행위자), 혹은 페르소나/배역, 마치 어떤 행위자가 상호작용이 지속되는 동안 자신의 행태를 통해 그/그녀가 누구인지 혹은 누구'임' 직한지에 대해 모종의 약속적인 혹은 식별 가능한 정보를 은연중에 풍길 때처럼 말이다(예를 들어 내과의사는 상담 동안에는 친절한 혹은 배려하는 페르소나를 보이다가 실제 진찰을 하는 동안에는 냉담함 페르소나로 바뀐다).

동시에 이런 수정 · 편성에 대한 연구는 태도로서의 행태, 즉 막스 베버의 의미에서 사회적 행위,[8] 바로 의미 있게 지향된 행위로서의 행태를 조명해준다. 행위자가 의식적으로든 조금 비인식적으로든, 자신의 바깥에 놓여 있는 것으로 지각하는 것과 관련지어 모습을 갖추는 행위를 조명해준다. 예를 들면 아레니와 킴이 서술한, 그리고 노스, 하그리브스와 매켄드릭(North, Hargreaves, McKendrick, 1997)이 서술한 와인 소비자는 구매 행태와, 그들이 주변 분위기로 지각한 것(의식적인 자각의 정도는 가지가지다) 사이에 꼭 맞는 '적합'을 확립한다. 비판적으로 볼 때 예의

---

8) 막스 베버의 사회학이 해석 대상으로 삼은 사회적 행위는 심리학의 연구 대상으로서의 '행태' 내지 '습성'과 그리 명확히 구분되지 않는 경우가 많다. 베버 자신도 중요한 의미를 갖는 인간의 활동 가운데 대부분은 의미 있는 행위의 경계점에 놓여 있음을 인정한다.

경우에서 확립된 '적합'은 일방적인 수정을 통해 성취된다(소매점 공간에 들어갈 시 행위자는 지각된 맥락에 꼭 맞추도록 자신의 행태를 수정했다). 그렇다면 여기서 음악적 공간은 행위자의 사회적 반응을 '배치'하는(실은 통제하는) 것이라고 이야기해볼 수 있으며, 음악적 공간이 행위를 구조화하는 구성 요인이 될 때의 미적인 환경을 알아보는 것도 가능하다. 이런 주장의 함의는 여기서 더욱더 발전될 가치가 있다. 그 이유는 사회심리학자에 의해 발전된 바 있는 '적합' 개념은 제언하건대 사회학적 빙산의 일각일 뿐이기 때문이다.

다장조에 대한 공감

인간은 상황의 미적인 기조(基調)와 부합하는 경향을 갖고 있는 것으로 보인다. 반드시 의식적인 것은 아니지만, 가령 우리가 마음을 쾌활하게 하려고 노력할 때 하는 행동을 보면 그렇다. 흔히 우리는 어떠한 의식적 노력 없이도 무대장치에 꼭 '맞는' 감정 및 체화된 양태 속에 빠져 있는 자신을 발견한다. 우리는 힘을 합해 서로 조화를 이루는 협조——다른 사람과의 협조만이 아니라 주변 분위기 속에 넌지시 비추인 행위의 함의와의 협조——를 위한 인간의 역량을 긍정적으로 가정하고 싶은지도 모르겠다.

이와 같은 역량은 리스먼(David Riesman)이 처음 서술한 바 있는 타인 지향성(other-directedness)[9]이라는 좀더 비판적인 발상을 훌쩍 넘

---

9) 미국의 사회학자 리스먼이 『고독한 군중』(1950)에서 제시한 개념으로, 제2차 세계대전 이후 미국에서 개인의 사회적 성격을 지칭한다. 이때 '사회적 성격'은 한 사회

어 확장된다. 협조를 위한 거의 타고난 경향성은 우리의 사회적 숙련기술의 일부이자, 우리로 하여금 집단적 공동작업을 성취하도록 협동하고 합주(合奏)할 수 있게끔 하는 것의 일부이다. 이런 협조를 위한 역량은 의미 만들기를 훌쩍 넘어 확장되며, 또한 언어적·합리적으로 규정되었던 것(예컨대 '당신은 저것을 책임지고 난 이것을 책임지겠다')을 행하는 능력도 넘어 확장된다. 그것은 좀더 체화되고 암묵적인 사안으로 확장되며(예를 들어 우리는 다른 사람에겐 부담이 너무 과중하다는 느낌을 가질지도 모른다) 또 미적·양식적 사안으로도 확장된다(이걸 어떻게 연주해야 할까. 부드럽게, 아니면 문득 무겁다는 기분이 들 것 같은데).

이런 협조를 위한 역량이야말로 소매점 아울렛과 같은 조직이 뛰어나게 사용하는 것이다. 추구되고 있는 것, 때로는 성취되고 있는 것은 그야말로 우리를 부추겨서 감정 노동에 종사하도록 이끄는 것이요, 존재/행위에 대한 문화적 재현 내지 양태와 협조하는 일에 협력적으로, 그리고 신체적으로 종사하는 것에 다름아니다(제4장을 볼 것). 우리는 상황과 공간을 지각할 때 꼭 맞게 우리 자신을 '적합'시키고자 한다. 사실이 그렇다고 해서 우리가 언제나 이것을 하고 있는 것은 아니다. 우리는 특수한 장면적 함의에 저항할 수도 있고 특정 공간에서 행해질 수 있는 것을 수정하고자 할 수도 있다. 그러나 우리는 (특히 피로하거나 불확실하거나 하찮은 존재 같은 기분이 들 때 또는 무심할 때) 흔히 음악과 같은,

---

의 구성원이 사회로부터 요구받는 주위 세계에의 동조 양식을 의미한다. 리스먼에 따르면 비록 현대 미국 사회에서 개인의 사회적 성격이 경쟁 심리에서 비롯된 '타인 지향적' 성격을 띠게 되었다고는 하나, 이 역시 권력과 대중매체가 조장한 동조적 행위 유형의 하나일 뿐이다.

특정 문화적 재료에 의해서 정박된 레퍼토리 속에 빠져 있다.

사회심리학자인 노스와 하그리브스가 실시한 조사연구(North와 Hargreaves, 1997)는 음악의 힘을 강조하는데, 이때 음악의 힘은 (불확실성에 직면해) 구매 행태가 구성되는 구조화된 환경을 마련해준다. 그들의 작업은 상이한 유형의 음악이 어떻게 (앞서 인용한 구절에서 란차가 쇼펜하우어를 통하여 서술하듯이) 진열된 제품의 지각과 구매욕을 틀 지을 수 있는지를 나타낸다. 상투적인 프랑스 음악이 있는 자리에서 (아코디언, 파리의 작은 술집), 행위자는 자신의 행위의 원천을 의식하지 못한 채 앞쪽에 진열된 독일 와인보다 프랑스 와인을 선택할 수도 있다. 역으로 독일의 움파 뮤직(um-pa)[10]이 흘러나올 때, 동일한 행위자는 독일산을 고를 수도 있다. 요점은 그런 행위가 주변 분위기에 맞춘 것이며, 주변 분위기는 음악을 통해 정박되어 있다는 것이다. 노스와 하그리브스가 관찰했듯이 여기서 음악은 소비자가 어느 제품을 살지 모르거나 자신이 없을 때, 즉 어떤 아이디어(들)나 계획 또는 구매 환경에 대해 미적 지향성의 견지에서 행위를 이미 정박시키지 않았을 때, 실로 훨씬 더 기능한다.

이런 상황에서 음악적으로 전면에 내세워진 행위의 노선은 (부지불식간에 어떤 행위나 결심을 유발하는—옮긴이) 암시의 공간적 배포에 의해서 더욱더 구조화되어 있다. 또한 물리적 환경은 '선택'을 구조화하려고 획책되기도 한다. 이때 선택은 감정적 행위 형태는 아니더라도 일종

---

10) 독일 바이에른 지방 민속음악의 한 유형을 일컫는 데 사용되는 속어. 호프브로이 같은 맥주집에서 주로 금관악기(튜바·트럼펫·색소폰 등)로 이루어진 밴드가 연주하는 음악이다.

의 하위 논리적 · 미적인 행위 형태로 간주되는 것이 더욱 좋다. 게다가 그것은 조리 있고 정연한 행위 형태이며, 슈퍼마켓 와인 부문의 고도로 구조화된 미적 · 물질적 환경 안에서 얼마나 이치에 맞는 행위 형태인지 모른다. 여기서 선택은 환경적으로 함의되어 있는 태도방식과 유사 의식적으로 협조하는 것이다. 그게 아니라면 음악은 매우 명제적인[11] 방식으로 고객에게 한 제품을 다른 제품보다 더 즐기는 쾌감을 '상기'시킬 수도 있다. 그렇다면 여기서 음악은 (비록 명제적인 정보는 아닐지언정) 정보가 되며, 그 자체로서 태도의 노선을 '암시'할 수도 있다(예를 들면 '회상하라. 독일 와인을').

　이런 경우 가운데 어느 경우에서도 음악은 다른 무엇이 아닌 어떤 것에 대한 지각을 틀 짓는 데 도움을 줄 수 있다. 다시 말해서 음악은 지각 및(또는) 정보처리일 수도 있으며, 어떤 무대장치의 몇몇 특성에 대한 인식을 눈에 띄게 강조하거나 억제할 수도 있다. 그래서 이를테면 독일 와인은 독일음악이 그것을 '시사'할 수도 있는 방식으로 말미암아 전면에 내세워진 것으로 '보일' 수도 있다. 아니면 (일이 잘못되는 바람에) 음악은 어떤 무대장치의 모종의 결함을 강조하는 데 소용될 수도 있다. 순수하게 가설적인 사례를 하나 들자면 (앞서 언급했던 쇼펜하우어로 다시 한 번 되돌아가서) 붐비는 패스트푸드 햄버거 가게에서 흘러나온 쇼팽의 장송행진곡은 소비자의 식욕을 잃게 만들지도 모른다. 왜냐하면

---

11) 원문 'prepositional'은 'propositional'의 오기인 듯하다. 명제가 논리적 판단 내용이나 주장을 언어나 기호로 표현한 것처럼, 음악은 예컨대 독일 움파 뮤직이 독일 와인에 대한 기호를 '지시' 또는 '시사'할 수 있는 것처럼 어떤 상품에 대한 기호(嗜好)를 '상기'시키는 기호로 기능할 수 있다(본문에서도 곧장 음악의 '기호적인' 내용에 대한 언급이 나온다).

(음울한, 구슬픈, 느린) 장송행진곡의 내포가 패스트푸드의 미적 특질에 대한 관습적인 생각, 즉 활기차고 빠릿빠릿한 서비스와 소비의 종합이라는 생각과는 뚜렷이 대비되기 때문이다. 좀 덜 가설적인 사례가 (비행 중의 음악과 관계해) 필자의 이전 저작(DeNora, 2000)에 서술되어 있다. 예컨대 몇몇 노래는 비행 중의 여흥거리에서 금지되고 있는데, 그 이유는 단지 그 노래가 (비행 중 하늘에 떠 있는) 바로 그 공간의 의미를 불안하게 하는 방식으로 다시 틀 짓거나 정박시킨다는 생각 때문이다. 비행기 여행과 관계된 쟁점은 테러리즘과 좀더 강하게 연합되어 있으므로 고조된다.

음악이 멈춘 후에도(가령 고객이 구입품을 집에 가져가서도) 미적인 환경과 그것의 구조화하는 역량은 태도에 중대한 영향을 끼칠 수도 있다. 자세히 말하자면 매장 안에서 이루어진 구매 결정이 제품을 소비할 때의 태도 속으로 통합되기에 이르는 방식(그때가 되면 무엇을 먹으려고 요리하거나 선택하는지, 저녁식사에 어떻게 옷을 입을지, 혹은 이런 일에 몰두할 때 어떤 심경이 되는지)에 중대한 영향을 끼칠 수도 있다.

아닌 게 아니라 정말로 이런 논점은 다음과 같은 물음을 제기한다. 어떻게 행위자는 하나의 장소·상황·장면에서 그 다음 장소·상황·장면으로 스스로를 번역하는가? 어떻게 행위자는 좀더 이른 퍼포먼스나 태도를 좀더 이후의 무대장치와 장면 속으로 성찰적으로 편입해 들일 수도 있는가? 어떻게 행위자는 상이한 시간과 공간을 좀더 큰 구조 속으로 다 함께 꿰려고 시도할 수도 있는가? 이런 쟁점을 이야기하는 것은, 어떻게 계제 A의 행위나 '선택'이 계제 B·C·D를 위한 레퍼토리 혹은 작동방식(modus operandi)을 제공할 수도 있는지 이야기하는 것이다. 또한 행위자는 하루, 한 주, 또는 한평생에 걸쳐서 그들이 헤쳐 나아가는 공간으로부터 새로운 전략을 입수해 조금씩 익히거나 학습할 수도 있다. 그리하여 장면 A 안에서 행위의 수정은, 어떤 새로운 스타일이나 태도 선택권이 학습되든지 재발견되든지 둘 중 하나일 때 또 다른 장면에서 수두룩한 수정을 초래할 수도 있다.

여기에서 비판적인 것은, 어떤 태도 선택권 내지 스타일, 그것의 안배(가령 "오늘 밤은 프랑스 스타일보다는 독일 스타일로 하지요")가 친숙하고 개괄적이고 관습적인 어떤 것에 대한 행위자의 재인식에 의존하고 있다는 점이다. 그렇다면 음악과 태도 사이에 꼭 맞는 '적합'이 확립된 한에서, 우리는 재인식 가능할 정도로 음악의 기호적인(semiotic) 내용을, 특히 다른 것을 관련지을 수 있는 음악의 능력(이 경우 또 다른 존재/선택 양식과 상이한 존재/선택 양식, 즉 독일 대 프랑스)을 이야기할 수 있겠다. 그렇다면 태도를 구조화하는 (혹은 구조화하는 데 기여하는) 음악의 역량에 대한 책임은 이런 **친숙성**에 있다. 친숙한 태도의 노선이나 친숙한 존재 양식을 암시할 때, 행위자는 의식적으로든 아니든 지각하고 있는 어떤 것을 재인식하며 결국엔 저 친숙성에 감응한다. 이는 그야말로 관습적으로 촉진된 행위에 다름 아니다. 그렇다면 여기서 음악은 적어도 사회적으로 공유된 것의 가상에 보조를 맞추기 위한 단서 가운데 하나이다.

우리는 음악이 그것을 듣는 사람에게 단지 '조건반사를 일으키게' 하거나 어떤 결정론적인 방식으로 그들을 '통제'한다는 아도르노의 발상으로부터 많은 진전을 보았다. 그와 대조적으로 음악은 행위수행자가 실시간 일상생활에서 상투적으로 의미 만들기 절차에 종사할 때 기댈 수 있는 매체이다. 음악은 그것이 감응되는 한에서, 즉 행위의 한 조건으로 참여자에 의해 재인식되는 한에서 오로지 성찰적으로만 행위를 구조화한다. 우리가 흔히 태도(와 감정)의 방향을 음악적 무대장치에 맞춘다는 것은, 의식을 생략하는 방식으로 음악을 처리하는 우리의 경향으로 말미암은 것일지도 모른다. 음악은 아마도 일상생활의 공간에서 모르는 사이 서서히 퍼지는 아주 음험한 매체이며, 이런 이유 때문에 다음의 물음을 제기하는 비판적인 관심사에 속한다. 어떻게 음악은 공간 안에서, 특히 공적 공간과 유사 공적인 공간 안에서 안배되는가에 대한 물음이 그것이다(음악적 의미 만들기와 관계된 '일'에 대한 좀더 자세한 논의에 대해서는 DeNora, 1986b를 볼 것).

바로 여기에서 '적합'이라는 발상이 아도르노의 작업과 관계해 고찰될 수 있다. 특히 대중음악의 '사이비 개성화'에 대한 아도르노의 분석이 가장 이치에 맞는 곳이 바로 여기이다. 아도르노는 유행가가 친숙하기도 하고 또 친숙하지 않기도 하다고 제언했다. 유행가는 서로서로 표면적인 차이를 제공하면서도 판에 박힌 방식에 순응해야 해야 한다는 말이다. 오히려 특수한 패션(가령 공식적인 이브닝드레스, 요즘 유행하는 헤어스타일이나 컬러)을 따르는 개인들의 집단이 특수한 이미지에 잘 순응하면서도 그와 거리가 있음도 보여주고자 하듯이 말이다. 일종의 개성화된 순응이라고나 할까. 리처드 미들턴은 이런 과정과, 그 과정이 어떻게 사전에 만들어진 음악 장르의 영역을 주입시키는지를 언급한다.

어디에나 있는 대중음악의 편재성과 대대적인 규모의 프로덕션 때문에, 일련의 관습적인 음악 색깔(스페인풍·전원풍·카우보이·블루스·히피·펑크 등)을 집단 정신 속에 확립시킬 수 있다. 편곡자와 프로듀서는 기성품으로 이미 다 만들어져 있는 겉치장을 하기 위해서 필요한 기법 장치를 필요할 때마다 들어올리기만 하면 된다. ……어떤 의미에서, 수많은 텔레비전 광고가 증언하듯이 어떠한 것도 (심지어 모더니스트의 불협화나 펑크의 안티 보컬 노래도) 클리셰가 될 수 있고 사이비 개성이 될 수 있다. 그러나 오늘날, 아니 1930년대를 놓고 보더라도 아도르노가 획일적인 법칙이라고 추론해낸 것을 정당화하는 틀림없는 경향이란 도대체 무엇인가?(Middleton, 1990, 50쪽)

미들턴은 이 물음에 대해 자신의 답변을 부정적으로 틀 짓는다. 대중음악을 열심히 살펴보면 볼수록 그것은 더욱더 차별화된 것으로 보인다. 미들턴은 논하기를, 아도르노가 대중음악을 관찰하려고 선택한 거리를 놓고 볼 때, 즉 아도르노의 '추상주의'(Middleton, 1990, 54쪽)를 놓고 볼 때 얼마간 대중음악은 아도르노에겐 획일적이고 동질적으로만 보일 따름이다.

아도르노의 저술이 특정 노래에 대한 분석을 결여하고 있다는 사실은 그가 현실의 곡에 대해 말하고 있는 것인지, 이념형일지도 모르는 것을 말하고 있는 것은 아닌지 알 수 없음을 의미한다. 사실상 아도르노의 마음속에는 일종의 원형 유행가가 있는 것으로 보인다. 그 원형 유행가에는 어떤 실제 노래도, 아무리 표준화되어 있는 노래라 할지라도 완전히 순응할 수가 없다.(Middleton, 1990, 54쪽)

그에 반해 미들턴은 아도르노가 그토록 멸시한 '표준화'가 '세계음악'의 맥락에서는 더 나을지도 모른다고, 즉 덜 경멸적으로 말해서 '정형화'된 것으로 여겨질 수도 있다고 제언한다.(Middleton, 1990, 55쪽) 미들턴이 적고 있듯이(제1장에서 논의했듯이) 많은 민속음악만이 예측 가능한 빤한 패턴을 따르는 것이 아니라, 상당히 많은 서양 예술음악도 그러하다. 미들턴은 계속 제언하기를, 아도르노의 분석은 '천재' 개념을 찬미하는 베토벤 이후의 음악적 가치체계, 즉 변혁적인 미학(판에 박힌 방식을 깬다는 관념)이 고이 모셔지는 가치체계에 물들어 있다. 이와 같은 가치체계가 놓친 것은, 제약하는 것만이 아니라 가능케 하는 관습의 가치, 바로 사회적으로 공유되고 촉진된 조정(調整), 집단적으로 공유된 행하기 방식에 대한 강조이다. 미들턴의 아도르노 비판을 따르되, 그 비판을 조직적인 관리 문화 안에서 음악의 역할이라는 쟁점에 적용하면, 문제적인 것은 판에 박힌 방식 자체가 아니라고 제언할 수도 있겠다(프랑스 치즈에 반응하는 방식이 수없이 많은 만큼, 프랑스 아코디언 음악에 반응하는 방식도 수없이 많을 수 있다).

오히려 현안의 쟁점은, 개괄적인 판에 박힌 방식이 사회적 시공간 안에서 사용되고 깃들여지게 되며 그리하여 그 방식의 수용 및 사용이 특정 방식으로 구조화되기에 이르는 양상이다. 예를 들면 슈퍼마켓 안에서 프랑스 스타일 음악에 대한 무수한 반응이 있는지 여부는 상관없다. 개인이 이 음악을 들을 때 도대체 무엇을 회상하거나 느낄 법한지도 상관없다. 오로지 상관 있는 것은 이런 오만 가지 반응이 지금 여기에서 프랑스 와인을 선호하는 구매 결정이라는 한결같은 풍습으로 표현되기에 이른다는 사실이다. 그와 같은 행위의 성립은, 미적인 환경을 통해서 음악이 대상과 상징적 의미의 좀더 폭넓은 연결망 안에 깃들여지게 될 바로 그때의 음악을 조명하는 데 기여한다. 뿐만 아니라 음악이 어떻게 정박시키는 매체로서 복무할 수도 있는지, 좀더 일반적으로는 음악이 어떻게 어떤 장면적 공간의 일부인지 조명하는 데 기여한다.

우발성과 미시적 의미

이제껏 음악과 통제의 쟁점은 '총괄적인' 상수(常數)로서의 음악, 즉 행위자가 행위를 편성하고 행위에 관여할 때 방향을 맞출 법한 조건으로서의 음악을 다루어왔다. 이는 한정된 공간 안에서, 음악이 '공간을 채우는' 실내 환경에서(예를 들면 스피커나 앰프를 통해서 음악이 공간에 널리 중계될 때) 음악을 사유하는 적절한 길이다.

그와 동시에 음악은 총괄적인 '상수'가 아니다. 음악은 시간적 매체라는 점이 간과되어서는 안 된다. 즉 조명(특히 가게 앞에 유리가 없는 개별 매장이 늘어선 실내 쇼핑몰 안에서), 자동 온도조절 장치로 통제된 온도나 (보다 적게는) 매장 내의 향기(가령 다양한 냄새의 옷·방향제·공기 청정기)와 같지 않게, 시간적 매체로서 음악의 측면은 음악 특유의 음악적 속성 가운데 하나이다.

광범위한 여러 문화와 시대에서 대체로 음악은 시간이 흐르면서 그것이 생산한 소리의 변주(변화)를 통해서 이해된다. 이런 의미에서 음악은 (실내) 공간의 가장 역동적인 총괄 조건 가운데 하나임이 정녕 틀림없다. 실은 동일한 정도의 시간 흐름에 의해 특징지어지는 공간의 또 다른 조건은 모두 (가령 대화와 신체의 움직임, 개인의 자유로운 연상작용 또는 주의집중의 변화무쌍한 대상은) 상호작용적으로 생산된다. 성격상 음악은 본디 시간적인 본질을 지니는, 유일하게 미리 규정된 공간의 미적인 재료임에 정녕 틀림없다. 이렇기 때문에 행위자는 음악을, 그에 기대어 활동이나 주목의 시간 흐름이 구성되는 매체라고 언급할 수 있다.

예를 들면 음악적으로 시간화된 공간 안에서 음악과 상호작용하고 동조할 때의 주체-신체들을 따라가볼 수 있다. 춤 동작만이 아니라 단지 손가락으로 딱딱 소리를 낸다거나 발끝으로 톡톡 두드리는 손발의 움직임이나 몸놀림의 세상사적인 안무 스타일은 몸을 움직이거나 가누는 자세, 흐르는 듯한 움직임이나 토막토막 난 움직임의 정도, 운동의 빠르기와 리듬, 환기 수준 등(예컨대 근육의 긴장, 에너지, 초점의 정도, 경우에 따라서는 맥박·혈압·호흡·체온과 같은 생리학적인 사안)을 포함한다.

사회심리학의 다양한 소비자 조사연구는 음악과 환기 수준 사이의 연결고리를 강조해왔다. 비록 어떤 매장이나 기타 상업적 무대장치에서 보낸 시간과, 배경음악(ambient music: 공공장소에서 제공되는 조용하고 은은한 음악-옮긴이)의 템포 사이의 통계적인 상관관계는 대강 거칠게만 건드릴지라도 말이다.(Milliman, 1982; 1986; Smith와 Curnow, 1966; 이런 작업에 대한 논의는 DeNora, 2000과 North와 Hargreaves, 1997을 볼 것) 여전히 남아 있는 것은, 뒤에서 서술하듯이 어떤 특수한 무대장치 안에서 보낸 음악적·경험적 시간을 사상하려 시도하는 것이다. 즉 거기서 일어날 법한 진동을 탐사한 다음, 이런 진동을 실시간에 주관성 및 행위수행의 형성과 연결시키려는 시도 말이다.

상이한 음악적 환경 안에서(시간이 흐르면서 음악적으로 수정될 때의 환경 안에서) 우리는 상이한 존재 유형이 될 수도 있고 되기도 한다. 이런 존재는 우리의 주관적인 자아감과 동기감(動機感)을 위한 기초와 결부되며 또 그 기초를 마련해줄지도 모른다. 예를 들면 어떤 사람은 가슴이 마구 뛰는 자신을 우연히 맞닥뜨리고는 이 과정을 사랑, 두려움, 들뜬 기분 등의 느낌으로 다양하게 식별할 수도 있다. 달리 말해서 우리는 체화된 행위자로서 스스로 처해 있는 상태에다 의미를 귀속시킴으로써 문화적 해석에 관여하는 일을 할지도 모른다. 이런 의미에서 신체는 사회적 행위를 선도할 수 있다. 신체는 신체가 처해 있는 상황(행위의 흐름을 의미 있게 그려놓은 일정한 경로가 실제로 시행되는 상황)을 정의하는 자원 가운데 하나로서 복무할 수 있으므로 그러하다. 우리는 "이것은 심장에서 비롯된 것이야"라고 말할지도 모른다. 우리의 감정적, 체화된 존재가 어떻게 특정 행위를 움직이게 만들 수도 있는지를 언급하기 위해서 말이다.

시간을 통과해 흘러가는 음악은 문화적 내포를 지닌 관계항을, 즉 음악에 기대어 실시간 체화된 주관성이 모습을 갖추는 그런 관계항을 마련해줄 수도 있다. 그리고 신체적 표명이 그 자체로 모습을 갖추게 되면 그 모습은 문화적·물질적(예를 들어 음악적) 환경과 상호작용하는 신체적 표명의 주체−소유자에게 알려지게 되기에 이른다. 여기서 다시금 우리는 음악과 그 효과에 대한 아도르노의 애초 결정론적인 개념구상과 좀 멀찌감치 떨어져 있다. 우리는 배경음악, 체화, 자기 지각, 실시간의 행위 양식/행위 진로와, 사회적·물질적·문화적·기술적 공간 사이의 연결고리를 연구할 수 있겠다. 실은 바로 이러한 일련의 연결고리야말로 배경음악의 공급자가 이론화에 실패하는 일이 다반사일지라도 한껏 활용하는 것이다.

일정시간 동안 음악과 시공간적 경험

나는 이전 작업(DeNora 2000)에서 일정시간 동안 변화하는 음악의 패턴과, 시간 속의 음악 특유의 특성을 나타내는 음악적 제시가 어떻게 다음과 같은 각별한 음악적 맥락을 창출하는 데 사용될 수 있었는지 서술했다. 행위·감정·체화의 몇몇 형태가 다른 것은 억제되는(제약되는

/유발되지 않은) 데 반해, 더 눈에 띄게 강화되기에(가능케 되기에/유발되기에) 이른 음악적 맥락이 그것이다. 에어로빅 음악의 소비 사례에서 대부분의 시간 동안 사람들은 마치 정보 또는 '의미 있는' 매체이기나 한 것처럼 음악에 유념한 것은 아니었다. 오히려 음악은 수용자가 좀더 신체적인 방식으로 지각한 매체였다. 이때 수용자는 음악의 속성에 반응하는 신체로서, 즉 음악의 '사용자'(혹은 음악에 의해 사용된 자)로서 음악을 지각했다. 에어로빅에 사용된 노래는 강습 참여자가 미적인 대상으로 소비하거나 재인식한 노래가 아니었다(실제로 대부분의 참여자는 강습이라는 맥락을 벗어나면 그 노래를 회고하거나 재인식하지 못했다). 오히려 음악을 소비하고 음악에 반응하는 방식은 집중된 의식에게는 말초적인 방식이었다.

지각과 관계해 무자크(muzak)[12]의 역할에 대한 조셉 란차의 서술은 이런 논점을 훌륭하게 포착한다.

"분위기를 내는 음악(mood music)은 말초적 듣기를 조장하기 위해 음악을 생김새부터 밑바닥까지 바꾸었다. 정신분석학자들에 따르면, 그런 음악은 우리의 주목을 음악의 명백한 내용으로부터 음악의 좀더 초현실적인 잠재된 내용으로" [옮겨놓는다고] 즉 "우리 자신의 리듬 및 논리는 안중에도 없는 리듬과 논리를 가지고" 바꿔거나 나아갈 수도 있는 내용으로 "옮겨놓는다고 말해도 좋겠다."(Lanza, 1994, 3쪽)

예를 들면 에어로빅 활동 안에서 리듬과 전조(轉調)는 참여자를 계속

---

12) 쇼핑몰, 잡화점, 백화점, 전화 시스템(발신자 대기음), 공항, 치과 병원, 엘리베이터 등지에서 흘러나오도록 적당히 편곡된 대중음악을 말한다. '이지리스닝' 형태의 부드럽고 조용한 경음악을 포괄하는 총칭으로 쓰는 경우가 많다.

움직이도록 촉구하는 방식으로, 피로에 대한 자각을 최소화하는 방식으로, 그리고 가상적인 감각을 창출하는 방식으로 쿵쾅거리거나 혹은 시간을 일괄하기 위해 노력하는 경우가 많았다. 가령 '위를 향해'(최고점에 가까워지기) '아래를 향해'(쉽게 미끄러지기) 혹은 '열린 공간' 대 '닫힌 공간' 속으로 공간을 헤쳐 나아가는 식이다. 나는 어떻게 음악이 신체를 촉구함으로써, 신체 활동을 동조시킴으로써 이를 했는지, 그리하여 체화된 태도가 음악의 구조와 동시에 진행되기에 이르도록 했는지 서술했다. 이런저런 방식으로 음악은 (언제나 청자 방향설정에 따라서) 수용자를 특수한 진로로 끌어들일 수 있는 매체를 제공한다. 특수한 진로라 함은 행위수행의 양태·스타일·형태를 의미한다. 물론 '수용자를 특수한 진로로 끌어들이기'를 이야기하는 것은 수용자의 현 진로, 체화되고 주관적인 존재의 현 양태를 수정하는 것을 이야기하는 것이기도 하다. 뒤에서 음악치료의 사례를 참조할 때 이 논점으로 되돌아올 것이다.

제3장과 제4장에서 보았듯이 음악은 청자에게 과거의 사건을 상기시킬 수 있으며 좀더 개괄적인, 사회적인 존재방식을 상기시킬 수도 있다. 음악은 또한 느낌 상태를 구성하고 체화된 활동을 조직하고 행할 수 있는 관계항으로 소용될 수 있다. 에어로빅 조사연구는 예의 음악이 신체적 재교정(再較正)을 촉진하는 데 사용될 수 있다는 것을 알아냈다. 또한 체화된 청자가 음악의 리듬과 동조되거나 그렇지 않으면 음악의 구조적 특성과 때로는 내포적 특성과 보조를 맞추게 될 때 이런 과정이 일어난다는 것을 알아냈다(언제나 청자가 그러한 특성을 지각하는/방향을 맞추는 한에서만). 에어로빅 조사연구는 음악을 사용해 45분 강습 시간의 맥락에서 분명히 가시화될 수 있는 어떤 것, 신체를 (그리고 신체

상태에 대한 자기 지각을) '속이는' 것이 가능함을 알아냈다.

달리 말해서 음악은 그에 기대어 육체적 · 주관적 존재가 모습을 갖추는 틀을 마련해주며, 실시간에 시시각각 주체에 의해 성찰된다. 따라서 음악은 실시간에 육체적 · 감정적 변화의 도구이며, 음악이 촉진하는 기분 · 정서 · 신체 태도의 패턴 전반은 행태 · 태도 · 사회적 행위의 진로와 결부될 수도 있다. 음악적으로 촉진된 활동의 실시간 '단위'는 제4장에서 서술했듯이 한순간, 단 몇 초('음악적 순간')일 수도 있다. 또는 동료나 친한 친구 사이의 한두 시간일지도 모른다.(DeNora, 2002b) 아니면 작업 현장에서 하루의 근무시간일 수도 있다. 그러한 사례는 다음에서 고찰될 것이다.

요점은 단순히 이러하다. 음악은 시간을 헤쳐 나아가고 일정시간 동안 변화함에 따라 음악이 흘러나오는 환경 안에서 주체 · 신체가 방향을 맞추고 스스로를 배치하는 도구를 마련해준다. 이런 점에서 음악은 주변 분위기를 재배치하기 위한 강력한 수단이며, 그것도 실시간에 공간에 대한 주관적인 방향 설정을 바꾸는 힘을 갖는 방식으로 그러하다. 이와 같은 한에서 음악은 사회적 질서 짓기와 사회적 통제의 장치로서 복무한다.

실천적인 수준에서 음악 노동자는 이를 잘 알고 있다. 온갖 유형의 취향공동체와 음악적 · 공간적 환경으로부터, 온갖 설득을 제공해주는 음악 공급자는 단지 음악만을 마련해주는 것이 아니다. 그들은 공급하는 음악이 어떻게 모종의 평가적 · 정감적 반응을 생산하도록 배열되어야 하는지 열심히 궁리한다. J. S. 바흐는 그의 말대로 "음악을 통해서 회중을 불러 모아 조직하기 위해서" 다양한 음악적 장치를 활용했다. 이런 조직의 결정적인 특징은 음악과 감동, 음악과 느낌 사이의 연결고리인 '정감'(affection)이라는 개념이었다. 이는 인류를 결속시키기 위한 수단,

서로 전혀 다른 개인을 한 무리의 양 떼로, 정감 상태의 사회적인 리듬으로 거두어들이기 위한 수단이었다.

슈레이드는 유명한 에세이 『바흐: 성스러운 것과 세속적인 것의 충돌』에서 이런 '조직'에 대한 욕망을 다음과 같이 서술한다.

정감은 바로크 시대의 뛰어난 인물[바흐]에게는 아마도 가장 깊은 삶의 비밀이었을 것이다. 그것은 안에서부터 바깥쪽으로 인간의 제스처 가운데 표현을 발견하려고 언제나 애쓰는 고갈될 줄 모르는 무궁무진한 힘과 같았다. 우리는 그것이 어디서 오는지, 혹은 그것을 부단히 새롭게 하는 것은 도대체 무엇인지를 말할 수 없다. 이런 힘은 바로크 음악의 신비로운 성격을 존속시켰다. 바로크 시대 사람들은 스스로 힘을 지니고 있다고 느꼈기 때문에, 정감을 이해하는 것이 저절로 자연스러웠다. 그들은 스스로를 세계와의 관계 속에서 인간으로 하여금 삶을 표명하게끔 하는 다양한 상태라고 생각했다. 이런 다양한 상태의 연속은 밀물과 썰물처럼 부침(浮沈)을 거듭하는 역동적인 리듬을 형성한다. 약동하는 신체나 영혼이나 다 같이, 그의 전 존재를 통해서 말이다. 예술에 대한 바로크의 개념구상을 지배했던 것은 바로 이런 리듬이다.(Shrade, 1995, 133, 134쪽)

바흐 이후에 작곡가들은 더 이상 이런 용어로 음악의 효과를 이야기하지 않았다. 그렇다 하더라도, 청자를 '조직'하는 것에 대한 관심사는 클래식 음악에서 결단코 차치할 수 없는 일이었다. 그것은 하이든과 그의 동시대인의 관습과 실천에서 발견될 수 있는 만큼이나 베토벤에서도 똑같이 발견될 수 있다. 비록 그러한 욕망이 말로 표현되는 담론은 시간이 지나면서 변화하더라도 말이다. 19세기의 교향곡 작곡가는 시작과 끝에다 상이한 유형의 음악(느린 2악장, 그러나 '북돋우는' 피날레)을 마련해두었는데, 그 이유는 이런 순서가 관습적이기 때문만은 아니다. 그런 관습 자체가 직업상의 관습적인 목표이기도 한 뜨거운 박수갈채, '북돋워진' 청중에 대한 욕망과 결부되어 있기 때문이다. 음악을 '끝맺는' 것은 청자(게다가 느린 2악장을 들었던 같은 청자)를, 작품의 결말에서 특수한 방식으로 분기(奮起)하도록 배치하는 쪽으로 은연중에 방향이 맞춰 있다. 19세기 비르투오소의 불꽃처럼 화려한 과시는 마찬가지로 청자 내지 관찰자를 흥분으로 몰아넣으려고 하며, 때로는 그들을 두려움이나 경외로 가득 채우려고 했다. 반면 18세기 작곡가들은 귀족이 좋아하는 춤곡인 미뉴에트를 포함하는 관습에 의해 제약을 받는다고 느꼈다.

대중음악 역시 수용자를 '조직'하기 위해서 음악을 배열하는 패턴과 관습적 재료에 의지하는데, 이는 장르를 통해서만이 아니라 실시간의 느낌 구조를 개괄적인 패턴으로 만듦으로써 또한 이루어진다. 이런 식으로 생각해보면 음악은 그 안에서 주관성이 과정으로서 이해될 수도 있는 매체로 행세할 법하다. 음악이 제공하는 모델은 느낌을 패턴으로 만드는 외적인 모델이요, (제4장에서 서술했듯이) 각 개인에게는 그들 자신의 느낌 상태의 범례가 될 법한 모델이다. 어떤 특수한 유형의 노래 (발라드 대 빠른 템포의 높은 에너지 곡)는 자동판매기 동전구멍 안에 쏙 들어가는 동전처럼 꼭 맞는 후보자로 스스로를 제공하는 바, 그것은 꼭 '맞고' 있는 일반적인 태세·기분·태도 노선을 암시하기 위해서만이 아니라, 느낌의 구조도 마련해주기 위해서 청자(들)에게 특수한 방식으로 '작업'을 걸 것이다.

음악은 일종의 감정의 문법을 마련해준다. 즉 음악은 우리에게 느낌의 구조를 제시하며, 어떻게 감정의 최고점과 최저점이 상호 관계할 것인지, 언제, 어떻게, 어느 정도의 강도를 가지고 느낌이 정점 내지 결정체에 다다르는지 보여준다. 이처럼 청자를 배치하는 것에 대한 관심사는 밤 동안 에너지 수치를 조종하려고 시도하는 디스크자키에게 똑같이 적용된다. 그것은 무자크가 생산성을 개선하고 노동자 피로를 방지하도록 속도를 조정하는 작업장 무대장치에도 적용된다. 아침에는 느린 속도의 음악을, 에너지가 축 늘어지기 시작하는 점심 이후에는 좀더 '업비트'의 음악을 말이다.

어떻게 음악이 사회적 질서 짓기(와 통제)의 장치로 기능하는지, 그 블랙박스를 열고자 한다면 여전히 갈 길은 멀다. 노스와 하그리브스는 음악과 소비자 행태라는 논제에 몰두한 조사연구를 개관하면서 다음과 같이 적었다.

······음악이 놓이는 수많은 상업적 사용과 그에 소비된 엄청난 양의 돈은, 경험적 조사연구가 상업적 창업자[또한 여기에 음악이 놓이는 상업적·조직적 사용에 대해 여전히 비판적인 사람을 추가하는 사람도 있겠다]에게 얼마만큼 분명한 가이드라인을 마련해주었는지 그 정도보다 훨씬 더 무겁다. 지난 20년 이상 숱한 연구가 성장해왔을지라도 여전히 초기 탐사를 중복하는 조사연구에 대한 분명한 필요가 있다.(Hubbard, 1994) 물론 앞서 서술한 시험적인 경험 양태를 세련되게 하고 확장시키는 조사연구를 위한 필요도 있고, 음악이 종업원에게 끼친 효과와 같이 간과된 부문을 엄밀하게 다루는 조사연구를 위한 필요도 있다.(North와 Hargreaves, 1997, 282쪽)

노스와 하그리브스의 용어법을 주목해서 보라. "음악이 ……끼친 효과." 탐사를 위한 렌즈는 음악에의 노출시간과 관계해, 혹은 그로부터 시작해 소비자 행태 연구보다 더 넓어질 필요가 있다. 우리는 사회적 조직의 매체, 훨씬 더 일반적으로는 '통제'의 매체로서의 음악의 역할을 검토할 필요가 있다. 이렇게 하기 위해서는 실제 음악적 사건, 체화된 감정적·미적인 행위수행의 양태와 음악이 결부되기에 이르는 계제를 연구할 필요가 있다. 그 계제는 개인이나 집단을 저 행위수행 양태를 향해 끌어들이려고 특수한 음악 유형을 안배하는 행위자·제도·조직과 합치할 뿐만 아니라 그들이 욕망하는 것이기도 하다. 아마도 여기에 딱 맞는 가장 명백한 사례는 음악치료의 사건일 것이다.

치료상의 통제 매체로서의 음악

어느 음악치료사와의 인터뷰에서 발췌한 다음의 인용문은 좀 길더라도 살펴보도록 하자.(DeNora와 Belcher, 날짜 없음)

함께 작업을 했던 어린 소년이 있습니다. ……그 소년은 앞을 보지 못하는 아이예요. ……저는 그 애와 오랫동안 함께 작업을 했는데 우리가 처음 시작했을 때 보니까, 음악이 그가 관계한 유일한 것임이 아주 명백했습니다. 아주 어지럼힌 교실에서 자기 머리를 세게 두드리고 있는 그 아이의 모습을 흔히 볼 수 있었죠. ……애들이 음악 테이프를 틀면 그 아이는 차분해질 테고, 수업시간이 되어 교실로 가는 중엔 저를 깨물 때도 있지만, 우리가 교실에 있을 때 제가 연주하기 시작하면 곧 괜찮아졌어요.

그래서 이번 수업시간에 대해 유의하실 점은, 제가 끊임없이 연주하고 있다는 것입니다. 쉴 새 없이 계속 연주한다고 느끼실 겁니다. 처음 시작할 때 피아노의 중간 즈음에서 연주할 텐데, 제가 하려고 하는 것은 뭐냐 하면, 그 아이가 사물에다 리듬을 톡톡 치면서 교실 이곳 저곳으로 자신의 행방을 느끼면서 돌아다니고 저는 이 모든 리듬을 아주 비슷하게 따라할 겁니다[그녀는 비슷한 관행을 사용하는 곳의 또 다른 의뢰인의 이름을 말한다]. 그가 제게 주는 것을 받아가지고 그것을 따라가기만 하는 거죠. 점차 그가 움직이기 시작하고 나면 쌍방향 상호작용 그 이상이 있다는 것을 아실 겁니다.

……만일 우리가 함께 피아노를 연주한다면 그 아이는 한쪽 끄트머리로 가서 제 근처에는 오지도 않을 텐데, 지금은 실제로 제게 오고 있으며 물리적 접촉도 요구하고 있습니다. 흔히 자폐증이 있는 사람은 접촉에 흠칫 놀랄 수 있는데요, 그래서 그 아이는 실제로 물리적 접촉을 요구하고 있지만 제가 자진해서 물리적 접촉을 하도록 내버려 두지는 않아요. 이에 관한 그 아이의 규칙은 매우 완고하죠. 그리고 또한 제가 처음 작업을 시작했을 때 그는 아주 심하게 좌절해 있었으며 시끄럽고 세게 북을 두드리고 있었고 저는 대부분의 시간을 귀에 거슬리는 음악과 함께했으므로 우리가 여기서 지금 보고 있는 것은 정말 아주 다른 소년인 거죠.

또 다른 한편 그 아이는 수업시간이 다할 때 본모습에 이르곤 했습니다. 그는 날카로운 비명을 지르며 세게 두드리면서 시작할 테고 ……그래서 저는 시작과 끝이 정말 분명하다는 것을 확실히 하고자 했어요. 그리하여 그는 처음에 언제나 똑같은 '헬로우 송'을 부르는데, 그 다음 끝이 문제였기 때문에 저는 시작에서 제가 한 것을 반드시 해야 했습니다. 저는 마지막에 그가 헬로우 송을 부를 때 하는 어떠한 리듬도 묵살하는데, 그땐 제가 지휘하고 있는 겁니다. 중간 부분은 제가 그를 대부분 따라하지만, 그 다음 중간 부분이 끝나게 될 때 다시 저는 통제력을 발휘하여 그를 따라하지 않습니다. 음, 그러니까 그가 내는 소리를 듣고는 있지만 그[의 음악]에게 반응하지 않는 거지요. 그리하여 제가 연주하는 그의 헬로우 송의 곡조는, 약간 이상한 종류의 연주 방식으로 들리긴 하지만 제가 다시금 통제력을 쥐었음을 표시하도록 그의 헬로우 송의 곡조를 연주하고요, 그 다음에 굿바이 송을 연주합니다. 당신은 마지막에 그 곡을 들을 것입니다.

이 대목에서 음악치료사가 서술한 것은 의뢰인과 함께한 이런저런 기회에 (가장 폭넓은 견지에서 '조직화된 소리'인) 음악이 통제의 매체를 마련해주게 되는 메커니즘이다. 첫째, ("쉴 새 없이 계속 연주하는") 음악, 단지 존재할 따름인 그 음악이 의뢰인의 행위를 매개했다. 음악은 그의 주의를 예전의 일련의 활동에서 다른 곳으로 돌려서, 시간이 흐르면서 펼쳐지는 음악의 속성에 끌어당기거나 그 속성에 관심을 갖게 하는 방식으로 붙잡았다. 둘째, 치료사는 수업시간 시작과 함께 소년이 교실 곳곳을 걸어다닐 때, 치료상의 환경을 탐구하면서 어떻게 단지 그의 모든 음악적 발언을 '따라가기'만 했는지 서술한다("그 아이가 사물에다 리듬을 톡톡 치면서 교실 이곳저곳으로 자신의 행방을 느끼면서").

이런 식으로 그녀는 어떻게든 주목을 획득해낸 매체인 음악을 통해, 또 음악을 매개로 반영할 수 있는 환경을 수행하는 방도를 통해, 의뢰인의 존재를 그 자신에게 마련해주고 있었다. 음악적 거울 비추기 활동을 통해("그가 제게 주는 것을 받아가지고 그것을 따라가기만 하는 거죠")

그녀는 의뢰인에게 그 자신을 '보여줄' 수 있었다. 그녀는 그의 발언의 메아리를 통해서 음악적으로 스스로를 재인식할 수 있을 발판으로 그를 끌어당길 수 있었다.

바꿔 말하자면 의뢰인이 그의 환경에 의해 만들어진 소리와 동일시할 수 있었다는 것이고, 마지막에 가서는 저 소리가 '환경'에 의해 만들어진 것이 아니라 환경에 있는 또 다른 사람이 만든 것임을 재인식했다는 것이다. 바로 그 지점에서 의뢰인은 (음악적으로) 자율권을 지닌 사회적 행위자가 되는 것이다. 그는 음악을 함께 만드는 사회 활동 속으로 끌어들여짐에 따라 점차 물리적 가까움에 대한 두려움을 잊고 자신의 자폐증 경향을 극복하기 시작한다("만일 우리가 함께 피아노를 연주한다면 그 아이는 한쪽 끄트머리로 가서 제 근처에는 오지도 않을 텐데, 지금은 실제로 제게 오고 있으며 물리적 접촉도 요구하고 있습니다"). 마지막으로 음악은 그 안에서 시간이 한정되고 일괄되는 매체가 되며, 이때 시간의 목표는 규정되어 있다.

저는 마지막에 그가 헬로우 송을 부를 때 하는 어떠한 리듬도 묵살하는데, 그땐 제가 지휘하고 있는 겁니다. 중간 부분은 제가 그를 대부분 따라하지만, 그 다음 중간 부분이 끝나게 될 때 다시 저는 통제력을 발휘하여 그를 따라하지 않습니다. 음, 그러니까 그가 내는 소리를 듣고는 있지만 그[의 음악]에게 반응하지 않는 거지요. 그리하여 제가 연주하는 그의 헬로우 송의 곡조는, 약간 이상한 종류의 연주방식으로 들리긴 하지만 제가 다시금 통제력을 쥐었음을 표시하도록 그의 헬로우 송의 곡조를 연주하고요, 그 다음에 굿바이 송을 연주합니다. 당신은 마지막에 그 곡을 들을 것입니다.

의뢰인이 점차 음악적 환경에서 안정감을 확보해감에 따라, 스스로 그것을 조종할 수 있음을 학습함에 따라, 그리고 거울처럼 반사된 자기 자신의 음악적 발언을 들음에 따라 그는 사회음악적인 틀의 주름 속으로 끌어들여진다. 그 틀과 상호작용하기 시작하면서, 결국엔 그에게 제공되는 것에 반응한다. 시간이 흐르면서 그는 상호작용의 음악형식을 수용하게 되며 따라서 자기 자신 밖으로 끌려나온다.

행위를 위한 음악적·사회적 발판

앞의 사례에서 우리는 음악치료 의뢰인이 타인의 사회세계와 균형 잡힌 상호관계를 맺지 못했던 행위 양태로부터 어떻게 멀찌감치 이끌려졌는지 보았다. 이때 음악치료의 요점은 의뢰인에게 행위를 위한 대안적인 기초를 마련해주는 것이다. 즉 표현을 위한 수단을 마련해주는 동시에 그것의 객관적인 속성을 통해서 그를 훈육시키는 매체를 마련해주는 것이다(그는 피아노를 치고 있을 때 깨문다거나 자기 파괴적인 행태에 관여할 수 없는데, 그 이유는 단지 음악을 연주하기 위해서, 자신의 물리적 활동을 비근한 과제로 돌려야만 하기 때문이다).

그와 동시에 이렇게 주의를 다른 곳으로 돌리게 한 기분전환은 비슷하게 전환된 타인과의 대화이기도 하다. 즉 그것은 모종의 신체적 훈육과 신체적 동조(함께 조정하는 상호일치, 차례로 하기, 모방, 상호 재인식)를 요하는 한에서, 참여자를 공유된, 행위를 위한 발판 내지 기초로 끌어들이는 한에서 음악 만들기(music-making)이다. 이런 점을 놓고 볼 때, 슈츠(Alfred Schutz)의 에세이 「함께 음악 연주하기」(Making Music Together)가 매우 잘 서술한 바 있는 이런 기본적인 실용 수준에서 행위자들은 통제되고 있다. 그들은 음악을 연주하려고 스스로를 통제하며, 음악을 연주하는 것이 이번엔 그들을 통제하고 유사하게 만든다. 음악을 연주하는 동안 그들의 차이는 순간적으로 지워진다. 그들은 일제히 '합주'한다.

이 음악치료 의뢰인과 소매점 환경의 소비자 사이에 차이의 세계가 있다고는 하지만 유사성 또한 탐구할 만하다. 양자의 경우에 (비록 그 목표의 유형은 아주 상이할지언정) 음악 치료사·관리자가 태도를 '통제'하려는 시도가 이루어지고 있기 때문이다. 양자의 경우에 음악은 의뢰인의 주의를 다른 곳으로 돌려서 그들의 활동 진로가 그렇지 않을 경우 일어날 것 이상, 또는 그 바깥으로 끌어내 하나의 발판으로 그들을 이끌고 가는 데 사용된다. 그래서 가령 음악치료사가 의뢰인을 서로간의 (음악적) 교호작용 속으로 끌어들이고자 한 것과 마찬가지로 소매점 아울렛은 소비자를 물건과의 교호작용 속으로 끌어들이고자 한다.

음악치료 의뢰인의 경우엔 목표가 의뢰인의 '관심'과 정당하게 합치되는 것으로 여길 수 있는 반면, 소매점 환경의 소비자 경우엔 우선적으로 조직의 목표와 합치되기는 하더라도, 양자 모두 도구적이고 관리적인 목표가 있다. 또한 양자의 경우에, 사물에 대한 특수한 감각을 강화하기 위해 음악을 사용할 수 있다. 음악치료 수업에서 음악은 의뢰인의 실시간 발언을 '거울처럼 비춘다.' 따라서 일종의 거울 비추기로써 그에게 그 자신을 '보여주기' 위해 상호작용적으로, 유동적으로 사용되고 있다. 앞서 '적합' 개념과 관계해 논의했듯이, 매장에서 음악은 각기 개괄적이고 유형적인 사회적 맥락을 신호해주어 소비자에게 존재 유형으로서 스스로를 '상기'시키는 데 사용될 수 있으며, 무대장치/사건의 대상과 합치하지 않는 그들 존재의 측면은 묵살되는 소리의 풍경을 마련해주는 데 사용될

시간 1—사건 이전(사건이 일어나기 전 행위자〔들〕A에게 의미 있는 모든 역사)

전제조건

음악적 연합이 일정시간 반복하여 치료사에 의해 점차적으로 확립

시간 2—사건이 일어나는 동안(어느 각별한 음악치료 수업시간)

사건의 구성요소와 특징

  A **행위자(들)** 음악치료사와 의뢰인

  B **음악** 헬로우 송 대 즉흥 연주되는 중간 부분

  C **음악과의 교호작용 행동** 의뢰인의 음악적 '발언'은 중간 부분에서 치료사가 지지한다. 의뢰인은 헬로우 송의 처음 연주와 끝마침 연주 동안에는 치료사에게 영향을 미칠 수 없다

  D **행동 C의 현지 조건** 치료사는 의뢰인에게 함께 조정하는 상호일치 활동에 참여하도록 촉구하려고 스케줄에 따라 진행시키는 장치로서 음악의 패턴을 일정시간 동안 수립하고자 했다

  E **환경** 음악치료실. 어떠한 무대장치에서 음악과의 교호작용이 일어나고 있는가(현장에서 제공된 물질문화의 특성, 해석 틀[프로그램 노트, 다른 청자의 코멘트 등])

시간 3—사건 이후

성과 의뢰인은 어떠한 태도 형식이 음악재료의 상이한 유형과 잘 어울리는지 '학습'한다. 그는 여러 시도에도 불구하고 헬로우 송을 바꿀 수 없다. 시간이 흐르면서 그는 치료사가 헬로우 송을 연주하고 있을 땐 자신의 음악을 연주하려는 시도를 줄인다. 음악재료는 행태적인 '재료'와 연합되기에 이른다. 의뢰인은 함께 조정하는 상호일치의 과제를 성취했다

수 있다(예컨대 의뢰인은 치료사가 헬로우 송을 연주하고 있을 땐 음악 면에서 상호작용적으로 어디로든 갈 수 없었던 것처럼, 매장의 소비자 역시 특정 음악 유형이 소리를 내는 동안에는 각자의 문화적 레퍼토리나 자기동일성의 측면에 도달하거나 소환할 수 없을지도 모른다). 음악은 문

화적 실천, 동일성 작업, 그리하여 행위를 위한 변수를 제공할 수도 있고, 경우에 따라서는 그런 것을 촉발할 수도 있다는 말이다.

그렇다면 의식적 반성 없이 일단 상기되기만 하면 행위자들은 '역할'에 빠져들어갈 수 있다. 그들은 음악적으로 함의된 상황에 맞춰, 즉 그런 상황에 대한 그들의 읽기에 스스로를 꼭 맞게 '적합'시킬 수도 있는 것이다. 양자의 경우에 음악은 그 자체로 환기를 규제하기 위한 장치로 복무함으로써 실시간에 감정적인 동요를 충동질할 수도 있는데, 우리는 이를 음악치료의 사례에서, 또 에어로빅 사례에서, 실시간에 감정의 격동의 사례에서 보았다.

마지막으로 음악은 스케줄에 따라 진행된 행위에 대한 정보를 (흔히 아주 미묘하게) 함의할 수도 있다. 가령 어떤 것이 언제 시작하거나 끝나는지, 혹은 언제 어떤 특수한 국면(예를 들어 높은 지점, 낮은 지점)이 가까이 다가오고 있는지에 대한 정보가 그것이다. 그렇다면 가게에서 사운드트랙은 소비자 주목과 주관성이 다시 교정되게끔 하는 원천을, 그리고 저 주관성의 시간적 구조(일정시간에 동안 주관성의 모습과 강도)가 변하게끔 하는 원천을 마련해줄 수도 있다.

그렇다면 상이한 음악적 포맷은 그것을 사용하는 무대장치에 따라서 더 유용하거나 덜 유용한 것으로 판명될 수도 있다. 소매점 의복 부문 안에서 (음악적으로 훈련이나 교육을 받지 않은 소비자와 관계해) 좀더 짧은 음악작품은 2, 3분짜리 선곡이 좀더 긴 작품보다 감정적인 전환과 동요를 훨씬 더 빨리 일으킬 법한 관계망을 마련해줄 수 있는 한에서 가장 유용할지도 모른다. 좀더 긴 작품은 논리와 짜임이 많이 확장될 수도 있고, 따라서 바로 그 자리에서 발생된 단시간 물건에 대한 욕망에 이바지하는 감정적 동요를 덜 일으키기 쉬우니까 말이다. 그 정점이 바로 물건을 사는 '구매 지점'(충동), 즉 (팔려는) 조직의 목표와 (사려는) 소비자 행태 사이의 연관관계를 구성한다. 더욱이 좀더 짧은 선곡은 소매점 공간이 방문객에게 제공하는 상이한 몸 동작 사이에서 재빨리 전환하도록 재촉하는데, 그런 한에서 짧은 선곡은 예의 공간을 역동적으로 만든다.

즉 음악적 선곡(과 선곡 사이의 변화)은 일종의 회전식 무대와 같이, 소매점 공간의 첫 면모와 또 다른 면모를 눈에 띄게 강조할 수도 있다. 이 회전식 무대 공간에는 첫 일단의 태세와 그 다음 또 다른 일단의 태세가 함의되어 있을지도 모른다(감상적인 발라드 대 업비트의 댄스곡은 아주 다른 방식으로 우리를 주목시키거나 특정 행위를 불러낼 수 있으며, 개개의 음악적 사건 안에서 개개의 청자에게 혹은 청자 집단에게 상이한 측면, 방향설정, 느낌을 불러들일 수도 있다).

공간이 이와 같은 태세를 함의하고 있다는 것은, 동시에 그 공간의 몇몇 측면을 눈에 띄게 강조하는 것이다. 즉 그 공간과 잘 어울리는(꼭 맞는 적합한) 것이므로 논리적인 구매 물품(가령 독일 와인이 아니라 프랑스 와인)이라고 소비자가 '읽을' 수 있는 측면을 눈에 띄게 강조하는 것이다. 달리 말해서 소매점 무대장치 안에서 조직의 목표는 공간을 찾은 (보통 짧은) 방문 시간 동안 소비자를 부추겨서 가능한 한 많은 페르소나로서 '시험 삼아 해보도록' 만드는 것이다. 이러한 전략은 물건과의 교호작용을 증가시키고 주변 분위기, 성향, 진열, 구매 사이에 모종의 연관관계가 만들어질 개연성을 증가시키는 전략이다.

음악에게 일시키기

이제껏 윤곽을 잡은 관점에서 보면 왜 고용주가 작업장에서 특정 음악을 금지하는지 이해하기 쉽다. 음악은 주체·신체가 호소할 법한 자원이며, 이런 호소 속에서 환기의 수준은 구성된다. 그중 몇몇은 조직문화의 방침과 조응하지 않을 수도 있다. 음악은 적절한 태도방식과 사회적 역할에 대한 '정보'를 함의할 수 있으며 듣는 사람에게 활동의 스타일과 상황을 상기시킬 수 있다. 이런 방식으로 음악은 통제의 도구요, 어떠한 존재 양태를 눈에 띄게 강조하고 그렇게 하면서 타인을 억압하는 환경적인 기구장치의 일부다. 그렇다면 작업장에서 음악은 잠재적인 태도 노선과 태세를 눈에 띄게 강조할 수도 있으며, 주관성의 특수한 양태의 윤곽을 그릴 수도 있다. 그와 동시에 특수한 작업장 옷차림(정장한 벌과 넥타이의 변종, 이름표를 단 작업복, 회사 유니폼 등)이나 실내 장식과 마찬가지로 타인을 억압할 수도 있다.(Witkin, 1995)

작업장 내 음악의 역사에 대한 한 연구(Korczynski, 2003)는 이 쟁점을 눈에 띄게 강조했다. 코르친스키는 전(前) 산업적인 노동관계하에서는 음악이 노동 속도를 스스로 조절하고 통제하기 위한 도구로서의 역할을 맡은 데 비해, 기계의 속도에 맞추고 관리에 의해 통제된 노동 속도와 그에 따른 '수동적인 동의'와 관계된 음악의 역할 변환을 추적한다. 코르친스키는 이제껏 작업장 내 음악이 어떻게 기분을 띄우면서 그와 동시에 부지불식간에 생산성의 속도를 조절할 수도 있는지의 물음에 충분히 주목을 기울이지 않았다고 올바르게 제언한다. 이와 같은 조사연구를 통해 우리는 "텍스트의 관(棺)"(Michael Pickering, 1982, 2쪽에서 재인용)을 뒤져 작업장 음악을 검토해 이것저것 그러모을 수 있는 것보다 훨씬 더 많은 것을 얻는다고 코르친스키는 제언한다. 그가 이해한 작업장 음악은 사회적 행위 '현장'의 레퍼토리에 속한 도구인 것이다.

이런 이유로 행위자들은 조직적인 주변 분위기에 저항하거나 재교섭

하려 노력할 수도 있다. 사업장 음악에 대항하는 다양한 조직이 이를 증언한다. 예를 들면 사업장 음악에 맞서 영국에서 결성된 (점점 더 국제적인) 조직인 파이프다운은 웹사이트상(http://www.pipedown.info)에 다음과 같이 강도 높은 비난 글을 기재한다.

우유를 짤 때 젖소에게 사업장 음악을 들려주며 어르고 달랜다면 훨씬 더 생산력이 높아진다고 한다. 동일한 원리가 우리를 마취시켜 얼빠지게 만들기 위해 사용되고 있다. 돈 · 투표권 · 기지(機智)가 우리 곁을 떠나기 전에 말이다.

파이프다운은 개트윅 공항과 몇몇 영국의 슈퍼마켓에서 사업장 음악을 퇴출시키도록 설득하는 데 성공했다. 또한 다채로운 항의 활동을 벌인 이후 성공적인 미디어 보급률을 성취해냈다(예를 들면 1999년에 런던의 대규모 백화점 가운데 하나를 통과하여 행진한 어느 백파이프 연주자와 파이프다운 집단). 그래서 파이프다운은 영국 미디어 인사(예컨대 스파이크 밀리건 · 존 험프리)로부터 높은 수준의 지지를 획득하기도 했다.

개인의 수준에서도 청각적 환경에 대한 저항이 있을 법한데, 그런 저항의 본성을 탐구하면서 우리는 음악을 통제의 매체로서 이야기하는 것이 도대체 무슨 의미인지 한결 더 분명히 알아볼 수 있다. 이 쟁점을 보여주는 실례는 (제4장에서 간략히 서술했듯이) 마이클 불의 휴대용 스테레오 사용에 대한 연구에서 찾아볼 수 있다.(Bull, 2000) 이때 심층 인터뷰 응답자는 휴대용 스테레오를 가지고 어떻게 공간과 시간, 때와 장소의 현상학적 측면을 관리(재정의 · 저항)하는지 서술한다. 달리 말해

(헤드폰이나 휴대용 스테레오를 통해서) 음악을 바꿈으로써, 어떤 사람은 그가 기능해야만 하는 공간적이고 장면적인 지형의 본성을 바꿀 수 있다. 응답자는 어떻게 자신의 청각 환경을 조성함으로써, 그렇지 않을 경우 "흥미를 잃은"(Bull, 2000, 39쪽) 것으로 지각할 공간 내 정합성을 찾는 데 도움을 주는 내러티브를 구축할 수 있는지 서술한다. 이런 방식으로 휴대용 스테레오의 사용은 불의 말대로 "전기적인 여행"을 가능케 한다.

사용자들이 음악에 부착시킨 내러티브 성질은, 그렇게 하지 않았을 경우 관련 기억들을 불러내는 데 어려움을 느낄 장소에서 사용자가 마음 내키는 대로 그 기억들을 재구축하도록 허락한다. 이 기억이 사용자에게 주는 느낌은, 기억의 공간적 익명성 내지 불가시성으로 지각된 내러티브 속에 조용히 감도는 그 나름대로의 의미심장함에 둘러싸여 있다는 느낌이다.(Bull, 2000, 39, 40쪽)

앞에서 음악치료 사례를 갖고 서술했듯이, 휴대용 스테레오의 사용은 응답자가 우발성에 대처하도록 도와준다(불확실성과 예기치 못한 생활 환경과 연계된 잠재적 불안에도 대처하도록 해준다). 불은 이런 사적인 음악 청취가 의도·사고·방향설정 사이의 관계를 다시 교정하는 수단이라고 제언한다. 이 과정은 두 갈래로 되어 있다. 하나는 기분 규제 및 감정과 관계된 음악의 사용(본장에서 탐구한 논제)이고, 다른 하나는 사용자가 사고 내용을 구조화하려고 하는 시도와 관계된 음악의 사용이다. 불은 (DeNora, 2000, 제3장과 같이) 응답자가 기분을 계속 유지하고 에너지 수치를 바꾸고, 대개는 현재의 환경에서 '벗어나기' 위해 어떻게 음악을 사용하는지 보여준다.

결국 이런 사용은 사용자가 시간의 현상학적 특성을 재전유할 수 있도록 한다. 청취는 시간을 개간하고 '자아를 위한' 시간으로 변환시킬 수 있다. 그러나 좀더 깊이 들여다보면 휴대용 스테레오 사용은 시간의 경과에 대한 지각을 재배치하는 수단을 마련해줄 수 있다. 불은 일하러 가는 길에 날마다 청취했던 한 응답자를 서술하면서 그 여정이 어떻게 "휴대용 스테레오로 청취된 음악의 시퀀스의 한 기능이 되는지"(Bull, 2000, 63쪽) 보여준다. 이런 식으로 휴대용 스테레오는 "귀를 헤드폰으로 둘러막고, 선택된 특정 소리가 ……길거리의 소리를 대체할" 정도로 "기술적으로 자율권을 주고"(Bull, 2000, 119쪽) 있다고 논한다.

마이클 불의 접근방식은 음악사회학 안에서 소비와 사용에 맞춘 '새로운' 초점의 전형적인 사례이다. 이런 초점은 음악적 '의미'가 어떻게 수용되는지 그 방식에 대한 초기의 경험적 관심사를 훌쩍 뛰어넘는다. 초기의 관점은 음악에 대한 청자의 가치평가나 해석을 최종 목표점으로 삼았다. 즉 관건은 음악에 대해서 무엇이 사유되었는지였지, 사람들이 음악을 갖고 무엇을 하는지가 아니었다. 이 모든 점에서 불의 연구는 사회음악적인 패러다임을 확장시킨다. 앞에서 방금 논의했듯이 그것은 사회적 경험을 구성하는 데 물질적 음악이 과연 얼마나 중요한지 보여준다.

마이클 불의 관점에는 틈이 하나 있다. 즉 소비와 사용을 우선시하면서, '특정 음악재료가 어떻게 서술된 과정에서 한몫을 할 수 있는가' 하는 물음을 어둠 속에 남겨둔다. 이것이 나타나는 가장 명백한 장소 가운데 하나는 '시간과 시간에 대한 지각이 어떻게 관리되는가'에 대한 논의이다. 음악형식을 놓고 볼 때, 그것의 내적인 대조와 음악 특유의 변수는 결정론적인 방식으로는 아닐지언정 스스로 시간을 일괄하거나 묶을 수도 있다. 에어로빅 강습반 음악에 대한 나의 연구에서 이런 논점은 매우 분명했으니, 상이한 유형의 음악재료는 강습 운동과 동기부여 수준의 특수한 과정과 스타일을 촉진하기 위해 사용될 수 있었다. 따라서 음악은 개인이 자기규정과 자제(self-control)를 위해 사용하는 도구만이 아니라, 앞서 음악치료 사례에서 보았듯이 개인과 조직이 타인을 '통제'하기 위해 사용하는 도구이기도 하다.

불의 연구는 개인이 저항하기를 바라는 공적인 공간의 특수한 측면이 있는 한에서 이를 인정한다. 이들 측면 가운데 몇몇은 공적 공간에서의 생활에 특징적인 우발성, 불확실성, 일반적인 시달림과 같은 부정적인 특성을 포괄하고 있다. 그 밖의 측면은 공적인 공간의 좀더 의도적인 특성에 저항하는 것을 포괄하고 있으며, 이런 특성은 소매점 공간의 경우에서처럼 흔히 예의 공적인 공간의 거주자를 통제하려고 디자인된 경우가 많은 미적인 생태환경을 포함한다.

바로 여기에서 우리는 아도르노의 비판적 초점의 맹아로 되돌아가는데, 불은 그것이 과잉 결정되어 있다는 매우 올바른 비판을 하고 있다.

구조적인 명령이 어떤 '허상'을 구성하는 데 우선권을 차지하는 청각적 경험에 대한 아도르노의 분석은 르페브르의 분석과 유사한 것으로 보인다. 그들의 작업에서 이런 잠재적인 약점은 휴대용 스테레오 사용에 대한 좀더 역동적인 이해를 얻기 위해 논구될 필요가 있다. 아마도 어느 정도 관대하게 논하건대, 작업의 측면마다 확연히 드러나는 경험의 식민지화에 대한 그들의 이해는 그들 자신의 이론적 얼개의 결을 거슬러 간다. 거기서는 주체와 객체 사이의 미메시스적인 일대일 관계 맺음이 있을 수 없으므로, 이는 경험의 변증법적 본성이 무너진 붕괴를 반영할 테니까 말이다. 이렇게 결정론으로 떠내려가는 표류는, 내가 보기엔 경험적 연구에 충분히 주목을 기울이지 않은 결과이다. 이는 특히 아도르노의 경우에 해당한다. 그의 저작 도처에 단편적인 형태로 담긴 (경험의 식민지화와―옮긴이) 대립되는 경험 이론의 단초를 갖고 있었지만, 그럼에도 그는 그것에 조금도 주목하지 않는다.(Bull, 2000, 127쪽)

'경험적 연구.' 이것은 '통제'의 물음을 탐구하려고 할 경우 도대체 어떻게 배치되어야 하는가? 좀더 최근의 음악사회학은 음악이 음악을 전유한 사람에게 무엇을 '행할' 수 있는가 하는 관점에서 소비에 초점을 맞추었다. 이런 초점은 정체성(자아나 집단, 혹은 현 위치에 토대를 둔 정체성)과 그 정체성을 확증하기 위한 자원으로서의 음악을 중심으로 하고 있다. 뿐만 아니라 마이클 불의 조사연구가 예시하듯이, 시간과 공간의 공적 및 개인적 변수의 개별 재교섭을 중심으로 한다. 음악활동에 맞춘 이런 초점(크리스토퍼 스몰이 『뮤지킹』〔Small, 1998〕에서 취한 극단적인 입장)은 이 책을 통틀어 논해왔듯이, 유발성으로서의 음악이론과 함께이기는 하지만 올바른 노선의 초점이다. 음악적 사건을 탐구하기 위한 도식의 발전은 바로 이런 쟁점과 개별적인 문화 경험, 그리고 음악이 행위 '속으로 접어드는' 바로 그 지점과 관련되어왔다.

그렇지만 음악적 사건을 탐구하기 위한 도식과, 소비에 대한 또 다른 대부분의 관심사 사이에는 비판적인 차이가 있다. 그 차이는 바로 음악적 사건 패러다임이 음악재료를 위한 공간(음악이 의식·행위·주관성을 일러주는 것으로 보일 수 있는 방식을 위한 공간)을 유지한다는 데 있다. 여기서 음악은 사회적인 것이 투사되는 공간 그 이상이다. 음악은 사회적인 것이 편성되도록 하는 매개자를 마련해줄 수도 있다. 여러 말할 것 없이 음악은 그야말로 사회적 구축의 매체에 다름 아니다. 거꾸로 말해서 사회적으로 구축된 매체 그 이상이다.

초점을 음악재료에 맞춘 바로 여기에서 아도르노의 원래 관심사로 되돌아가는 것이 아마도 방법론적으로 좀더 현명할 수 있다. 아도르노의 원래 비판적 프로젝트의 일부인 '통제'의 잠재적인 테크놀로지로서의 음악에 맞춘 초점은 음악적 사건 패러다임을 학제적인 조사연구의 방향으로 강하게 끌어당긴다. 그것은 음악구조에 대한 음악학의 변치 않는 관심사, 즉 음악적 학습, 음악에 대해 학습하는 것은 물론 음악을 통해 학습하는 것에 대한 음악 교육자의 초점, 음악적 실천에 맞춘 음악인류학의 초점, 구조·힘·행위수행에 맞춘 사회학의 전통 관심사, 선험적인 가치 구별을 삼가는 대중음악 연구의 회피를 한데 모은다. 개인 및 (또는) 집단 행위를 구조화하거나 매개하는 음악의 역량에 맞춘 학제적인 초점은 정확히 음악의 역동적 힘을 눈에 띄게 강조한다. 이와 같은 초점은 음악사회학·음악인류학 분야의 가장 고무적인 저술 가운데 몇몇으로 돌아오게 한다. 음악적 환경에 대한 블래킹(John Blacking)의 초점과, '감정의 구조'(structure of feeling)[13]라는 레이먼드 윌리엄스의 발상이 그것이다.

우리가 정의하고 있는 것은 사회적 경험 및 상호관계의 특수한 성

---

13) "전반적인 사회 조직 내의 모든 요소가 특수하게 살아 있는 결과"로서 어떤 의미에서 "한 시대의 문화"를 뜻한다. 레이먼드 윌리엄스, 『기나긴 혁명』, 성은애 옮김, 문학동네, 2007, 93쪽 이하를 참조할 것.

질인 바, 그것은 한 세대나 시기를 분간하는 여타의 특수한 성질과 역사적으로 뚜렷이 구별되기 때문이다. 이런 성질과 다음의 역사적인 징표 사이의 상호관계는, 즉 변화하는 제도 · 형성물 · 믿음, 그리고 이것들을 넘어 계급 사이에서 또 계급 안에서 변화하는 사회적 · 경제적 관계를 특정화하는 다른 역사적인 징표 사이의 상호관계는 또다시 미결 물음이다. 말하자면 일단의 특정한 역사적 물음인 것이다. ······ 우리는 충동 · 억제 · 정조(情調)의 특징적인 요소, 의식과 상호관계의 특별히 정감적인 요소에 대해 말하고 있다. 사고에 맞선 느낌이 아니라, 느껴진 것으로서의 사고와 사고된 것으로서의 느낌에 대해서 말하고 있는 것이다. 즉 서로 관계하는 살아 있는 연속성 속에서 현전하는 한 종(種)의 실천적 의식에 대해 말하고 있다.(Williams, 1965, 131, 132쪽)

바로 여기에 비판적 문화사회학의 요체가 있다("충동 · 억제 · 정조의 특징적인 요소, 의식과 상호관계의 특별히 정감적인 요소"). 우리는 문화 · 음악의 개별 사용, 특정 문화적 도구와 레퍼토리의 안배를 드러내는 법을 사유할 필요가 있으며, 그러한 초점 안에서 음악의 매개하는 역량——그 자체로서 관습 · 학습 · 근접성 · 습관과, 이런 것들의 역사와 사회적 배포에 의해 매개된——을 드러내는 법을 사유할 필요가 있다. 왜냐하면 다음과 같은 점에서 음악은 어떠한 형태로 된 문화든, 사회생활을 만드는 어떠한 방식이든, 그와 다르지 않기 때문이다. 인간은 살아남기 위해 상호 조정할 필요가 있으므로, 그리고 문화는 공적으로 이용가능한 존재 및 행하기 양태, 즉 가치평가되고 수입 · 수출되기에 이른 공유된 양태를 제공하고 있으므로, 문화적 재료는 반응의 규칙성(효과)

과 연계되기에 이르는 경우가 많다는 점에서 그러하다.

바로 이런 이유로 인해 문화는 집단적 태도의 패턴과 규제, 따라서 '통제'와 연계되어 있는 것이다. 여기서 우리는 주체와 객체의 변증법적 상호관계에 맞춘 아도르노의 초점으로 되돌아와 있다. 객체는(이 경우 음악은) 의미와 사용을 역사적으로 축적하며, 결국엔 의미와 사용이 음악에게 객관성이라는 환영을 부여할 수도 있다. 그러나 시간이 흐르면서 이런 사용(유발)을 주도하고 재생산하는 이는 바로 주체이되, 불가피하게도 주체는 주체의 제작 또는 '통제'의 '외부'에 있는 객체들과 관계해 있다. 우리는 우리의 힘이 미치는 범위에 있는 문화적 도구에 의지하고 그것을 사용한다. 이런 도구는 습관, 근접성, 뜻밖의 발견, 혹은 우연으로부터 유발될 수 있다.

뿐만 아니라 문화적 도구는 흔히 분투적인 혹은 영웅적인 형태의 전유와 창조로 말미암아 유발될 수 있다. 실시간에, 일상적인 상호작용의 과정을 통해서 우리는 매우 판에 박힌 방식으로 문화적 도구에 의지할 수도 있으며, 학습하기만 하는 것이 아니라 습관을 들이는 방식으로 문화에 반응할 수도 있다. 그렇다면 바로 여기에 '통제'의 테크놀로지로서의 음악, 그 역할에 대한 사회적 기초가 있다. 즉 음악은 특수한 방식으로 시간(외적으로 재현된 시간뿐만 아니라 내적으로 경험된 시간 둘 다)과 공간(주변 분위기, 균형 잡힌 신체 동작)을 구조화하는 데 활용될 수도 있지만, 그것 모두가 의식과 행위의 좀더 일반적인 해방과 합치하는 것은 아니다.

제6장

아도르노 그 이후,
음악사회학을 다시 생각한다

아도르노 이후 음악사회학은 어디로 가고 있는가? 그의 서거 이후 우리는
사회음악적인 연구 내부에서 새로운 방향을 숱하게 보아왔다. 나는 어떤 경우엔
훨씬 더 명시적으로 새로운 방법을 제안했지만, 아무래도 그 성공의 정도는
제각각 다르지 않을까 싶다. 음악사회학의 새로운 지형을 보여주는
설계도를 작성하는 일은 이제 막 시작되었을 뿐이다.

음악의 사회학은 음악과 사회를 따로 분리된 존재자로 보는 발상을 영속시킬 우려가 있다. 이러한 지적은 사회음악적인 연구의 과제가 무엇인지 함축하기도 한다. 사회음악적인 연구의 과제는 음악 가운데 사회적인 것을——음악적 형체와 양식에 끼친 영향으로서, 그리고 음악의 내용 가운데 드러나야 할 이데올로기로서—— 보고자 하는 다양한 시도로 이루어져 있다. 이 모든 노력 가운데 너무나도 많은 것이 답보상태이다. 음악이 무엇을 말하는지, 음악이 무엇을 하는지, 무엇이 음악으로 하여금 그것이 띤 형식을 취하게 만드는지 등 음악에 '대한' 사유는 너무나도 많다. 여기서 우리는 다음과 같이 말해도 좋을 것이다. 음악에 대한 학술적인 태도는 너무나도 많으나, 삶과 존재의 매체로서의 음악에 대해 묻고 싶어 하는 초점은 너무나도 없다고 말이다.

　후자를 고려할 때, 아도르노의 작업은 음악의 사회적 의미와 사회적 형성에 맞춘 나름대로 상당히 학자적인 초점에 대한 진지한 대안으로서 견줄 데가 없다. 그것은 기호학의 초점도, 음악의 사회적 생산에 맞춘 전통 사회학의 초점도 모두 능가한다. 아도르노는 의식과 관계해 음악의 역할에 초점을 맞추었으며, 사회생활의 문화심리적인 토대와 관계해 음악의 역할에 초점을 맞추었다. 그러한 초점에서 아도르노는 은연중에 음악과 사회의 이분법을 거부했다.

사회'로서의' 음악 — 아도르노의 견해

이런 식으로 음악을 원인이 되는(causative) 것으로 이야기하는 것은 '음악과 사회'라는 문구에서 '과'를 잘라내는 것이다. 그 대신 음악을 사회적인 것의 표명으로서 바라보고, 마찬가지로 사회적인 것을 음악의 표명으로서 바라보는 것이다. 그렇다면 그 둘 사이의 차이는 그저 분석적인 차이가 된다. 즉 그 차이는 시간적·공간적 우선성(이를테면 어느 음악적 사건의 음악 외적인 성과에 관심을 갖는지, 어느 사회적 사건의 음악적 성과에 관심을 갖는지)에 달려 있으며, 분석적 연습시 둘 중 어디에서 먼저 시작하는지에 달려 있다는 말이다. 따라서 음악은 사회적인 것에 대한 것도 아니요, 사회적인 것에 의해 야기된 것도 아니다. 음악은 우리가 엄연히 사회적인 것이라 받아들이는 그것의 일부이다. 음악은 사회생활을 이루는 구성 요인인 것이다.

이런 생각을 알아차린 아도르노의 간취(看取)는 그의 막대한 공헌 가운데 단연 가장 중요한 측면이었다고 사료된다. 더군다나 그것은 음악 사회학 분야에 대한 공헌이라기보다는 오히려 우리가 사회적 인간존재로서 어떻게 작동하는지를 사유하는 훨씬 더 큰 프로젝트에 대한 공헌이었다. 이쯤에서 그런 공헌의 특성을 살펴볼 만하다.

아도르노는 원인이 되는 음악의 속성에 대한 플라톤의 고전적인 관심사를 진지하게 받아들인 현대의 첫 번째 이론가였다. 아도르노가 아니었다면 폐기되었을 이런 초점에 20세기 사회음악적인 연구자들이 그토록 난색을 표했던 이유가 있다. 음악은 ——그것이 지닌 이른바 '추상적인' 특성(어떠한 이미지·낱말도 포괄하지 않는 음악의 특성)으로 말미암아── 사회현실과 뚜렷이 구별되고 따라서 사회적 분석에 휘둘리지 않는 것으로 보였기 때문이다. 아도르노의 지대한 공헌은 음악이 의미하거나 재현할 법한 것에 초점을 맞추는 대신, 음악적 처리방식과 음악의 형식적 패턴에 관심을 가진 것이었다. 아도르노의 초점은 음악구성의 **취급방식**(작곡의 처리과정의 특성)을 중심으로 했다. 이것이 함축하는 바, 이런 특성은 결국엔 음악에 반응하는 청자의 패턴을 구조화했으며, 따라서 좀더 일반적으로는 현실에 반응하는 청자의 패턴을 구조화했다는 것이다.

아도르노가 보기에 음악재료를 다루는 취급방식의 특정 양태, 즉 음악적 처리과정은 당연히 (침전된 역사를, 후속 작곡가들이 고투를 벌어야 했던 역사를 음악구성이 창출했던 방식을 통해서) 작곡 활동에게도 범례적이었지만, 현실의 본성에 대한 사유에게도 범례적이었다. 예컨대 쇤베르크에 대한 아도르노의 설명에서 음악은 거의 알레고리 기능을 담당하고 있음이 매우 분명하다. 음악은 어떻게 우리가 세계에 대한 지식을 조직하고자 할 법한지에 대한 시뮬레이크럼이다. 쇤베르크 음악이 불협화음투성이라는 사실은 모순을 통해 드러나는 현실이라는 개념구상에게 범례적이었다.

이런 의미에서 음악은, 범례적인 혹은 패러다임적인 성격을 통해서, 음악 외적인 영역의 물질적 실재에 대해 사유하는 법, 주의를 기울이는 법을 가르쳐주는 실물교수(object lesson)로 소용되었다. 이런 점에서 음악은 교훈적인 기능을 지녔다는 것이 아도르노의 방안이며, 쇤베르크의 음악은 "세계의 온갖 어둠과 불명료성"(Adorno, 1973)이 조명될 수 있을 대비 구조를 마련해주었다.

이런 의미에서 음악을 교훈적이라 이야기하는 것은 음악적 은유라는 관념을 훌쩍 뛰어넘는다. 그것은 음악과 또 다른 활동이나 매체 사이의 구조적 유사성을 시사하는 것이 아니다. 오히려 음악이 기본적인 처리 과정의 특질을 음악 외적인 활동과 공유하며, 이런 특질이 저 음악 외적인 사안을 행하고 취급하는 데 중대한 영향을 끼칠 것임을 관찰하는 것이다. 바로 여기에서 음악 외적인 사안과 관계해 과연 음악은 얼마나 역동적인 매체인지 음미하기 시작할 수 있다. 그리고 우리는 아도르노 덕분에, 이를테면 성부들이 맺는 상호관계를 취급하는 법을 결정할 때 음악이 어떻게 불가피하게 도덕적 매체인지 알아보기 시작할 수 있다. 그런 도덕성은 재료를 처리하는 음악의 취급방식에서, 그리고 그 취급방식을 통해서 확연히 드러난다.

텍스트의 활동은 물론 음(音)의 활동과 관계해 이런 주장을 밝힐 수 있으리라(제1장과 제3장에서 나는 이 주장을 밝힌 바 있다). 아도르노 자신의 텍스트 실천은 바로 이런 논제에 빛을 비추는 데 기여했다. 자신의 철학을 판에 박힌 진술로 포괄하려 하지 않는 아도르노의 거부, 대단히 복잡하고 난해한 언어적 '불협화'를 즐기는 아도르노의 취향과 과장법 사용, 이 전략들은 모두 다 너무나도 손쉬운 음악의 소화과정에 저항했으며, 거의 변연계[1]의 상태라고 할 수 있는 유예된 인식을 영속시켰다. 이런 관심사는 문화적 활동(텍스트 활동이든 음악활동이든)의 도덕적이고 범례적인 성격과 더불어, 결국엔 음악의 교훈적인 기능의 두 번

---

1) 대뇌피질과 뇌간 사이에서 중간 역할을 하는 신경세포 집단. 밖에서 들어온 정보를 통합하고 자율신경을 통해 전달함으로써 신체 변화를 야기한다. 체온·혈압·심박동·혈당 조절 외에도 식욕·성욕 등의 본능적인 욕구와 관계가 있으며, 감정과 기억에 영향을 미치기도 한다.

째 측면과 연관 관계를 맺는다. 바로 여기에서 우리는 음악이 어떻게 인식적 방향제시와 관계해 제 역할을 하는지 알아볼 수 있다. 이는 결국엔 청중이 지닌 주관적이고 체화된 특성에 좀더 직접적으로 호소하는 음악의 능력과 연관된다.

이렇게 음악과 인식에 맞춘 초점은 일종의 음악적 역동성 이론, 즉 음악적 취급방식이 청자의 반응 양태를 함축한다는 이론에 대한 아도르노의 두 번째 주요 공헌을 초래한다. 이 이론은 대중음악과 (스트라빈스키와 같이) 그가 수긍하지 않은 음악에 대한 아도르노의 담론을 계속 밀어붙인 끝에 나온 생각이다. 아도르노에 따르면 이런 음악은 조건반사와 같은 반응을 주입시키는 한에서 '어둠과 불명료성'을 사주했다. 그런 음악은 청자를 부추겨 친숙한 즐거움과 패턴에 몸을 맡기도록 한다. 이 속에서 만족은 가라앉은 진정(鎭靜)인 동시에, 훨씬 더 음험하게는 표준화의 강화이다. 달리 말해서 그것은 반복을 통해서(낡은 인기곡을 거듭 다시 들음으로써, 유적으로 비슷한 음악을 일정기간 들음으로써) 연마된 반응 패턴을 스스로 배워 익히도록 강화한다. 이로써 음악에서든 그 밖에 다른 어느 곳에서든 차이를 자각하는 청자의 분별력을 질식시킨다. 이런 과정을 통해서 음악은 의식의 표준화와 우둔화에 공헌했다. 여기서부터 음악을 어떻게 사회적 통제의 도구로 사용할 수 있는지에 맞춘 초점은 그다지 멀지 않다. 광고와 마케팅에서, 정치 캠페인에서, 물리적 공간 안에서 태도를 배치하기 위해서 말이다.

새로운 방법, 고전적 관심사

이 책이 진행되는 과정에서 아도르노로부터 받아들인 이런 생각은 다시 고쳐 발전시킬 수밖에 없었다. 어떤 경우엔 다른 때보다 훨씬 더 명시적으로 새로운 방법을 제안했지만, 아무래도 그 성공의 정도는 제각각 다르지 않을까 싶다. 음악사회학의 새로운 지형을 보여주는 설계도를 작성하는 일은 이제 막 시작되었을 뿐이다. 그것은 음악인류학·음악교육학·음악학·사회학·인류학·지리학·사회심리학 등 여러 분야에서 실시되고 있다.

아도르노의 작업에 대한 내 자신의 비판의 골자는 다음과 같은 생각이 중심에 있다. 실제적인 것의 철학에 대한 아도르노의 관심사에도 불구하고 그의 작업은 너무 일반적이고 추상적인 수준에서, 현실에 입각하지 않은 방식으로 나아갔다. 모든 사람이 이런 견해를 공유하지는 않을 것이다. 특히 음악분석이 음악담론에 대한 분석—행위보다 우선하는 수준에서, 행위 중인 문화라기보다는 문화의 수준에서 명료화된 음악적 패턴과 변수에 대한 관찰—이라는 생각을 견지하는 수많은 음악학자는 이런 견해를 공유하지 않을 것이다.

제2장에서 서술했듯이 나는 '담론으로서의 음악' 분석과 '행위로서의 음악' 분석 사이에 설계도를 작성할 수 있는 중간 길이 있다고 믿는다. 이 길은 음악적 유발성 개념을 경유하는 길이다. 이런 발상은 음악의 범례적인 특성, 교훈적인 특성에 대한 아도르노의 관심사는 물론, 또 음악을 듣는 사람의 반응을 배치하는 음악의 능력에 대한 그의 관심사를 유지하도록 한다. 그와 동시에 이런 관심사를 음악분석에 대한 단 하나의 시야로부터 돌려놓는다(제3장에서 제언하려고 노력했듯이, 음악분석은 중요한 구성요소로서 그 나름대로의 설명적 원천이 아니라 오히려 탐구 물음을 발생시키도록 하는 수단이 된다). 어떻게 음악이 행위 속으로 끌어들여지는지, 어떻게 음악적 사건 안에서 음악이 참여하는 것으로 보

일 수 있는지에 맞춘 초점은 관심사를 전환시킬 수밖에 없다. 즉 음악이 '무엇을' 하는가에 대한 관심사는 음악이 '어떻게' 모종의 사회음악적인 세계건립(world building)을 위한 자원을 특정 행위자에게 유발하는 것으로 보일 수 있는가에 대한 관심사로 전환된다. 이런 초점은 음악학과 사회학을, 양자의 전통적인 경계선을 초월하는 새로운 유형의 학제적인 프로젝트 속으로 한데 모은다. 바로 거기에 아주 흥미로운 모험의 성공 요건이 놓여 있다.

이 모험의 핵심 특징을 다소 모호하게 말하자면, 그 프로젝트는 다음과 같은 과제를 수반한다. 현재 너무나도 일반적인 그 무엇을 좀더 특정한 것으로 대체하고 너무나도 특정적인 그 무엇을 좀더 일반적인 것으로 대체하자는 것이다. 우선 이 프로젝트의 과제 가운데 처음 절반에 관해서, 우리는 음악이 무엇을 행하는가에 대한 일반적인 결론(예컨대 모차르트 이펙트, 교통이 혼잡한 러시아워 시간대에 운전할 때 도움이 되는 음악, 구매를 증폭시키기 위한 음악)에 도달하려는 시도로부터 멀리 떨어질 필요가 있다. 그리하여 음악이 사용되는 바로 그곳의 특정 위치 안에 어떻게 깃들여지는가에 대한 매우 특정한 결론으로 이동할 필요가 있다. 그런 다음 이런 특정한 연구로부터 머지않아, 좀더 일반적인 수준에서 음악이 무엇을 행하는 데 사용될 수도 있는가에 대해 견실한 결론을 산출할 수 있을 것이다.

이와 정반대로 특정 텍스트의 분석을 넘어 나아가는 것이 필요하다. 즉 우리는 작품 개념에서 완전히 멀리 떠나 훨씬 더 일반적인 발상, 즉 어떻게 서로 다른 유형의 음악재료가 서로 다른 시간에, 서로 다른 사항을 서로 다른 행위자에게서 유발할 수 있는지 하는 발상으로 나아갈 필요가 있다. 아닌 게 아니라 정말로 작품 개념은 그 자체로 행위자에게 일련의 유발을 마련해줄 수 있다(서로에게 음반을 틀어주면서 "이건 클래식이야"라고 말하는 행위자를 상상해보라. 그런 것은 단순히 "나는 이걸 좋아해"라고 말하는 방식과 사뭇 다른 방식으로 청취 상황을 배치할 법하다). 음악재료에 대한 이런 좀더 일반적인 초점은 문화를 다음과 같이 보는 사회학적 관심사로 통한다. 문화는 우리가 그것을 갖고 작용하고, 느끼고, 행하고, 존재할 수도 있는 재료의 체계를 제공해준다는 것이다. 작품과 원작자에 맞춘 초점의 견지에서 철회되는 것은 문화적 도구와 문화적 레퍼토리에 대한 사유의 수준에서 획득된다. 그것은 행위와 경험의 매체로서의 음악을 눈에 띄게 강조하는 데 기여한다.

그렇게 하면서 우리는 다음과 같은 발상과 관념 사이에 진행경로를 보여주는 설계도를 작성한다. 즉 우리는 '음악 자체'가 (오로지 음악분석으로만 이루어진 패러다임과 결부될) 음악효과의 원작자라는 발상과, 음악효과가 기껏해야 음악과 그 힘에 대해 이야기하는 것에서 비롯될 따름이라는 관념 사이에 진행경로를 보여주는 설계도를 작성한다. 달리 말해서 우리는 음악재료에 주목하는 만큼, 이들 재료가 실시간 들리고 사회적 경험 속으로 통합되는 여건에도 똑같이 주목을 기울이는 대칭적인 접근방식을 향한 길을 찾고 있다.

바로 여기서 우리는 음악적 사건에 도달한다. 이 개념은 난점이 없지 않다. 물론 사회세계의 일부로 간주되어야 하는 것이 모두 다 실제로 '발생'한 것은 아니며, 이 책 곳곳에서 논의된 바 있는 음악적 사건이라는 개념은 (음악과 경험이 오고 가는—옮긴이) 거래 쪽으로 치우치는 경향이 있다. 음악적 사건이 반드시 사실일 필요는 없다. 사건은 상상 속에서 일어날 수도 있고 소설 속에서 일어날 수도 있다. 실은 '사건'이라는 용어는 음악과 경험의 접속을 (진짜든 상상했든) 서술하기 위한 한낱 편의상의 명칭일 뿐이다. 이런 점에서 음악적 사건 개념은 막스 베버의 행위 개념[2]과 친화성을 갖는다.

아도르노 이후의 음악사회학

아도르노 이후 음악사회학은 어디로 가고 있는가? 1969년 그의 서거 이후 우리는 사회음악적인 연구에서 새로운 방향을 숱하게 보아왔으며, 이전 장들은 이 새로운 방향을 서술했다. 사회학 내 문화의 생산 또는 예술계의 생산 접근법, 음악학 내 기호학과 음악담론 분석, 음악인류학 내 활동으로서의 음악 만들기에 맞춘 초점, 최근 음악사회학과 음악사 회심리학 등이 그것이다. 이 마지막 발전은 어떻게 사람들이 음악을 만 들고 음악과 더불어 뭔가를 하는지에 초점을 맞추고 있는 바, 음악-사 회 이분법을 넘어가고자 했다. 이는 필자의 남다른 심정이 깔려 있는 이 책을 훑어본 사람이라면 누구나 다 아는 사실이다.

대강 말하자면, 나는 아도르노의 애초의 관심사가 음악의 사용 및 흡 수율에 대한 공간적·시간적으로 위치한 개개의 특수한 예에 초점을 맞 춤으로써 진척될 법한 방도를 눈에 띄게 강조하고자 했다. 이들 예를 사 용해서 '음악을 하는 것'이 동시에 '다른 뭔가를 하는 것'(사유하고 회 상하기, 느끼기, 움직이기, 존재하기, 타인과 함께 협조하고 조정하고 때로는 결탁하기)이게끔 하는 실제 메커니즘을 포착하려고 노력했다.

---

2) 인간의 동기와 사상이 변화를 추동하는 힘이라고 보았던 베버는 사회학이 '구조'가 아닌 사회적 '행위'에 중점을 두어야 한다고 생각했으며, 주관적인 요소의 중요성 을 늘 강조했다.

그러한 프로젝트는 제2장에서 서술되었으며 후속 장에서 아도르노의 몇몇 핵심 관심사와 관계해 실지로 시행되었다.

그러한 장의 목표는 적시(摘示)하는 것, 즉 현실에 입각한, 공공연히 경험적으로 지향된 음악사회학이 발전하는 데 도움을 줄 법한 주제와 가능성 가운데 단 몇 가지만을 나타내 보여주는 것이었다. 이제는 거기서 강구된 갈래를 한데 모을 시간이다. 음악적 사건의 맥락에서 음악은 무엇을 할 수 있는가? 이 과정을 조명하기 위해서 음악사회학은 무엇을 할 수 있는가?

두 번째 물음에 먼저 답하자면, 음악사회학은 전체론적인 관점을 띤 아도르노의 솔선수범을 따라갈 필요가 있다. 그렇다면 이 관점의 핵심 특성은 물질문화적인 사회세계를 '부분'(음악·행동·비품)으로 경험에 앞서서(a priori) 나누려고 시도하기를 그만두는 것이며, 오히려 특수한 환경 및 시간적 틀 안에서 사람과 사물이 어떻게 한데 모이는지 살펴보는 것이다. 즉 시간과 공간에 걸쳐서 사람과 사물의 변환·운동·흐름을 살펴보는 것이다. 바꿔 말하자면, 음악사회학은 어떤 급진적인 환경주의의 입장을 채택하는 것이 좋을 것이다. 바로 거기서부터 음악과 그 역할에 대한 선험적인 가정 없이 우리는 행위자를 따라갈 수 있다. 음악적 사건에 연루되는 것으로 보일 때, 음악에 방향을 맞추거나 음악을 소환 내지 동원하거나 음악과 교호작용할 때의 행위자를 말이다(바로 여기에서 음악적 사건은 또한 동시에 다른 사건의 유형으로서, 가령 대화적인 사건으로서 개념화될 수 있음을 이해할 수 있다. '음악적 사건'이라는 용어는 행위와 경험을 공들여 직조할 적에 음악의 장소를 눈에 띄게 강조하고 고수하기 위한 장치로서만 사용되고 있다. 그러나 음악은 다만 여러 매체 가운데 하나일 뿐이며 행위자에 의해서 방향설정이 된 한에서만 중요하다).

그래서 음악은 무엇을 할 수 있는가? 우리는 음악이 관여한다는 것을, 음악이 시간과 공간에 걸쳐서 벌어지는 사건에 참여한다는 것을 알고 있다. 예컨대 우리는 음악이 어떻게 지식의 생산에 들어가는지 알아보았으며, 음악이 어떻게 행위자에게 어떤 것은 상기시키면서 동시에 다른 것은 망각하게 만드는 데 도움을 주는 일종의 심적 스위치(mental switch)로 소용될 수 있는지 알아보았다. 우리는 음악이 어떻게 사물에 대한 관념이나 표상을 정립시키기 위한 견본을 마련해줄 수도 있는지, 음악이 어떻게 행위의 노선 내지 경로를 예증하거나 패러다임으로서 역할하게 될 수 있는지 알아보았다. 우리는 음악이 어떻게 주어진 바를 정신에 주입시켜 상기시킬 수 있으며, 때때로 이는 사유하려는 시도로부터 정신을 분산시키는 기분전환으로 소용될 수 있는지 알아보았다. 그리고 우리는 음악이 어떻게 실시간에 국부적 기억 생산의 도구, 기억의 테크놀로지일 수 있는지 알아보았다.

우리는 또한 음악을 주관성 및 경험(감정적이고 체화된 흐름)과 관계해 고찰했다. 여기서 음악의 물질성, 음악의 도상성과 시간성은 상징화되기에 이를 법한 그 어떤 음악적 관습만큼이나 지극히 중요하다. 그리고 이 모든 것을 통틀어, 실제 음악소비라는 개인적 수준에서도 보고 또 음악소비가 틀 지어질 법한 집단적 수준에서도 보니, 음악을 다른 것과 잇는 연결고리의 중요성이 목격되었다. 가령 음악에 대한 담론과 잇는 연결고리, 음악이 깃들여 있는 물질적 무대장치와 잇는 연결고리, 음악적 주목의 양태와 잇는 연결고리가 그것이다.

비록 자신이 위치해 있는 물질적·문화적·사회적 환경과 '합주'하는 행동일지언정 음악은 행동한다. 그러나 음악은 또한 효과가 연합되기 때문에 타인의 태도(와 주관성)를 구조화하는 데 관련된 행위자와 조직에 도움이 될 수 있다. 바로 여기서 서로서로 '통제'하려는 인간의 시도와 관계해, 제도적 · 조직적 목표 및 표적과 관계해 음악을 고찰하는 것은 유익하다.

음악 · 안정성 · 변화

음악은 사회변화에 가담한다. 음악은 사회운동 활동 등에서 보이듯이 대규모의 변화에 가담할 뿐만 아니라, 기분의 변화와 사회적 방향설정의 변화에서처럼 순간순간의 변형에도 가담한다. 음악이 기억을 촉발하거나, 사고나 행위를 위한 모델을 마련해주거나, 주변 분위기를 알려주거나, 혹은 신체가 움직임이나 에너지 과정을 재조직하는 변수를 마련해줄 수도 있는 한에서, 음악은 변화의 매체이다. 이런 의미에서 음악은 사회적인 것이 일시적으로 배치되게끔 하는 매체요, 차이가 시시각각 모습을 갖추게끔 하는 매체이다.

따라서 어떻게 음악 안에서, 그리고 음악과 더불어 존재가 수행되는지 그 방도를 이야기하는 것이 가능하다. 달리 말해서 음악은 행위의 매체이다. 음악은 우리에게 사회생활을 행하기 위한 양태와 도구를 준다. 여기에서 비로소 우리는 음악을 '사회'와 뚜렷이 구별되는 것이 아닌 것으로 보기 시작할 수 있다. 오히려 우리는 음악을 간혹 사회생활이라고 지칭하는 것을 행하기 위한 매체로 간주하기 시작할 수 있다. 이런 의미에서 음악은 사회생활이다. 사회음악적인 연구는 사회가 대체 어떻게 음악 '안에서' 발견될 수 있는지에 대한 연구가 아니라, 어떻게 음악은 다만 우리가 결국 사회적 행위라고 부르고 만 것을 행하는 한 가지 방도인지에 대한 연구이다. 유명한 '침묵' 곡 「4분 33초」(그것은 절대 침묵하지 않았다!)와 관계해 존 케이지는 다음과 같이 말했다.

대부분의 사람들은 어떤 음악 곡을 들을 때 어떠한 것도 행하지 않고, 오히려 무엇인가가 그들에게 행해지고 있다고 잘못 생각하고 있다. 이제 이것은 사실이 아니다. 우리는 우리의 음악을 배열해야만 한다. 우리는 우리의 예술, 모든 것을 배열해야만 한다. 그리하여 사람들은 그들 자신이 그걸 행하는 것이지, 무엇인가가 그들에게 행해지고 있는 것이 아님을 깨닫게 된다고 믿는다.(Nyman, 1974, 21쪽)

달리 말해서 (사회생활의 전 영역에서) 우리를 온통 둘러싼 소리에 유념하게 될 때, 행하고 존재하고 느끼는 것, 곧 사회생활에서 그 소리를 우리의 공모자(및 반대자)로 알 때, 음악사회학은 궁극적인 목표를 성취할 것이다. 그러한 자각에 놓여 있는 것은, 바로 레너드 마이어가 급진적 경험주의[3]라고 언급한 적이 있는 것, 케이지가 "언어의 비무장화: 진지한 음악적 관심사"[4](Gena, 1982, 44쪽)라고 칭한 것이다. 그

---

3) 미국의 심리학자 제임스(William James, 1842~1910)가 『급진적 경험주의』(Essays in Radical Empiricism, 1912)에서 제안한 실용주의 노선. 어떠한 철학적 세계관도 물리적 수준에 멈춰 서서 어떻게 그로부터 의미·가치·지향성이 발생할 수 있는지 설명하지 못한다면 결함이 있다는 주장이다.

4) 케이지(John Cage)의 『텅 빈 낱말』(Empty Words, 1979) 가운데 「미래의 음악」(1974)에서 언급된 개념. '구문론에서 자유로운 언어'를 뜻한다. 구문론(syntax)이 원래 '군대의 배열'을 뜻하는 군사용어라는 사실을 염두에 둘 때 '언어의 비무장화'의 의미가 상통한다. 구문론의 어원은 배열(arrangement)을 뜻하는 고대 그리스어이다.

렇다면 음악의 힘에 관심을 가진 음악사회학과 관계해 분석적 행위수행자로서의 우리는, 그리고 실천 중인 음악의 사례를 위해 우리가 참고하는 사람들은, 둘 다 어째서 아도르노의 쇤베르크 예찬으로부터——그의 음악에서 아도르노는 모험적인 범례를 발견했던 바—— 착상을 얻는 것보다 더 나은 것을 할 수 없는지 알아볼 필요가 있다.

쇤베르크의 음악은 애초부터 능동적이고 집중적인 참여, 동시적인 다양성에 대한 가장 예리한 주목, 기대되는 것을 늘 아는 청취의 관습적인 버팀대(예컨대 상투적인 수단인 클리셰-옮긴이)의 포기를 요구한다. ……그것은 청자로 하여금 음악의 내적인 움직임을 구성하기를 요하며 한낱 관조가 아니라 활동을 요구한다.(Adorno, 1967, 149쪽)[5]

---

5) 「쇤베르크의 이해를 위하여」(1955, 1967) 내용 가운데 일부를 요약·인용한 듯하다. 전통음악은 마치 개별자가 일반성에 종속된 듯, "도식에 의해 미리 그려진 화성적·선율적·형식적 경로 안에서" 움직이는 데 반해, "음악적 사건의 지금 여기"를 중시하는 쇤베르크 음악은 더 큰 집중력을 필요로 하며, "특히 여러 선율 선을 동시에, 상호관계 속에서 따라가는 능력을 전제한다. ……이른바 와해는 익숙한 대칭의 버팀대가 결여되어 있다는 데 있다. ……그의 음악을 내적 원리에서부터 이해하기만 했다면, 청자는 친숙한 것으로부터 벗어난 감각적인 소리의 이탈을 저절로 받아들인다."(아도르노 전집 18권, 431쪽 이하)

참고문헌

Adorno, T. *Philosophy of Modern Music*, A. G. Mitchell과 W. Blomster 옮김, New York: Continuum, 1973.

_____, *Introduction to the Sociology of Music*, E. B. Ashton 옮김, New York: Continuum, 1976.

_____, *In Search of Wagner*, R. Livingstone 옮김, London: Verso, 1981.

_____, *Prisms*, S. Weber와 S. Weber 옮김, Cambridge, Mass.: MIT Press, 1981.

_____, *Mahler: A Musical Physiognomy*, E. Jephcott 옮김, Cambridge: Polity, 1992.

_____, *Beethoven: The Philosophy of Music*, R. Tiedemann 엮음, E. Jephcott 옮김. Cambridge: Polity, 1998.

_____, *Essays on Music*, R. Leppert 편역. S. Gillespie 옮김, Berkeley, Los Angeles, London: University of California Press, 2002.

Adorno, T.와 M., Horkheimer, *Dialectic of Enlightenment*, J. Cumming 옮김, New York: Continuum, 1972.

Akrich, M., "The Description of Technical Objects", *Shaping Technology/Building Society*, W. E. Bjiker와 J. Law 엮음, Cambridge, Mass.: MIT Press, 1991.

Areni, C. S.와 D., Kim, "The Influence of Background Music on Shopping Behaviour: Classical Versus Top-40 Music in a Wine Store", *Advances in Consumer Research* 20, 1993, 336~340쪽.

Barbelet, J. M., "Reflections on the Sociology of Emotions: the Section and the Discipline", *Emotions Section Newsletter*, American Sociological Association 16:1, 2002, 3, 4쪽.

Barnes, B., *Interests and the Growth of Knowledge*, London: Routledge, 1977.

_____, T. S., *Kuhn and Social Science*, London: Macmillan, 1978.

Barthes, R., "The Grain of the Voice", *On Record: Rock, Pop and the Written Word*, S. Frith와 A. Goodwin 엮음, London: Routledge, 1990[1977], 293~301쪽.

Becker, H. S., *Art Worlds*, Berkeley, Los Angeles, London: University of California Press, 1982.

_____, "Ethnomusicology and Sociology: A Letter to Charles Seeger", *Ethnomusicology* 33, 1989, 275~285쪽.

Bennett, A., *Popular Music and Youth Culture: Music, Identity and Place*, Basingstoke: Macmillan, 2000.

Benzon, W., *Beethoven's Anvil: Music in Mind and Culture*, New York: Basic Books, 2000.

Berezin, M., "Secure States: Towards a Political Sociology of Emotion", *Sociology and Emotion*, J. M. Barbalet 엮음, London: Basil Blackwell, 2002, 33~52쪽.

Birke, L., "In Pursuit of Difference: Scientific Studies of Men and Women", *Knowing Women: Feminism and Knowledge*, G. Kirkup과 L. Smith Keller 엮음, Cambridge: Polity, 1992, 66~77쪽.

Blau, J., "High Culture as Mass Culture", *Art and Society: Readings in the Sociology of the Arts*, A. Foster와 J. R. Blas 엮음, Albany: State University of New York Press, 1989, 429~440쪽.

Bloch, E., *The Utopian Function of Art and Literature*. Cambridge, Mass.: MIT Press, 1988.

Blomster, W. V., "Sociology of Music: Adorno and Beyond", *Telos* 28 (summer), 1976, 81~112쪽.

_____, "Adorno and his Critics: Adorno's Musico-Sociological Thought in the Decade Following His Death", *Musicology at the University of Colorado*, 1977, 200~217쪽.

Born, G.과 D. Hesmondhaugh., *Musicology and its Others*, Berkeley, London: University of California Press, 2000.

Bourdieu, P. *Distinction*, London: Routledge, 1984.

Bowler, A., "Methodological Dilemmas in the Sociology of Art", *The Sociology of Culture*, D. Crane 엮음, Oxford: Blackwells, 1994, 247~266쪽.

Buck-Morss, S., *The Origin of Negative Dialectics*, New York: The Free Press, 1978.

Bull, M., *Sounding Out the City*, Oxford: Berg, 2000.

Burnham, S., *Beethoven Hero*, Princeton: Princeton University Press, 1995.

Butler, J., *Gender Trouble*, London: Routledge, 1989.

Cage. J., *Silence*, Middletown, Conn.: Wesleyan University Press, 1961.

Callon, M., "Some Elements of a Sociology of Translation: Domestication of the Scallops and the Fishermen of St Beiene Bay", *Power, Action and Belief: A New Sociology of Knowledge*, J. Law 엮음, 1986, 196~233쪽.

Canetti, E., *Crowds and Power*. C. Stewart 옮김, London: Gollancz, 1962.

Cavicchi, D., "From the Bottom Up: Thinking About Tia DeNora's Everday Life", *Action, Criticism and Theory for Music Education* 1:2, 2002, 1~15쪽.

Citron, M., *Gender and the Musical Canon*, Cambridge: Cambridge University Press, 1992.

Clarke, E.와 N. Cook, *Empirical Musicology*, Oxford: Oxford University Press, 2004.

Collins, H., "An Empirical Relativist Programme in the Sociology of Scientific Knowledge", *Science Observed: Perspectives on the Social Study of Science*, K. Knorr-Cetina와 M. Mulkay 엮음, London: Sage, 1983, 85~114쪽.

Collins, R., "Emotional Energy as the Common Denominators of Rational Choice", *Rationality and Society* 5, 1993, 203~220쪽.

Connerton, P., *How Societies Remember*, Cambridge: Cambridge University Press, 1989.

Cook, N., *Music, Imagination and Culture*, Oxford: Clarendon Press, 1992.

Cook, N.과 Dibben., "Musicological Approaches to Emotion", *Music and Emotion: Theory and Research*, P. Juslin과 J. Sloboda 엮음, Oxford: Oxford University Press, 2001, 45~71쪽.

Cooley, C. H., *Human Nature and the Social Order*, New York: Charles Scribner's, 1902.

Davies, S., "Philosophical Perspectives on Music's Expressiveness", *Music and Emotion: Theory and Research*, P. Juslin과 J. Sloboda 엮음, Oxford: Oxford University Press, 2001, 23~44쪽.

De las Harras, V., *What Does Music Collecting Add to our Knowledge of the Functions and Uses of Music?*, unpublished M.Sc. dissertation, Department of Psychology, University of Keele. 1997.

DeNora, T., "Structure, Chaos and Emancipation: Adorno's Philosophy of Modern Music and the Post-WW II Avant-garde", *Structures of Knowing*, R. Monk 엮음, Lanham, New York, London: University Press of America, 1986a, 293~322쪽.

_____, "How is Extra-Musical Meaning Possible? Music as a Place and Space for 'Work'", *Sociological Theory* 4, 1986b, 84~94쪽.

_____, *Beethoven and the Construction of Genius*, Berkeley, Los Angeles, London: University of California Press, 1995a.

_____, "Deconstructing Periodization: Sociological Methods and Historical Ethnography in Late Eighteenth-Century Vienna", *Beethoven Forum* 4, 1995b, 1~15쪽.

_____, "From Physiology to Feminism: Reconfiguring Body, Gender and Expertise", *International Sociology* 11:3, 1996, 359~383쪽.

_____, "The Biology Lessons of Opera Buffa", *Opera Buffa in Mozart's Vienna*, Mary Hunter와 James Webster 엮음, Cambridge: Cambridge

University Press, 1997, 146~164쪽.

_____, "Music as a Technology of the Self", *Poetics* 26, 1999, 31~56쪽.

_____, *Music in Everyday Life*, Cambridge: Cambridge University Press, 2000.

_____, "Music into Action: Performing Gender on the Viennese Concert Stage, 1790~1810", *Poetics: Journal of Empirical Research on Literature, the Media and the Arts*, Special issue on "New Directions in Sociology of Music", guest ed. T. Dowd, 30:2 (May), 2002a, 19~33쪽.

_____, "The Role of Music in the Daily Lives of Women— the Case of Initimate Culture", *Feminism and Psychology*, Special issue on music and gender, guest ed. S. O'Neill, 12:2 (May), 2002b, 176~181쪽.

DeNora, T.와 S. Belcher (n.d.), "Interview with a Creative Music Therapist", February 1998.

DiMaggio, P., "Cultural Entrepreneurship in Nineteenth—century Boston", *Media, Culture and Society* 4, 1982, 35~50, 303~322쪽.

_____, "Culture and Cognition", *Annual Review of Sociology* 23, 1997, 263~287쪽.

Dowd, T., "The Mitigated Impact of Concentration on Diversity: New Performing Acts and New Firms in the Mainstream Recording Market, 1940~90", *Social Forces*, 82/4, 2004, 1411~1455쪽.

Durkheim, E., *The Elementary Forms of Religious Life*, New York: The Free Press, 1915.

Eco, U., R. Rorty., J. Culler., C. Brooke—Rose., *Interpretation and Overinterpretation*, Cambridge: Cambridge University Press. 1992.

Edström, O., "Fr—a—g—me—n—ts: A Discussion on the Position of Critical Ethnomusicology in Contemporary Musicology", *Svensk Tidskrift for Musikforskning(Swedish Journal of Musicology)* 79:1, 1997, 9~69쪽.

Etzkorn, P., "Introduction", *Music and Society: The Later Writings of Paul Honigsheim*, New York: John Wiley & Sons, 1973, 3~42쪽.

Eyerman, R.과 A. Jamieson., *Music and Social Movement*, Cambridge:

Cambridge University Press, 1998.

Farrell, G., "The Early Days of the Gramaphone Industry in India", *The Place of Music*, A. Leyson, D. Matless, G. Revill 엮음, New York: The Guilford Press, 1998, 57~82쪽.

Fauquet, J. M.과 A. Hennion., *La grandeur de Bach*, Paris: Fayard, 2002.

Featherstone, M., M. Hepworth, B. Turner., *The Body: Social Processes and Cultural Theory*, London: Sage, 1991.

Ferlinghetti, L., *A Coney Island of the Mind*, New York: New Directions, 1958.

Fox Keller, E., *A Feeling of the Organism*, New York: W. H. Freeman, 1983.

Frazer, E.와 D. Cameron, "On Knowing What to Say", *Social Anthropology and the Politics of Language*, R. Grillo 엮음, London: Routledge, 1988, 25~40쪽.

Frith, S., *Performing Rites: On the Value of Popular Music*, Oxford: Oxford University Press, 1996.

Frith, S.와 A. Goodwin., *On Record: Rock, Pop and the Written Word*, London: Routledge, 1990.

Garfinkel, H., "Passing and the Managed Achievement of Sexual Status as an Intersexed Person", *Studies in Ethnomethodology*, New York: The Free Press, 1967, 116~185쪽.

Gena, P., *A John Cage Reader in Celebration of his 70th Birthday.* C. F. Peters. 1982.

Gillespie, S., "Translating Adorno: Language, Music, and Performance", *Musical Quarterly* 79, 1995, 55~65쪽.

_____, "Translator's Note", T. W. Adorno, *Essays on Music*, Berkeley, Los Angeles, London: University of California Press, 2002, xiii–xv쪽.

Goehr, L., *The Imaginary Museum of Musical Works: an Essay in the Philosophy of Music*, Oxford: Oxford University Press. 1992.

Goffman, E. *Asylums*, Garden City: Doubleday, 1961.

Gomart, E.와 A. Hennion., "A Sociology of Attachment: Music Amateurs, Drug Users", *Actor Network Theory and After*, J. Law와 J. Hazzard 엮음, Oxford: Blackwell, 1999, 220~247쪽.

Green, L., *Music, Gender and Education*, Cambridge: Cambridge University Press, 1997.

_____, *How Popular Musicians Learn*, London: Ashgate, 2001.

Hanrahan, N., *Difference in Time*, New York: Pareger, 2000.

Hennion, A., *La passion musicale*, Paris: Metaille, 1993.

_____, "The History of Art-lessons in Mediation", *Réseaux: The French Journal of Communication* 3:2, 1995, 233~262쪽.

_____, "Baroque and Rock: Music, Mediators and Musical Taste", *Poetics* 24, 1997, 415~425쪽.

_____, "Music Lovers: Taste as Performance", *Theory, Culture and Society* 18:5, 2001, 1~22쪽.

Hennion, A.과 J. M. Fauquet., "Authority as Performance: the Love of Bach in Nineteenth-century France", *Poetics: Journal of Empirical Research on Culture, the Media and the Arts*, Special issue on 'Musical Consciousness', T. DeNora와 R. Witkin 엮음, 29:2, 2001, 75~88쪽.

Heritage, J., *Garfinkel and Ethnomethodology*, Cambridge: Polity, 1984.

Hetherington, K., *Expression of Identity*, London: Sage, 1998.

Hochschild, A., *The Managed Heart*, Berkeley, Los Angeles: University of California Press, 1983.

Hoppin, R., *Medieval Music*, New York: W. W. Norton, 1978.

Husch, J., "A Music of the Workplace: A Study of Muzak Culture", Ph.D.diss., University of Massachusetts, 1984.

Huxley, A., *Brave New World*, London: Chatto, 1932.

Jackson, S., *Questioning Heterosexuality*, London: Sage, 1999.

Jay, M., *The Dialectical Imagination*, Boston, Mass.: Little, Brown and Co., 1973.

_____, *Adorno*, London: Fontana, 1984.

Johnson, J., *Listening in Paris: A Cultural History*, Berkeley, Los Angeles, London: University of California Press, 1995.

King, A., "Against Structure: a Critique of Morphogenetic Social Theory", *Sociological Review*, 47:2, 1999, 198~222쪽.

_____, *The Structure of Social Theory*, London: Routledge, 2004.

Kingsbury, H., "Sociological Factors in Musicological Poetics", *Ethnomusicology* 35, 1991, 195~219쪽.

Knorr-Cetina, K. "Introduction", *Science in Context*, K. Knorr-Cetina와 M. Mulkay 엮음, London: Sage, 1983, 1~18쪽.

Korczynski, M., "Music at Work: Toward an Historical Overview", *Folk Music Journal* 3, 2003.

Kuhn, T., *The Structure of Scientific Revolutions*, Chicago: University of Chicago Press, 1962.

Lamont, M., *The Dignity of Working Men*, Cambridge, Mass.: Harvard University Press, 2000.

Lanza, J., *Elevator Music: a Surreal History of Muzak, Easy-listening and Other Moodsong*, London: Quartet Books, 1994.

Lash, S.와 J. Urry., *Economies of Signs and Space*, London: Sage, 1994.

Latour, B., *Science in Action*, Cambridge, Mass.: Harvard University Press, 1987.

_____, *The Pasteurization of France*, Cambridge, Mass.: Harvard University Press, 1989.

_____, "Where Are the Missing Masses? A Sociology of a Few Mundane Artefacts", *Shaping Technology/Building Society: Studies in Sociotechnical Change*, W. E. Bijker와 J. Law 엮음, Cambridge, Mass.: MIT Press, 1991, 225~258쪽.

Law, J., *Organising Modernity*, Cambridge: Polity, 1994.

Law, J.와 J. Hassard 엮음, *Actor Network Theory and Beyond*, London: Sage. 1999.

Leppert, R., *The Sight of Sound*, Berkeley, Los Angeles, London: University of California Press, 1993.

_____, "Commentary and Notes", *Essays on Music*, Adorno, Berkeley, Los Angeles, London: University of California Press, 2002.

Leppert, R.와 S. McClary, 엮음, *Music and Society*, Cambridge: Cambridge University Press, 1987.

Leyshon, A., D. Matless, G. Revell., *The Place of Music*, New York, The Guildford Press, 1998.

Lury, C., *Prosthetic Culture: Photography, Memory and Identity*, London: Routledge, 1996.

MacInies, D.와 C. Park., "The Differential Roles of Characteristics of Music on High-and Low-Investment Customers' Processing of Ads", *Journal of Consumer Research* 18, 1991, 161~173쪽.

Maisonneuve, S., "Between History and Commodity: the Production of a Musical Patrimony Through the Record in the 1920-1930s", *Poetics* 29:2, 2001, 89~108쪽.

Martin, E., *The Woman in the Body*, Milton Keynes: Open University Press, 1989.

_____, "The Egg and the Sperm", *Signs* 16, 1991, 485~501쪽.

Martin, P., *Sounds and Society: Themes in the Sociology of Music*, Manchester: Manchester University Press, 1995.

Mayo, E., *The Human Problems of an Industrial Civilization*, New York: Macmillan, 1933.

McClary, S., "The Blasphemy of Talking Politics During the Bach Year", *Music and Society*, R. Leppert와 S. McClary 엮음, Cambridge: Cambridge University Press, 1987, 13~62쪽.

McNeill, W., *Keeping Together in Time*, Cambridge, Mass.: Harvard University Press, 1995.

Melucci, A,. *Challenging Codes*, Cambridge: Cambridge University Press, 1996a.

_____, *The Playing Self*, Cambridge: Cambridge University Press, 1996b.

Merquior, J. G., *Western Marxism*, London: Paladin, 1986.

Meyer, L., *Music, the Arts and Ideas*, Chicago: University of Chicago Press, 1967.

Middleton, R., *Studying Popular Music*, Milton Keynes: Open University Press, 1990.

Milliman, R., "Using Background Music to Affect the Behaviour of Supermarket Shoppers", *Journal of Marketing* 46, 86~91쪽.

Moore, L. J., "It's Like You Use Pots and Pans to Cook With", *Science, Knowledge and Human Values* 22:4, 1997, 434~471쪽.

Moores, S., *Interpreting Audiences*, London: Sage, 1990.

Murdoch, I., *The Good Apprentice*, London: Chatto, Windus, 1985.

Negus, K., *Producing Pop: Culture and Conflict in the Popular Music Industry*, London: Edward Arnold, 1992.

Neilly, L., "The Uses of Music in People's Everyday Lives", unpublished undergraduate diss., Department of Psychology, University of Keele, 1995.

Nersessian, N., *Faraday to Einstein: Constructing Meaning in Scientific Theories*, Boston: Martinus Nijhoff, 1984.

North, A.와 D. Hargreaves., "Music and Consumer Behaviour", *The Social Psychology of Music*, D. Hargreaves와 A. North 엮음, Oxford: Oxford University Press, 1997, 268~289쪽.

North, A., D. Hargreaves, J. McKendrick., "In-store Music Affects Product Choice", *Nature* 390, 1997, 132쪽.

Nyman, M., *Experimental Music: Cage and Beyond*, Cambridge: Cambridge University Press, 1974.

O'Neill, S., "Gender and Music", *The Social Psychology of Music*, D. Hargreaves와 A. North 엮음, Oxford: Oxford University Press, 1997, 46~66쪽.

Orwell, G., *1984*, New York: American Library, 1961.

Paddison, M., *Adorno's Aesthetics of Music*, Cambridge: Cambridge

University Press, 1993.

Pareto, W., *The Mind and Society*, New York: Dover, 1963.

Parkinson B., P. Totterdell, R. Brier, S. Reynolds, *Changing Moods: The Psychology of Mood and Mood Regulation*, London: Longman, 1996.

Peterson, R. 엮음, *The Production of Culture*, Los Angeles: Sage, 1976.

_____, *Creating Country Music*, Chicago: University of Chicago Press, 1997.

Peterson, R.과 D. Berger., "Cycles in Symbol Production: the case of popular music", *On Record: Rock, Pop and the Written Word*, S. Frith와 A. Goodwin 엮음, London: Routledge, 1990[1975].

Peterson, R.과 A. Simkus., "How Musical Tastes Mark Occupational Status Groups", *Cultivating Differences: Symbolic Boundaries and the Making of Inequality*, M. Lamont와 M. Fournier 엮음, Chicago: University of Chicago Press, 1992, 152~186쪽.

Pickering, Michael., *Village Song and Culture*, London: Croom-Helm, 1982.

Plato, *The Republic*, A. I. Richards 편역, Cambridge: Cambridge University Press, 1966.

Pollner, M., *Mundane Reason*, Cambridge: Cambridge University Press, 1987.

Press, A., "The Sociology of Cultural Reception: Notes Toward an Emerging Paradigm", *The Sociology of Culture*, D. Crane 엮음, 1994, 221~246쪽.

Prichard, C., *Making Managers in Universities and Colleges*, Milton Keynes: Open University Press, 2000.

Radley, A., "Artefacts, Memory and a Scene of the Past", *Collective Remembering*, D. Middleton과 D. Edwards 엮음, London: Sage, 1990.

Radway, J., "Reception Study: Ethnography and the Problems of Dispersed Audiences and Nomadic Subjects", *Cultural Studies* 2, 1988, 59~76쪽.

Randel, D., "The Canon in the Musicological Toolbox", *Disciplining Music: Musicology and its Canons*, K. Bergeron과 P. Bohlman 엮음, Chicago:

University of Chicago Press, 1992, 10~23쪽.

Remmling, G., *The Rose to Suspicion*, New York: Appleton Century Crofts, 1967.

Riesman, D., *The Lonely Crowd*, New Haven: Yale University Press, 1950.

Ritzer, G., *The McDonaldization of Society*, London: Sage, 1993.

Sacks, O., *Awakenings*, London: Palgrave, 1990(개정판).

Schrade, L., *Bach: The Conflict Between the Sacred and the Secular*, New York: Merlin, 1955.

Schutz, A., "Making Music Together", *Collected Papers Vol. 2*, The Hague: Martinus Nijhoff, 1964.

Shepherd, J., "Sociology of Music", *The New Grove Dictionary of Music and Musician*, S. Sadie et al. 엮음, 2001, 603~614쪽.

_____, "How Music Works—Beyond the Immanent and the Arbitrary", *Action, Criticism and Theory for Music Education* 1:2, 2002.

Shepherd, J.와 P. Wicke., *Music and Cultural Theory*, Cambridge: Polity, 1997.

Sloboda, J., "Empirical Studies of Emotional Response to Music", *Cognitive Bases of Musical Communication*, M. Riess-Jones와 S. Holleran 엮음, Washington, DC: American Psychological Association, 1992.

_____, "Everyday Uses of Music Listening", *Proceedings of the 5th International Conference on Music Perception and Cognition*, Seoul National University, 2000, 413~429쪽.

Sloboda, J.와 S. O'Neil., "Emotions in Everyday Listening to Music", *Music and Emotion: Theory and Research*, P. Juslin과 J. Sloboda 엮음, Oxford: Oxford University Press, 2001.

Small, C., *Musicking: The Meaning of Performing and Listening*, Hanover, London: Wesleyan University Press, 1998.

Smith, P. C.와 R. Curnow., "'Arousal Hypothesis' and the Effects of Music on Purchasing Behaviour", *Journal of Applied Psychology* 50, 1966, 255, 256쪽.

Steward, S.와 S. Carratt., *Signed Sealed and Delivered: True Life Stories of Women in Pop*, London: Pluto, 1984.

Stockfelt, Ola., "Adequate Modes of Listening" *Keeping Score: Music, Disciplinarity, Culture*, Anahid Kassabian과 Leo G. Svendsen 옮김, D. Schwarz, A. Kassabian, L. Siegel 엮음, Charlotteswille: University Press of Virginia, 1997, 129~146쪽.

Subotnik, R. R., "Adono's Diagnosis of Beethoven's Late Style", *Journal of the American Musicological Society* 29, 1976.

_____, *Developing Variations: Style and Ideology in Western Music*, Minneapolis: University of Minnesota Press, 1991.

_____, *Deconstructive Variations: Music and Reason in Western Society*, Minneapolis: University of Minnesota Press, 1996.

Swidler, A., "Culture in Action: Symbols and Strategies", *American Sociological Review* 51, 1986, 273~286쪽.

_____, *Talk of Love: How Culture Matters*, Chicago: University of Chicago Press, 2001.

_____, *Culture: The Newsletter of the Culture Section of the American Sociological Association*(winter), 2002, 6~8쪽.

Tagg, P., *Fernando the Flute: Analysis of Musical Meaning is an ABBA Mega-Hit*, Liverpool: The Institute of Popular Music, University of Liverpool, 1991.

Tönnies, F., *Community and Society*, C. Looms 편역, Ann Arbor: Michigan State University Press, 1957.

Tota, A. L., *Etnografia dell'arte: Per una sociologia dei contesti artistici*, Rome: Logia University Press, 1997.

_____, *La memoria contesa. Studi sulla comunicazione sociale del passato*, Milan: Angeli, 2001a.

_____, "Homeless Memories: How Societies Forget their Past", *Studies in Communication Sciences* 1:2, 2001b, 193~214쪽.

_____, "When Orff Meets Guinness: Music in Advertising as a Form of

Cultural Hybrid", *Poetics* 29:2, 2001c, 109~124쪽.

Turner, B. S., *The Body and Society*, London: Sage, 1984.

Urry, J., "How Societies Remember the Past", *Theorizing Museums. Representing Identity and Diversity in a Changing World*, S. Macdonald 와 G. Fyfe 엮음, Oxford: Blackwell, 1996, 45~61쪽.

Van Rees, C. J., "How Reviewers Reach Consensus on the Value of Literary Works", *Poetics* 16, 1987, 275~294쪽.

Wagner-Pacifici, R., "Memories in the Making: the Shapes of Things that Went", *Qualitative Sociology* 19, 1996, 301~321쪽.

Wagner-Pacifici, R.와 B. Schwartz., "The Vietnam Veterans Memorial: Commemorating a Difficult Past", *American Journal of Sociology* 97, 1991, 376~420쪽.

Weber, M., *On the Rational and Social Foundations of Music*, Carbondale: Southern Illinois University Press, 1958[1921].

_____, *Economy and Society*, G. Roth와 C. Wittich 엮음, Berkeley, Los Angeles: University of California Press, 1978.

Weber, W., *Music and the Middle Class*, London: Croom Helm, 1975.

_____, *The Rise of Musical Classics in Eighteenth-century England*, Oxford: Clarendon Press, 1992.

Webster, J., "The Concept of Beethoven's 'Early' Period in the Context of Periodizations in General", *Beethoven Forum* 3, 1994, 1~27쪽.

Williams, R., *The Long Revolution*, Harmondsworth: Penguin, 1965.

Williams, S., "The Emotional Body", *Body & Society* 2:3, 1996, 125~139쪽.

Williams, S. J., *Emotions and Social Theory: Corporal Reflections on the (Ir)rational*, London: Sage, 2001.

Wilson-Koves, D., "The theatrical coherence of intimacy", Paper given to International Conference on States of the Arts, Department of Sociology, University of Exeter, 2000.

Witkin, R. W., *Art and Social Structure*, Cambridge: Polity, 1995.

_____, *Adorno on Music*, London: Routledge, 1998.

_____, *Adorno on Popular Culture*, London: Routledge, 2002.

Woolgar, S., "Configuring the User: Inventing New Technologies", *The Machine at Work*, K. Grint와 S. Woolgar 엮음, Cambridge: Polity, 1997, 65~94쪽.

Zolberg, V., *Constructing a Sociology of the Arts*, Cambridge: Cambridge University Press, 1990.

_____, "Museums as Contested Sites of Remembrance: The Enola Gay Affair", *Theorising Musicians*, G. Fyfe와 S. MacDonald 엮음, London: Sage, 1996.

음악사회학, 음악의 안과 밖의 변증법

• 옮긴이의 말

1.

'아도르노 그 이후'(After Adorno)라는 책의 제목은 저자의 두 가지 의도를 한마디로 잘 압축해놓고 있다. 하나는 철학자이자 사회학자, 문화비평가이며 작곡가인 아도르노에게 경의를 표하는 것이고, 더욱 중요한 다른 의도는 자세한 경험적 연구에 입각해 그의 음악사회학을 비판적으로 쇄신하는 것이다.

저자가 아도르노에서 출발하는 이유는 그의 음악사회학이 중요한 고전일 뿐 아니라 음악을 그저 사회적 생산품으로만 간주하는 현행 음악사회학에 대한 저자의 비판의식 때문이다. 현행 음악사회학은 작곡·연주·배포·수용 등 음악활동이 사회적으로 형성되는 방식에 치중하지, 음악 자체가 사회적 삶의 (반영을 넘어) '구성'에 이르는 방식을 간과하고 있다. 그 결과 음악의 지위는 능동적인 구성요인이라기보다는 한낱 설명되어야 할 연구 '대상'으로 전락할 수밖에 없었다. 이렇듯 음악의 '밖'(사회)만을 주목하며 음악을 대상화하는 기존의 음악사회학을 일컬어 저자는 음악의 사회학(sociology of music)이라 부른다.

그에 반해 아도르노의 관심사는 음악이 원인이 되어 무엇인가를 야기하는 음악의 인과적 속성, 다름 아닌 음악의 '힘'에 초점을 맞추고 있다.

이야말로 적어도 플라톤까지 거슬러 올라가는 고전적, 아니 태곳적 관심사다. 이렇듯 저자는 음악을 사회적 삶의 역동적 매체로 보는 아도르노의 관점이 오늘날 음악사회학 분야를 한결 더 풍요롭게 만들 수 있으리라 기대한다.

그렇지만 주로 음악의 '안'(작품구조)에 대한 내재적 분석에서 의미를 이끌어내는 아도르노의 방법은 이른바 '블랙박스' 접근법이라 할 수 있다. 아도르노 자신이 아무리 음악의 안과 밖의 '매개'를 강조했다 하더라도, 사실상 경험적 증명이 불가능해 보일 정도로 이 매개를 무의식적이고 불가사의한 것으로 상정해놓았다는 뜻이다. 이 지점에서 아도르노에 대한 저자의 비판은 자못 신랄하다. 자칫 아도르노의 입장은 이론이 이미 말한 것을 개별 내에서 연역해내는 '이론적 사치'의 소지가 있다는 것이다. 아도르노가 선택한 사례는 이론의 방향을 추동하기보다는 예시할 따름이며, 개별 작품의 내재적 해석방법에 희생당하는 역사적 맥락이 있게 마련이라는 말이다.

이 책은 현행 음악의 사회학에 대한 비판의식과 아도르노의 관심사가 만나는 지점에서 출발한다. 그리하여 (저자의 용어법을 따르자면) '음악사회학'(music sociology)은 음악이 실제 맥락에서 무엇을 하고, 또 무엇을 하도록 만들어지는지에 초점을 맞춘 행위지향의 경험적 연구로서 모습을 드러낸다. 요컨대 저자가 추구하는 음악사회학은 고전적 관심사를 새로운 방법으로 발전시킴으로써, 변화와 행위의 매체로서의 음악에 시종일관 주의를 환기하고자 한다. 나아가 음악사회학을 실제 문화이론으로 자리매김하고자 한다.

물론 경험적 연구에 의거해 아도르노를 '신봉자에 맞서 옹호'하는 방법은 참신해 보일뿐더러 효과적이다. 옹호와 반대의 상호작용(2성 인벤션)이라는 세련된 전략 덕분에 '아도르노 그 이후'의 두 가지 의도는 소기의 성과를 거두었다. 아도르노의 작업을 다시 자리매김할 뿐만 아니라, 더러는 음악사회학의 아버지로, 더러는 '고풍스런' 구닥다리 음악사회학자로 간주되어온 아도르노를 구제할 수 있었기 때문이다.

2.

2003년에 출판된 이 책의 번역 출간이 어떤 면에서는 시의성을 놓친 듯 보이나 음악사회학, 넓게는 문화사회학에 관심이 있는 사람에게는 매우 유익하고 흥미로울 것이 분명하다. '음악사회학 하는 법'을 위한 안내서로 기획되어, 미답지라고 해도 과언이 아닌 음악사회학의 여러 주제에 접근하는 실제 조사연구 프로그램만이 아니라 그것을 적용한 사례연구도 풍부하게 제시하고 있기 때문이다. 국내에서도 사회학적 문화연구의 필요를 절감하는 목소리가 점점 더 높아만 가기에 시의적절한 출간이라고 생각한다.

주의할 점은 이 책이 안내서이지 입문서는 아니라는 사실이다. 음악사회학 현장을 시찰하려는 사람을 위한 좋은 길잡이 역할을 함에 틀림없지만, 그간 안팎의 현지 사정을 속속들이 일러주지 않아 처음 발을 들여놓는 사람에겐 어려울 수 있다. 가장 큰 이유는 여러 방면의 배경지식이 필요하기 때문이다. 옮긴이의 주가 이런 어려움을 해소하는 데 조금이나마 도움이 되기를 바란다.

그러나 또한 입문서가 쉬워야 한다는 선입견만 버리면 더없이 좋은 입문서가 될 수 있다. 음악사회학의 주제를 다루는 방법(How to do music sociology)이 구체적으로 논의되기 때문이다. 이런 구체적인 접근방식은 음악의 '사용'에 초점을 맞출 때 더욱 빛난다. 저자가 지도를 그린 음악사회학의 영토에는 이른바 고급문화로 간주되는 클래식 음악을 '감상'하는 사람보다는 대중음악을 포함해 이들 음악을 일상생활에서 '사용'하는 사람이 더 많이 거주한다.

이처럼 일상의 현실에 입각한 방식 외에도, 아도르노가 강조만 하고 만족스럽게 설명하지 못한 음악과 사회의 연결고리를 실지로 보여줌으로써 '매개' 문제를 해명하려는 노력은 또 다른 미덕이다. 물론 이 매개를 비변증법적으로 해소시키지 않는 것이 중요하다. 그렇기 때문에 마지막 장에서 '음악과 사회'에서 '과'를 지우려는 저자의 시도는 주의를 요한다. 저자가 주장하는 사회'로서의' 음악이라는 발상은 음악이 사회와 동일시된다거나 사회로 환원된다는 뜻이 분명 아니다. 그것으로써 저자는 사회변화에 가담하는 음악, 따라서 사회생활을 행하기 위한 매체로서의 음악에 방점을 찍으려는 의도로 보인다.

우리는 아도르노 자신의 확신과는 별도로 자신의 작업을 입증하는 일, 바꿔 말해 다른 사람을 합리적으로 설득하는 일을 포기할 수 없다. 그 일에 헌신한 이 책은 아도르노를 넘어, 아도르노와 함께 음악사회학의 영토를 개간하려는 작업에 좋은 선례가 되리라 믿는다.

3.

이 책은, 13년 전 아도르노의 『신음악의 철학』을 처음 읽었을 때처럼 한동안 빠져 지내게 했다. 두 책 모두 마치 단숨에 읽은 것처럼 독서 자체가 두근거리는 경험으로 남아 있다. 새로운 시야를 열어주었던 만큼 이후 내 진로에 끼친 파장도 컸다.

번역은 약 1년 전에 시작했다. 박사학위 논문을 쓴 후 몇 개월이 지났을 때다. 번역투의 어색함을 없애려고 노력했으나 부자연스런 문장이

곳곳에 남아 있는 줄 안다. 우리말이 번역문에 얼마나 혹사당하는지 절실히 깨닫는 시간이었다. 간혹 영어와 한글, 독어 사이의 차이를 남겨두려고 마음먹은 곳도 있다. 부디 이런 어법상의 차이가 독서의 불편함이나 어려움을 가중시키지 않기만을 간절히 바라며 널리 양해를 구한다. 기회가 있을 때마다 개선할 것을 약속드린다.

이 책의 번역 출간을 위해 도움을 주신 한길사 박희진 부장님에게 제일 먼저 감사의 인사를 드리고 싶다. 원고 전체를 꼼꼼히 읽고 글을 다듬는 수고를 해준 편집부 이지은 씨에게도 감사드린다. 함께 의논하며 책을 만드는 내내 많이 배울 수 있어서 즐거웠다.

책이 나오기까지 여러분에게 빚진 마음이다. 특히 지난 학기 수요일마다 별일 없이 저녁을 먹던 수녀회(水女會)와 최연희 선생님, 정확한 번역이 무엇인지 곱씹어보도록 해준 김세중 선생님께 감사드린다. 닮고 싶은 선배 김남시·전예완, 지적 활력을 주는 애환(愛歡)동물 오티모 마시모—그 녀석에게서 사회과학도의 진면목을 보았다—에겐 늘 고마운 마음뿐이다. 정우선 여사와 구경은 양에게도 인사를 빠뜨리면 안 될 것 같다. 남모를 만행을 수습하는 데 언제나 도움을 주는 동생 병윤에게도. 감사의 마음을 다 적을 수 없으니 그저 짊어지고 다닐 수밖에 도리가 없을 것 같다.

아도르노를 읽을 때나 이 책을 번역할 때나 어머니가 지어주신 밥을 먹으면서 생각을 소화했다. 숨은 공역자이신 어머니 김현숙 여사에게 한량없는 감사를 드린다.

2012년 雨水 즈음에
정우진

찾아보기

ㄱ

가치지향 58, 75, 82

가핀켈, 해럴드 33, 35

감정 198~200, 227, 228, 291

  ~관리 197, 199, 200, 213, 226

  ~구축 209, 226

  ~노동 201, 204, 208, 209, 238, 239, 266, 275

  ~의 구조 198, 307

  ~적 청자 190

객관성의 가상 192

거울 자아 196, 209

거짓 기억 175

게마인샤프트 196

게젤샤프트 196

결정론 270, 306

결혼 261~263

경험의 식민지화 305

『계몽의 변증법』 37, 79

고급문화 → 고급음악

고급음악 75, 76, 194

고프먼, 어빙 35

공간 지각 272

공동체 115, 116

공들인 직조 201, 226

관습 221

관심 끌기 237

괴어, 리디아 68

구조 254, 261

  ~로서의 문화 229

  ~화 48, 258, 267

권위주의 29, 52

그림자 기법 231, 232

급진적 경험주의 325

기능 조성 158, 159

기대 223

기분 227, 229

기억의 사회학 167

기억의 테크놀로지 178, 323

기틀린, 토드 177

길레피스, 수전 42, 161

ㄴ

내재적 방법 71, 79, 80, 83, 130
내재적 비평 69
네오뒤르켐주의 177, 264
느낌의 구조 290, 291

ㄷ

대중음악 64, 66, 67, 166, 173, 249,
  250
데이비스, 스테판 214, 225, 228
도구상자 253, 254, 256, 258
도상성 219, 220
동일시 163, 164, 167
동조 114, 283, 287
디마지오, 폴 112, 257

ㄹ

라투르, 브뤼노 96, 97
란차, 조셉 265, 266, 276, 286
랭어, 수전 186
레퍼트, 리처드 69, 70, 79, 161, 162
루에프, 올리비에 131, 132
르페브르, 앙리 268~270, 305
리프레인 130, 131

ㅁ

마르틴, 피터 80, 86
마이어, 레너드 223, 224, 325
마켓 포지션 66
매개자 107, 113, 306

매체연구 109
매클러리, 수전 94, 105, 108
매클린톡, 바바라 40
맥도널드화 59
메조네브, 소피 211~213, 224
모더니티의 위기 38, 50
모든 실제상의 목적을 위해서 34
무자크 286, 291
문화 36
  ~사회학 168, 189, 251, 258, 263
  ~산업 64, 191
  ~소비자 189
  ~적 결정론 250
  ~적 레퍼토리 251, 253, 254, 256, 257,
  259, 261, 265, 266, 270, 272, 320
물질문화 72, 198, 199, 206, 211~213
물질성 215
물질적 실재 28, 29, 61, 161, 162,
  213, 315
미드, 허버트 170
미들턴, 리처드 61, 71, 82~84, 280~
  282
민속방법론 261

ㅂ

바흐, J. S. 23, 103, 105, 219, 288, 289
  「깨어라」 103
반영 25, 128, 133
반음악적 청자 191
배경음악 284, 285

배열 40, 42

버지스, 앤서니 164, 165

벅-모스, 수전 42, 157, 162

베르크, 알반 41, 81

베버, 막스 75, 273, 321

베커, 하워드 99

베토벤 49, 62, 70, 71, 78, 157, 161, 164, 165

벤야민, 발터 162

변증법적 작곡가 158

부르주아 휴머니즘 49

부정변증법 28, 30

불, 마이클 210, 211, 268, 302, 303, 305

비동일성 29, 62, 172

비재현성 223

비판적 문화사회학 308

ㅅ

사례연구 134, 208, 226, 230

사물화 173, 263

사업장 음악 302

사이비 개성화 53, 280

사회심리학 113, 121, 187, 198, 200, 272, 284

사회언어학 239, 253

사회운동 177, 230

상품 물신주의 173

상호 텍스트 74

상호작용 36, 252, 254, 256, 261, 267

색스, 올리버 181

서보트닉, 로즈 51, 86, 91

설비체제 212, 213, 224, 225

성좌 162

성찰성 142, 208

성향 195, 201

셰퍼드, 존 86, 95

소리 안장 222, 242

소외 31, 38, 58, 62, 123

쇤베르크, 아놀드 47, 57, 58, 82, 158~163, 165, 166, 223, 315, 326

수용연구 109, 116, 117

수정 275, 279

스위들러, 앤 253~256, 259, 261, 262, 270

스트라빈스키, 이고르 54, 131, 166, 173, 178

습성 31~33, 38

시뮬레이크럼 44, 315

시장집중도 65, 66

CR 패러다임 253, 266

신체의 사회학 198

실물교수 108, 127, 315

실증주의 52, 69, 80, 81

ㅇ

아비투스 256

언어의 비무장화 325

에니옹, 앙투안 100, 113, 191, 202

에든버러 학파 76

역사의 존재론화 83
예비의 테크닉 201
오락 청자 191, 193
오류의 사회학 84
옴니보어 260
와그너-퍼시피시, 로빈 167, 168
와해의 논리 162
우드나우, 로버트 111, 257
원초성 228
원한의 청자 190
위킨, 로버트 81, 130
유니보어 260
유발성 113, 116, 120, 132, 306
유인성 227
음악 59, 67, 72, 120, 199, 250, 282,
　283, 296, 314~317, 323, 324
　~사 62, 69~70, 73, 83
　~사회학 26, 68, 321, 322
　~산업 62, 64, 67
　~소비 195, 211
　~심리학 187
　~의 사회심리학 195
　~의 사회학 26
　~의 자율성 69
　~인류학 101, 321
　~적 사건 117, 165, 320~322
　~적 해석학 70
　~지각 225, 251
　~치료 292, 294, 296, 305
의미소 224

이념형 126, 281
이론적 사치 78, 83
이성비판 28, 100
인간과학 61, 187

ㅈ
자극-반응 모델 195
자아 203, 204, 210~212, 304
작은 조각과 편린 224
재인식 236, 279
재즈 130, 131
재현 공간 268, 269
적합 272, 274, 279, 280
정감 219, 288, 289
정보처리 187, 216, 228, 259, 268,
　270, 277
정체성 177, 252, 268, 306
젠더 105, 107, 109, 127, 199
조건반사 53, 249, 250, 279
조직연구 112, 257, 267
존재론적 안정 166, 174
존재론적 이데올로기 32, 38, 52, 54,
　60
주관성 108, 209, 211, 213, 229,
　242~244, 284, 285, 290, 299, 301
주체 위치 108, 198
중간자 100, 106
지식 사회학 76
지휘자 121, 122
직조 204~206

질서 짓기 102, 200, 203, 210, 230, 244, 265, 288, 291
질적인 기법 134

ㅋ

칼롱, 미셸 237
케이지, 존 270, 325
콘터넌, 폴 169, 170, 178
쿠플레–자아 130
크세넥, 에른스트 158, 159
클라이맥스 236, 241, 242

ㅌ

타인 지향성 274
탈역사화 187
텍스트 실천 316
통과 34, 261
통제 288, 291
특정성 79, 100, 250
틀 짓기 73, 225, 266

ㅍ

파이프다운 265, 302

페르소나 239, 273, 300
포스트 계몽 37, 38
포스트구조주의 31, 198
표준화 249, 281, 317
플라톤 25, 314

ㅎ

행위 199, 254, 321
　~중인 문화 27, 134, 252, 257, 258, 261, 269
　~수행자 208, 209, 257
　~자 네트워크 76, 201
행정감독 33, 43, 193, 230
헤더링턴, 케빈 177
혹실드, 앨리 209
환기 213, 217, 219
회화의 사이비 형태변형 56, 166
휘그적인 역사 77
휴대용 스테레오 210, 211, 268, 302~305
흡수율 254, 255, 267, 321

지은이 **티아 데노라** Tia DeNora

대학에서는 음악(플루트)과 사회학을 전공했으며, 1989년 캘리포니아 대학 사회
학과에서 박사학위를 받았다. 1992년부터 영국 엑세터 대학 음악사회학 교수로
재직 중이다. 현재 같은 대학 사회철학연구소 소장으로 왕성한 조사연구와 저술
활동을 벌이고 있다. 문화사회학자로서 자리매김한 그녀는 특히 사회생활에서
음악의 사용과 힘에 초점을 맞추어 작업한다. 지금은 음악과 정신건강에 대한
프로젝트를 진행하고 있으며, 과학기술사회학 분야의 작업에도 참여하고 있다.
지은 책으로는 『베토벤 천재 만들기』(Beethoven and the Construction of
Genius) 외에 Music in Everyday Life, Music-in-Action: Selected Essays in
Sonic Ecology, The Cambridge Companion to Recorded Music(공저),
Oxford Sound Studies Handbook(공저) 등이 있다.

옮긴이 **정우진** 鄭友眞

대학에서는 피아노와 음악학을 전공했으며, 2010년 서울대학교 미학과에서 「언
어로서의 음악과 아도르노의 베토벤 해석」으로 철학박사학위를 받았다. 한림
대·서울대·건국대 등에서 미학·예술철학·예술사회학을 가르치고 있다. 서울
시립미술관 시민미술아카데미('미술과 음악 사이')에도 출강한 바 있다. 현재 한국
미학회 산하 '예술과사회' 분과와 음악미학 분과에서 활동하며, 음악이 상호매
체의 미학으로 발전하고 문화정치와 만나는 지점에 관심을 가지고 계속 연구를
진척시키고 있다.
옮긴 책으로는 해링턴(Austin Harrington)의 『예술과 사회이론: 사회학적 미학의
입장들』(근간)이 있고, 주요 논문으로는 「예술·기술·마술: 아도르노와 백남준
의 만남」 「언어·비판·화해의 유토피아」 「아도르노의 음악적 철학과 베토벤의
철학적 음악」 등이 있다.